基于能力方法的福利经济学
——一个超越功利主义的研究纲领

Welfare Economics of Capability Approach-Based
— A Research Program of Super-Utilitarianism

汪毅霖 著

经济管理出版社

图书在版编目（CIP）数据

基于能力方法的福利经济学/汪毅霖著 .—北京：经济管理出版社，2013.5
ISBN 978-7-5096-2480-7

Ⅰ.①基… Ⅱ.①汪… Ⅲ.①福利经济学—研究 Ⅳ.①F061.4

中国版本图书馆 CIP 数据核字（2013）第 104894 号

组稿编辑：宋 娜
责任编辑：宋 娜 刘广钦
责任印制：黄 铄
责任校对：陈 颖

出版发行：经济管理出版社
（北京市海淀区北蜂窝 8 号中雅大厦 A 座 11 层 100038）

网 址：	www.E-mp.com.cn
电 话：	（010）51915602
印 刷：	北京广益印刷有限公司
经 销：	新华书店
开 本：	720mm×1000mm/16
印 张：	17.5
字 数：	287 千字
版 次：	2013 年 7 月第 1 版 2013 年 7 月第 1 次印刷
书 号：	ISBN 978-7-5096-2480-7
定 价：	78.00 元

·版权所有 翻印必究·

凡购本社图书，如有印装错误，由本社读者服务部负责调换。
联系地址：北京阜外月坛北小街 2 号
电话：（010）68022974 邮编：100836

编委会及编辑部成员名单

（一）编委会

主　任：李　扬　王晓初
副主任：晋保平　张冠梓　孙建立　夏文峰
秘书长：朝　克　吴剑英　邱春雷　胡　滨（执行）
成　员（按姓氏笔画排序）：

卜宪群　王　巍　王利明　王灵桂　王国刚　王建朗　厉　声
朱光磊　刘　伟　杨　光　杨　忠　李　平　李　林　李　周
李　薇　李汉林　李向阳　李培林　吴玉章　吴振武　吴恩远
张世贤　张宇燕　张伯里　张昌东　张顺洪　陆建德　陈众议
陈泽宪　陈春声　卓新平　罗卫东　金　碚　周　弘　周五一
郑秉文　房　宁　赵天晓　赵剑英　高培勇　黄　平　曹卫东
朝戈金　程恩富　谢地坤　谢红星　谢寿光　谢维和　蔡　昉
蔡文兰　裴长洪　潘家华

（二）编辑部

主　任：张国春　刘连军　薛增朝　李晓琳
副主任：宋　娜　卢小生　高传杰
成　员（按姓氏笔画排序）：

王　宇　吕志成　刘丹华　孙大伟　陈　颖　金　烨　曹　靖
薛万里

本书是中国博士后基金第 52 批面上资助项目：基于能力的福利经济学：学脉渊源，量化方法与政策含义（项目批准号：2012M520503），以及国家社科基金青年项目：福利理论进展及其在基本公共服务均等化上的应用研究（项目批准号：13CJL014）的成果。

序 一

博士后制度是19世纪下半叶首先在若干发达国家逐渐形成的一种培养高级优秀专业人才的制度，至今已有一百多年历史。

20世纪80年代初，由著名物理学家李政道先生积极倡导，在邓小平同志大力支持下，中国开始酝酿实施博士后制度。1985年，首批博士后研究人员进站。

中国的博士后制度最初仅覆盖了自然科学诸领域。经过若干年实践，为了适应国家加快改革开放和建设社会主义市场经济制度的需要，全国博士后管理委员会决定，将设站领域拓展至社会科学。1992年，首批社会科学博士后人员进站，至今已整整20年。

20世纪90年代初期，正是中国经济社会发展和改革开放突飞猛进之时。理论突破和实践跨越的双重需求，使中国的社会科学工作者们获得了前所未有的发展空间。毋庸讳言，与发达国家相比，中国的社会科学在理论体系、研究方法乃至研究手段上均存在较大的差距。正是这种差距，激励中国的社会科学界正视国外，大量引进，兼收并蓄，同时，不忘植根本土，深究国情，开拓创新，从而开创了中国社会科学发展历史上最为繁荣的时期。在短短20余年内，随着学术交流渠道的拓宽、交流方式的创新和交流频率的提高，中国的社会科学不仅基本完成了理论上从传统体制向社会主义市场经济体制的转换，而且在中国丰富实践的基础上展开了自己的伟大创造。中国的社会科学和社会科学工作者们在改革开放和现代化建设事业中发挥了不可替代的重要作用。在这个波澜壮阔的历史进程中，中国社会科学博士后制度功不可没。

值此中国实施社会科学博士后制度20周年之际，为了充分展示中国社会科学博士后的研究成果，推动中国社会科学博士后制度进一步发展，全国博士后管理委员会和中国社会科学院经反复磋商，并征求了多家设站单位的意见，决定推出《中国社会科学博士后文库》（以下简称《文库》）。作为一个集中、系统、全面展示社会科学领域博士后优秀成果的学术平台，《文库》将成为展示中国社会科学博士后学术风采、扩大博士后群体的学术影响力和社会影响力的园地，成为调动广大博士后科研人员的积极性和创造力的加速器，成为培养中国社会科学领域各学科领军人才的孵化器。

创新、影响和规范，是《文库》的基本追求。

我们提倡创新，首先就是要求，入选的著作应能提供经过严密论证的新结论，或者提供有助于对所述论题进一步深入研究的新材料、新方法和新思路。与当前社会上一些机构对学术成果的要求不同，我们不提倡在一部著作中提出多少观点，一般地，我们甚至也不追求观点之"新"。我们需要的是有翔实的资料支撑，经过科学论证，而且能够被证实或证伪的论点。对于那些缺少严格的前提设定，没有充分的资料支撑，缺乏合乎逻辑的推理过程，仅仅凭借少数来路模糊的资料和数据，便一下子导出几个很"强"的结论的论著，我们概不收录。因为，在我们看来，提出一种观点和论证一种观点相比较，后者可能更为重要：观点未经论证，至多只是天才的猜测；经过论证的观点，才能成为科学。

我们提倡创新，还表现在研究方法之新上。这里所说的方法，显然不是指那种在时下的课题论证书中常见的老调重弹，诸如"历史与逻辑并重"、"演绎与归纳统一"之类；也不是我们在很多论文中见到的那种敷衍塞责的表述，诸如"理论研究与实证分析的统一"等等。我们所说的方法,就理论研究而论,指的是在某一研究领域中确定或建立基本事实以及这些事实之间关系的假设、模型、推论及其检验;就应用研究而言,则指的是根据某一理论假设,为了完成一个既定目标,所使用的具体模型、技术、工具或程序。众所周知,在方法上求新如同在理论上创新一样,殊非易事。因此,我们亦不强求提出全新的理论方法,我们的最低要求,是要按照现代社会科学的研究规范来展开研究并构造论著。

我们支持那些有影响力的著述入选。这里说的影响力,既包括学术影响力,也包括社会影响力和国际影响力。就学术影响力而言,入选的成果应达到公认的学科高水平,要在本学科领域得到学术界的普遍认可,还要经得起历史和时间的检验,若干年后仍然能够为学者引用或参考。就社会影响力而言,入选的成果应能向正在进行着的社会经济进程转化。哲学社会科学与自然科学一样,也有一个转化问题。其研究成果要向现实生产力转化,要向现实政策转化,要向和谐社会建设转化,要向文化产业转化,要向人才培养转化。就国际影响力而言,中国哲学社会科学要想发挥巨大影响,就要瞄准国际一流水平,站在学术高峰,为世界文明的发展作出贡献。

我们尊奉严谨治学、实事求是的学风。我们强调恪守学术规范,尊重知识产权,坚决抵制各种学术不端之风,自觉维护哲学社会科学工作者的良好形象。当此学术界世风日下之时,我们希望本《文库》能通过自己良好的学术形象,为整肃不良学风贡献力量。

中国社会科学院副院长
中国社会科学院博士后管理委员会主任
2012 年 9 月

序 二

在 21 世纪的全球化时代，人才已成为国家的核心竞争力之一。从人才培养和学科发展的历史来看，哲学社会科学的发展水平体现着一个国家或民族的思维能力、精神状况和文明素质。

培养优秀的哲学社会科学人才，是我国可持续发展战略的重要内容之一。哲学社会科学的人才队伍、科研能力和研究成果作为国家的"软实力"，在综合国力体系中占据越来越重要的地位。在全面建设小康社会、加快推进社会主义现代化、实现中华民族伟大复兴的历史进程中，哲学社会科学具有不可替代的重大作用。胡锦涛同志强调，一定要从党和国家事业发展全局的战略高度，把繁荣发展哲学社会科学作为一项重大而紧迫的战略任务切实抓紧抓好，推动我国哲学社会科学新的更大的发展，为中国特色社会主义事业提供强有力的思想保证、精神动力和智力支持。因此，国家与社会要实现可持续健康发展，必须切实重视哲学社会科学，"努力建设具有中国特色、中国风格、中国气派的哲学社会科学"，充分展示当代中国哲学社会科学的本土情怀与世界眼光，力争在当代世界思想与学术的舞台上赢得应有的尊严与地位。

在培养和造就哲学社会科学人才的战略与实践上，博士后制度发挥了重要作用。我国的博士后制度是在世界著名物理学家、诺贝

基于能力方法的福利经济学

尔奖获得者李政道先生的建议下,由邓小平同志亲自决策,经国务院批准于1985年开始实施的。这也是我国有计划、有目的地培养高层次青年人才的一项重要制度。二十多年来,在党中央、国务院的领导下,经过各方共同努力,我国已建立了科学、完备的博士后制度体系,同时,形成了培养和使用相结合,产学研相结合,政府调控和社会参与相结合,服务物质文明与精神文明建设的鲜明特色。通过实施博士后制度,我国培养了一支优秀的高素质哲学社会科学人才队伍。他们在科研机构或高等院校依托自身优势和兴趣,自主从事开拓性、创新性研究工作,从而具有宽广的学术视野、突出的研究能力和强烈的探索精神。其中,一些出站博士后已成为哲学社会科学领域的科研骨干和学术带头人,在"长江学者"、"新世纪百千万人才工程"等国家重大科研人才梯队中占据越来越大的比重。可以说,博士后制度已成为国家培养哲学社会科学拔尖人才的重要途径,而且为哲学社会科学的发展造就了一支新的生力军。

哲学社会科学领域部分博士后的优秀研究成果不仅具有重要的学术价值,而且具有解决当前社会问题的现实意义,但往往因为一些客观因素,这些成果不能尽快问世,不能发挥其应有的现实作用,着实令人痛惜。

可喜的是,今天我们在支持哲学社会科学领域博士后研究成果出版方面迈出了坚实的一步。全国博士后管理委员会与中国社会科学院共同设立了《中国社会科学博士后文库》,每年在全国范围内择优出版哲学社会科学博士后的科研成果,并为其提供出版资助。这一举措不仅在建立以质量为导向的人才培养机制上具有积极的示范作用,而且有益于提升博士后青年科研人才的学术地位,扩大其学术影响力和社会影响力,更有益于人才强国战略的实施。

今天,借《中国社会科学博士后文库》出版之际,我衷心地希望更多的人、更多的部门与机构能够了解和关心哲学社会科学领域博士后及其研究成果，积极支持博士后工作。可以预见，我国的博士后事业也将取得新的更大的发展。让我们携起手来，共同努力，推动实现社会主义现代化事业的可持续发展与中华民族的伟大复兴。

人力资源和社会保障部副部长
全国博士后管理委员会主任
2012年9月

摘　要

中国的改革已经到了无法实现帕累托改善的阶段，这就要求把实现社会公平正义摆在政府工作中更加突出的位置。促进社会公平正义需要福利经济学的指导。遗憾的是，新古典福利经济学的信息基础过于狭窄，不能承担起这一任务。相反，基于能力方法的福利经济学的新研究纲领实现了经济学与伦理学的结合，可以为科学发展观和和谐社会提供理论支撑。

基于能力方法的福利经济学的新研究纲领的内容包括以下几个部分：

一是福利经济学新研究纲领的思想史背景。

一方面，当前正统的福利经济学的哲学基础是功利主义，其源于边沁的传统。旧福利经济学和新福利经济学和阿罗不可能定理都是这一传统的遗产。虽然作为功利主义的一种特定形式，效用理论已经在经济学中获得了统治地位，但是穆勒、罗尔斯和阿玛蒂亚·森等学者对功利主义的内在缺陷的批判是一以贯之的。

另一方面，能力方法源于亚里士多德、斯密、马克思和穆勒的思想，体现了一种学术史上比功利主义更为源远流长的传统。阿罗的社会选择理论和布坎南的公共选择理论是能力方法的直接思想来源。罗尔斯、诺齐克和普特南等当代哲学家给予能力方法的启示也非常重要。

二是从信息基础的视角解释了基于功利主义的福利经济学的危机。

庇古的旧福利经济学遵循的是古典功利主义的传统，主张基数人际可比的效用理论。但是，由于罗宾斯的批判，原有的效用理论被发现不符合科学标准。于是，序数人际不可比的效用论取代了原有的效用理论，并且补偿标准、社会福利函数等新福利经济的工作都建立在新的效用理论的基础之上。直到阿罗不可能定理出现，经济学家们才终于意识到，由于所具有的信息基础过于狭隘，序数人际不可比的效用论不足以支撑福利经济学的研究。

三是基于能力方法的福利经济学的理论框架。

基于能力方法的福利经济学是一个由"能力"、"功能"和"作为自由的发展"等概念构成的完整体系。在能力方法中，"自由"不仅意味着机会，也代表着程序。能力方法并不仅关注对于能力集的评估，而且坚持认为需要审查经济生产和社会交往发生的情景，以及个人选择机会集合的条件是否合法和正义。在这一意义上，能力方法代表了试图调和伦理学中的义务论和目的论的努力。

四是基于能力方法的福利经济学的哲学基础。

新研究纲领的哲学基础包括两个方面。

在科学哲学领域，能力方法关注经济学如何摆脱逻辑实证主义之妖的阴影，从而恢复经济学和伦理学的联系。普特南的工作提出了"缠结"的概念，从而夯实了能力方法的哲学根基，为在经济学中彻底消灭逻辑实证主义的遗存提供了有力的武器。

在政治哲学领域，由于福利经济学是关于价值的研究，而公共政策领域最核心的价值诉求就是正义，所以能力方法必须处理正义这一政治哲学的核心议题。本书对于能力方法的正义观念的研究分为两个阶段——阿玛蒂亚·森对于罗尔斯的批判和对于阿玛蒂亚·森的批判。

五是讨论能力方法的量化途径。

本书在此方面的可能创新在于：发掘了人类发展指数的福利经济学含义，解释了为什么能力方法是人类发展指数的哲学基础；依据福利经济学的新研究纲领解释人类发展指数算法的变化，并根据修正过的指数分析中国地区间人类发展的差异和变化；将生态文明维度嵌入人类发展指数之中，从而丰富了指数的信息基础。

关键词： 能力方法　自由　功利主义　福利经济学　人类发展指数

Abstract

The reform of China has been impossible to be Pareto improvement, so Chinese government should pay more attention on social justice. It is a pity to find that the information base of neoclassical welfare ecomonics is too limited, so it can't give a right guide for social justice. On the contrary, Welfare economics of capability approach – baesd is an entanglement of economics and ethics, it can provide a theoretical foundation for scientific development and harmonious society.

The research program of welfare economics of capability approach – baesd includes five parts at least.

At first, there is the thought history of new research program of welfare economics.

On the one hand, the philosophical foundation of orthodox welfare economics is utilitarianism. It stems from the tradition of Bentham. The old welfare economics, new welfare economics and Arrovian impossibility theorem are all the heritage of Benthamism. Althought utility theory as a speical mode of utlilitarianism has won the dominant position in economics, the weaknesses of utlilitarianism were always criticised by John Mill, John Rawls, Amartya Sen, and other famous scholars in thought histoty.

On the other hand, capability approach stems from the thought of Aristotle, Adam Smith, Karl Marx, and John Mill, it belongs to a longer thought tradition than utilitarianism. The Arrow's social choice theory and Buchanan's public choice theory give direct inspiration to capability approach. The philosophical work of Rawls, Nozick and Putnam also have important help for capability approach.

At second, there is an explanation to the crisis of welfare economics of utilitarianism – based in the perspective of informational basis.

Following the tradition of classical utilitarianism, the old welfare economics of Pigou stands for cardinal and interpersonal comparable utility. But the critique of Robbins tells economists this kind of utility theory conflicts with scientific criterion. As a result of Robbins' critique, ordianl and interpersonal incomparable utility replace the old one, and the works of new welfare economics, for exampele compensation criteria and social welfare function were all based on the new utility theory. Until the discovery of Arrovian impossibility theorem, economists bagan to aware that the informational basis of ordianl and interpersonal comparable utility is so limited, and it's not enough to support the work of welfare economics.

At third, there is the theoretical framework of welfare economics of capability approach – baesd.

Capability approach is a complete system that is composed of the concepts of "capability", "functioning", "freedom", and so on. To capability approach, "freedom" doesn't only mean opportunities, but also procedure. Capability approach doesn't only focus on the assesment of capability set, and it insists on evaluating the context of economical production and social communication. In this sense, capability approach represents a hard work to reconcile deontology and teleology in ethics.

At fourth, there is the philosophical foundation of welfare economics of capability approach – baesd.

The philosophical foundation of new research program has two aspects.

On the dimension of philosophy of science, capability approach focus on how to get rid of the evil of logical positivism, it is a key to recover the communication between economics and ethics. Thanks to the concept of "entanglement" by Putnam, it strengthens the the philosophical foundation of new research program.

On the dimension of political philosophy, for welfare economics is a subject about value, and the essential value of public policy is justice, capability approach has to think about the issure of justice in the perspective of political philosophy. There are two themes in this book about the idea of justice of capability approach: Sen's critique on Rawls, and the critique of Sen's critique.

At last, there is the quantification methodology of capability approach.

The author may make some innovations about quantification of capability approach: we'll explore the implication of Human Development Index, and we can intepret why capability approach is the philosophical foundation of Human Development Index. According to the research program of welfare economics of capability approach – baesd, we can explain the evolution of methodology of Human Development Index, and we will analyse the regional imbalance of human developmet in China by the revised index. We will try to embed the indice of ecological civilization into Human Development Index, it means a more rich informational basis for Human Development Index.

Key Words: Capability Approach; Freedom; Utilitarianism; Welfare Economics; Human Development Index

目 录

第一章 绪论 1
　第一节 选题的背景和意义 1
　　一、选题的现实和理论背景 1
　　二、研究意义 4
　第二节 研究综述 5
　　一、阿玛蒂亚·森的奠基性工作 5
　　二、其他学者的理论研究 9
　　三、量化途径研究 13
　第三节 研究框架与结构 14
　　一、研究框架 14
　　二、研究定位与文章结构 17

第二章 功利主义与经济学中的功利传统 23
　第一节 功利的概念及其演变 24
　　一、休谟的功利主义观点 24
　　二、边沁对于功利主义体系的奠基 26
　　三、穆勒整合功利和自由的努力 28
　　四、西季威克对于功利主义的补充 36
　第二节 经济学中的功利主义传统 37
　　一、功利传统在新古典经济学中的统治地位的确立 37
　　二、效用理论在新古典经济学中的形式 42
　第三节 对于功利主义的批判 43
　　一、功利主义理论体系的局限性 43

二、对于以功利作为评价标准的批判 …………………………… 44
三、对于功利主义的主观和客观形式的批判 …………………… 46
四、对于功利主义的效用理论的基本模型的批判 ……………… 48

第三章 基于功利主义的传统福利经济学及其危机 ……………… 51

第一节 庇古的旧福利经济学 ……………………………………… 51
一、庇古对经济福利的定义 ……………………………………… 52
二、旧福利经济学中关于分配问题的观点 ……………………… 53

第二节 罗宾斯批判 ………………………………………………… 55
一、方法论之争的焦点 …………………………………………… 55
二、罗宾斯批判的公共政策含义 ………………………………… 58

第三节 帕累托最优与福利经济学基本定理 ……………………… 63
一、帕累托最优和福利经济学两个基本定理的概念 …………… 63
二、对于福利经济学两个基本定理的理解 ……………………… 64

第四节 新福利经济学 ……………………………………………… 67
一、补偿标准 ……………………………………………………… 67
二、社会福利函数 ………………………………………………… 70

第五节 阿罗不可能定理 …………………………………………… 78
一、阿罗不可能定理的缘起 ……………………………………… 79
二、阿罗不可能定理的内容 ……………………………………… 80
三、阿罗不可能定理的含义 ……………………………………… 83

第四章 基于能力方法的福利经济学的理论框架 ………………… 89

第一节 能力方法 …………………………………………………… 89
一、能力方法的起源和特点 ……………………………………… 90
二、能力方法的基本框架 ………………………………………… 95
三、布坎南对阿罗的批评和对阿玛蒂亚·森的影响 …………… 103

第二节 作为自由的发展 …………………………………………… 107
一、自由的概念和其在经济学理论中的地位 …………………… 107
二、基于能力方法的福利经济学中的自由 ……………………… 115

第五章　基于能力方法的福利经济学的科学哲学解读 …… 123

第一节　福利经济学贫困化的科学哲学背景 …… 123
一、讨论能力方法的科学哲学背景的重要性 …… 123
二、"经济学—伦理学二分"的哲学根源及其后果 …… 125

第二节　福利经济学新研究纲领的科学哲学基础 …… 128
一、对于"事实与价值二分"的批判 …… 128
二、经济学与伦理学的缠结 …… 132
三、在经济理论中隔绝伦理学的不可能性 …… 136

第三节　对于福利经济学新研究纲领的科学哲学解读 …… 140
一、作为一个缠结概念的能力方法 …… 140
二、能力方法与经济学古典传统的复兴 …… 143

第六章　基于能力方法的福利经济学的政治哲学含义 …… 147

第一节　阿玛蒂亚·森对于罗尔斯的正义理论的批判 …… 147
一、研究阿玛蒂亚·森对于罗尔斯的批判的意义 …… 147
二、先验与比较：批判的第一个层面 …… 151
三、制度主义与现实：批判的第二个层面 …… 161
四、阿玛蒂亚·森与罗尔斯在正义理论上的主要差异 …… 165

第二节　对于阿玛蒂亚·森的批判 …… 167
一、先验方法与比较方法的互补性 …… 167
二、制度聚焦与现实聚焦的互补性 …… 172
三、能力方法在公共政策领域的局限和启示 …… 174
四、能力方法与正义理论研究的未来走向 …… 180

第七章　基于能力方法的福利经济学的量化努力 …… 183

第一节　能力方法与人类发展 …… 183
一、能力方法是人类发展概念的哲学基础 …… 183
二、能力方法对人类发展指数的影响 …… 184
三、人类发展报告主题的演变 …… 186

第二节　人类发展指数计算方法的演进 …… 192
一、人类发展指数算法演变的3条路径 …… 192

二、混合人类发展指数 …………………………………………… 197

第八章　中国的人类发展与生态文明 ………………………… 199
第一节　中国的人类发展的地区差距 ………………………… 199
　　一、数据处理的技术说明 ………………………………………… 199
　　二、中国各省人类发展情况的比较 ……………………………… 200
第二节　生态人类发展指数的理论构建与经验分析 ………… 206
　　一、生态与人类发展相结合的理论基础 ………………………… 206
　　二、构建生态人类发展指数的技术路径 ………………………… 208
　　三、中国生态人类发展指数的实证分析 ………………………… 210

第九章　结论和展望 …………………………………………… 221
第一节　基本结论 ……………………………………………… 221
　　一、理论层面的结论 ……………………………………………… 221
　　二、经验层面的结论 ……………………………………………… 222
　　三、公共政策原理层面的结论 …………………………………… 223
第二节　研究空间展望 ………………………………………… 225

参考文献 ………………………………………………………… 227

索　引 …………………………………………………………… 243

后　记 …………………………………………………………… 249

Contents

1 Introduction ········· 1
  1.1 Background and Significance ········· 1
    1.1.1 Background of Reality and Theory ········· 1
    1.1.2 Research Significance ········· 4
  1.2 Research Overview ········· 5
    1.2.1 Basic Works of Amartya Sen ········· 5
    1.2.2 Works of Other Scholars ········· 9
    1.2.3 Research of Quantification Method ········· 13
  1.3 Framwork and Structure of Research ········· 14
    1.3.1 Framwork ········· 14
    1.3.2 Intellectual History and Structure ········· 17

2 Utilitarianism and Utilitarian Tradition of Economics ········· 23
  2.1 Concept of Utility and Its Evolution ········· 24
    2.1.1 Plain Utilitarianism and Hume's Idea ········· 24
    2.1.2 Basic Works of Bentham for Utilitarianism ········· 26
    2.1.3 Utility and Freedom in Mill's System ········· 28
    2.1.4 Sidgwick's Complement for Utilitarianism ········· 36
  2.2 Utilitarian Tradition of Economics ········· 37
    2.2.1 Origion of Dominant Position of Utilitarianism in Neoclassical Economics ········· 37

2.2.2　Form of Utility Theory in Neoclassical Economics 42
　2.3　Critiques on Utilitarianism 43
　　2.3.1　Critiques on Limitation of Utilitarian Theory 43
　　2.3.2　Critiques on Utilitarianism as an Evaluation Criterion 44
　　2.3.3　Critiques on Subjective Form and Objective Form of Utilitarianism 46
　　2.3.4　Critiques on Foundational Model of Utility Theory 48

3　Welfare Economics based on Utilitarianism and Its Crisis 51

　3.1　Old Welfare Economics of Pigou 51
　　3.1.1　Concept of Economic Welfare of Pigou 52
　　3.1.2　Distribution Problem in Old Welfare Economics 53
　3.2　Robbins' Critique 55
　　3.2.1　Key Problem of Methodology 55
　　3.2.2　Implication of Public Policy of Robbins' Critique 58
　3.3　Pareto Optimality and Basic Theorem of Welfare Economics 63
　　3.3.1　Concepts of Pareto Optimality and Two Basic Theorems of Welfare Economics 63
　　3.3.2　Implication of Public Policy of Two Basic Theorems of Welfare Economics 64
　3.4　New Welfare Economics 67
　　3.4.1　Compensation Criterion 67
　　3.4.2　Social Welfare Function 70
　3.5　Arrovian Impossible Theorem 78
　　3.5.1　Genesis of Arrovian Impossible Theorem 79
　　3.5.2　Contents of Arrovian Impossible Theorem 80
　　3.5.3　Essence of Arrovian Impossible Theorem 83

Contents

4 Theoretical Framework of Welfare Economics based on Capability Approach ········ 89

- 4.1 Capability Approach ········ 89
  - 4.1.1 Origion and Characteristics of Capability Approach ········ 90
  - 4.1.2 Basic Framework of Capability Approach ········ 95
  - 4.1.3 Buchanan's Critique on Arrow and Buchanan's Influence on Sen ········ 103
- 4.2 Development as Freedom ········ 107
  - 4.2.1 Freedom and Its Position in Economics ········ 107
  - 4.2.2 Freedom in Welfare Economics of Capability Approach ········ 115

5 Interpretations of Philosophy of Science on Welfare Economics based on Capability Approach ········ 123

- 5.1 Background of Philosophy of Science of Impoverishment of Welfare Economics ········ 123
  - 5.1.1 Why Philosophy of Science Is Important for Capability Approach ········ 123
  - 5.1.2 Philosophical Reasons of Dichotomy of Economics/Ethics ········ 125
- 5.2 Foundations of Philosophy of Science of New Research Program ········ 128
  - 5.2.1 Critiques on Dichotomy of Facts/Values ········ 128
  - 5.2.2 Entanglements of Economics and Ethics ········ 132
  - 5.2.3 Why It Is Impossible to Remove Ethics from Economics ········ 136
- 5.3 An Interpretation of Philosophy of Science on New Research Program ········ 140
  - 5.3.1 Capablity Approach as an Example of Entanglement ········ 140

　　　　5.3.2　Capability Approach and Revival of Classical Tradition ……………………………………………… 143

6　Meaning of Political Philosophy on Welfare Economics based on Capability Approach ……………… 147

　6.1　Sen's Critique on Rawls ……………………………… 147
　　　　6.1.1　The Significance of Sen's Critique ……………… 147
　　　　6.1.2　Transcendent Versus Comparison ……………… 151
　　　　6.1.3　Institutionalism Versus Realization ……………… 161
　　　　6.1.4　Main Differences Between Sen and Rawls about Justice ………………………………………… 165
　6.2　A Critique on Sen's Critique ………………………… 167
　　　　6.2.1　Complementarity of Transcendent and Cpmparison …… 167
　　　　6.2.2　Complementarity of Institution Focus and Reality Focus ………………………………………… 172
　　　　6.2.3　Limitations and Significance of Capability Approach in the Field of Public Policy ……………… 174
　　　　6.2.4　Future Pattern of Capability Approach and Justice …… 180

7　Quantification Method of Welfare Economics based on Capability Approach ……………………………… 183

　7.1　Capability Approach and Human Development …………… 183
　　　　7.1.1　Capbility Approach as Philosophical Foundation of Human Development ………………………… 183
　　　　7.1.2　Effect of Capability Approach on Human Development Index ………………………………………… 184
　　　　7.1.3　Human Development Report ……………………… 186
　7.2　Evolution of Methodology of Human Development Index ……………………………………………… 192
　　　　7.2.1　Three Patterns of Evolution of Methodology of Human Development Index …………………… 192

Contents

    7.2.2 Hybrid Human Development Index ……………… 197

8 Human Development and Ecological Civilization in China ……………………………………………… 199

  8.1 Regional Disparities of Human Development in China …… 199
    8.1.1 Notes on Data ……………………………… 199
    8.1.2 Comparision of Regional Disparities of Human Development in China …………………………………… 200
  8.2 Ecological Human Development Index ………………… 206
    8.2.1 Theoretical Basis ………………………… 206
    8.2.2 Technique of Ecological Human Development Index …… 208
    8.2.3 Positive Analysis of Ecological Huaman Development Index in China ……………………………… 210

9 Conclusions ……………………………………………… 221

  9.1. Basic Conclusions ……………………………………… 221
    9.1.1 Meaning of Theory ……………………… 221
    9.1.2 Meaning of Reality ……………………… 222
    9.1.3 Meaning of Public Policy ……………… 223
  9.2 Future Research ……………………………………… 225

References ……………………………………………………… 227

Index ……………………………………………………………… 243

Acknowledgements …………………………………………… 249

第一章 绪 论

第一节 选题的背景和意义

一、选题的现实和理论背景

经济学的研究自其鼻祖亚当·斯密（Adam Smith）① 以来一直存在着两个根基性的主题：一是斯密在《国富论》中提出的国民财富的增长问题；二是斯密在《道德情操论》中提出的如何实现美好社会和个人价值的问题。对于斯密来说，《道德情操论》和《国富论》两本著作实际上要回答的是同一个核心议题，即如何使经济的发展和人的进步成为一个一致的整体。按照这一标准来看，中国经济虽然实现了30多年来年均接近10%的持续增长，但也形成了社会阶层分化日趋明显，阶层间收入差距日益加大，改革开放的成果没有被广大人民群众所共享的局面。随着市场经济的发展和改革的不断深入，人们对经济学的质疑之声也越来越多，人们开始怀疑在贫

---

① 本书涉及了大量的经济学、伦理学、哲学和政治学等学科的交叉领域内的外国学者。在各个学科中，国内学界对这些学者的译名是不一致的（如对于 John Stuart Mill，国内的经济学界一般译为穆勒，而国内的伦理学界和政治学界一般译为密尔），甚至在同一学科内，对同一外国学者的译名也不一致（如在经济学界，对于1994年诺贝尔经济学奖获得者 John Harsanyi，在笔者有限的阅读范围内就发现了4种译名：豪尔绍尼、哈萨尼、海萨尼和海深意。甚至本书的主要研究对象 Amartya Sen 也有阿玛蒂亚和阿马蒂亚两种译法）。为了避免不必要的误解，笔者将尽量使用姓名的英文原文，或在使用中文译名的同时附上姓名的英文原文。

富差距日益拉大、社会利益矛盾日渐激化的背景下，以效率为最高指标的经济学是否还能继续为改革提供政策指导。

党的十七届五中全会指出："在当代中国，坚持发展是硬道理的本质要求，就是坚持科学发展，更加注重以人为本。"应该"更加注重和改善民生，促进社会公平正义"。也就是说，应该把保障和改善民生，促进社会公平正义与未来的中国经济社会的科学发展相结合。践行科学发展观需要正确的福利经济学理论的指导。遗憾的是，新古典的福利经济学，即以功利主义为哲学基础的福利经济学的信息基础狭窄，不能承担起为促进社会公平正义提供理论支持的任务。因此，中国改革开放的深入和经济社会的进步需要正确的经济学的指导。

温家宝同志在 2010 年两会期间指出，"一个正确的经济学同高尚的伦理学是不可分离的"，"中国的现代化应该包括社会的公平、正义和道德的力量"。传统的新古典福利经济学，即以功利主义为哲学基础的福利经济学理论更适合研究静态的社会效率最优化问题，但是对自由、正义等价值纬度的研究不够充分。相反，由 1998 年诺贝尔经济学奖得主阿玛蒂亚·森（Amartya Sen）提出的基于能力方法（Capability Approach，CA）的福利经济学研究纲领，是促成经济学与伦理学相结合的重要努力，是所谓正确的经济学，可以为践行科学发展观和构建和谐社会提供理论支撑。

基于能力方法的福利经济学新范式不仅注重规范研究，而且在新型福利指标的量化上做了大量的工作，其努力的突出代表是由联合国开发计划署组织编制的"人类发展指数"（Human Development Index，HDI）。HDI 是当前世界范围内公认的评价发展程度的重要替代性多维度指标（相对于单维度 GDP 指标而言），它由健康、教育和体面的生活 3 个维度构成。HDI 与基于能力方法的福利经济学新范式的学术亲缘关系是十分清楚的。在 1990 年的第一份《人类发展报告》（Human Development Report，HDR）中，人类发展被按照能力定义为两个方面："人类能力的形成——例如改善健康、知识和技巧；个人使用他们获得的能力——为了休闲、生产性目的或文化的、社会的和政治的问题。"在 2011 年的最近一份《人类发展报告》中，人类发展被简化地定义为："通过人们自由和能力的扩展，使他们过上其珍视和有理由珍视的生活。"在这个定义中，"自由"（Freedom）、"能力"和"有理由珍视"（Have Reason to Value）都是基于能力方法的福利经济学研究纲领的核心概念。

基于能力方法的福利经济学的学术合法性有两个来源：一是对于亚当·斯密、马克思和约翰·穆勒等学者的思想的重新挖掘；① 二是对于功利主义在经济学，尤其是福利经济学中的应用的批判。

功利主义（Utilitarianism）的标准是绝大多数经济学家评价制度和政策最常采用的方式。这一研究方式的起源可以追溯到英国 18 世纪末著名的功利主义哲学家杰里米·边沁（Jeremy Bentham），其以社会的功利总和最大化作为立法的原理和依据。功利主义传统直接影响了 John Mill，通过 Stanley Jevons、Francis Edgeworth 和 Alfred Marshall，塑造了主流的新古典经济学派的哲学基础。② 但是，以功利主义为基础的经济学在进行政策评估时有不可避免的缺陷，一是主观功利主义基于不可知的人际间效用的心理测度和比较，其在脑科学上的实证基础直到目前还处于探索阶段，仍然无法解决 Lionel Robbins 在 20 世纪 30 年代初提出的批评；二是客观功利主义虽然可以立基于价格和物质财富等客观标准之上，但是却忽视了权利、尊严和个性等对人类来说有重要价值的考量因素；三是功利主义把人简化为"输入—输出"的简单效用转化器，忽略了人在发展中能动性的层面。

因此，不论是从客观还是从主观的角度，功利主义的标准都不适合体现经济社会发展与人的发展的关系。随着新古典经济学的功利主义范式的弊端逐渐暴露，人们发现：在理论上，以效用为唯一信息基础的福利经济学由于"阿罗不可能定理"（Arrow's Impossibility Theorem）的出现在逻辑上已经破产，挽救福利经济学必须引入自由等非效用信息。在实践中，以俄罗斯为代表的广大中东欧国家在转轨过程中的经济崩溃和社会混乱已经说明，以功利和效率为价值诉求的新古典经济学解释不了大转型时期复杂的社会活动，需要一个新的经济学研究框架为公共政策服务。即使是在发达国家，经济增长会自动实现人民普遍富裕的所谓"涓滴（Trickle Down）效应"在历史上并不存在，除非有关于分配的合适的制度保障机制。

在这样的理论和实践背景下，身兼经济学和哲学双料教授的阿玛蒂亚·森在综合了他在经济基础理论、经验研究及道德领域多年的卓越成果基础上，吸收综合了 1972 年诺贝尔经济学奖获得者肯尼斯·阿罗（Kenneth

---

① 此部分的内容请参考第二章对于穆勒的思想的评介和第四章对于能力方法的思想起源的介绍。
② 在英语中，中文"功利"和"效用"所对应的都是同一个单词 utility，所以功利主义实际上也可以翻译成效用主义，而把经济学家常说的效用理解为伦理学界话语中的功利也并无不可。这从另一方面表现了主流新古典经济学的研究范式的哲学基础就是边沁肇始的功利主义传统。

Arrow)和1986年诺贝尔经济学奖获得者詹姆斯·布坎南（James Buchanan）的工作，提出了其独特的基于"能力"（Capability）和"实质自由"（Substantive Freedom）①的福利经济学新框架，并因此在1998年获得诺贝尔经济学奖。

基于能力方法的福利经济学范式作为一项替代性方案，可以克服基于功利主义的传统福利经济学的信息基础不足问题，并且为公共政策的制定提供了一个更加伦理合宜的基准——经济社会的发展只有在能够扩大人的自由、促进人的全面发展的情况下，才符合发展的实质。基于能力方法的福利经济学研究纲领初步解决了在后"阿罗不可能定理"时代，福利经济学的研究方向问题，并为公共政策提供了一个新的思考框架。

二、研究意义

基于以上所述，本书的研究意义可以概括为如下几点：

（1）国内学界对基于能力方法的福利经济学新范式的研究尚停留在转述国外20世纪成果的水平，本书将力图通过跨学科研究和文献梳理，实现知识的边际创新。同时，不论是国内还是国外的研究者都对人类发展指数的福利经济学背景认识不足，本书可以深化对人类发展指数的福利含义的理解，为从福利经济学角度拓展人类发展指数提供理论线索。

（2）基于能力方法的福利经济学新范式是福利经济学的最新发展成果。福利经济学的这一发展是为了克服阿罗不可能定理给福利经济学带来的危机；阿罗不可能定理产生的前提则是源于福利经济学从基数人际可比效用论向序数人际不可比效用论的过渡；基数人际可比效用论是福利经济学诞生时的立论基础，对它的放弃有深刻的经济学和哲学背景。所以，以能力方法为切入点可以对福利经济学的发展史和学脉渊源有一个新的理解和认

---

①"实质自由"的含义有：第一，自由本身就是价值。第二，自由具有工具性价值，包括政治自由、经济条件、社会机会、透明性担保及防护性保障。阿玛蒂亚·森认为自由是促进人自身及社会全面发展的能力。衡量自由的标准不应仅依靠经济指标，还应包含涉及人类发展的各方面因素。"实质自由"概念实现了自由的目的性和工具性，结果重要性和程序重要性的有机结合。在此需要声明的是，本书所讨论的福利经济学中的"自由"概念不涉及任何哲学上所谓意志自由的主题，笔者将尽量避免在讨论自由的概念时引申到形而上学的哲学问题。本书所要讨论的自由，将限制在与个人在政治、经济和社会等维度上的发展密切相关的范围之内。更直接地说，本书的讨论将以阿玛蒂亚·森的"实质自由"概念为基础和参照系。

识，可以将福利经济学的最新发展追溯到该学科最原始的背景之中，从而彰显新研究纲领的学术合法性和继承性。

（3）十七届五中全会提出在十二五期间要"更加注重和改善民生，促进社会公平正义"。基于能力方法的福利经济学新范式对于如何通过公共行动实现社会公平正义有一个新的理解和认识，可为经济危机时代的民生工作提供具体的实践指导。

（4）过去我国用GDP等指标衡量经济社会和人的发展，现在提出"科学发展观"。这种转变的直接原因是GDP发展观和政绩观引发了一系列危害可持续发展和社会和谐稳定的经济社会政策。就此而言，完善基于人类发展指数的评价体系，对于反思GDP发展观，深刻理解"科学发展观"，具有重大的理论和实践意义。完善基于人类发展指数有助于制定更能体现"以人为本"的综合评价指标体系，对衡量经济社会发展、考核干部的政绩等有一定的可操作性。

第二节 研究综述

一、阿玛蒂亚·森的奠基性工作

1. 理论框架的建立

在阿玛蒂亚·森的基于能力方法的福利经济学研究框架内，关键词是"功能"（Functionings）与"能力"这样一组概念："功能"是指一个人在生活中能做什么和能成为什么（Doings 和 Beings）；"能力"是指一个人有可能实现的、各种各样功能性活动组合的集合。自由是根据能力而衍生定义的。按照能力方法，阿玛蒂亚·森主张，发展应该被看做是人们能力的扩展，即自由增加的过程，而贫困是指缺少"基本能力"（Basic Capabilities）的状态。

能力和功能的概念的提出，最初是为了分析生活水准（Standard of Living）问题。Sen（1980）首次正式提出"行使功能的能力"（Capability to Function）概念是在1979年的Tanner讲座中。接着，Sen（1984）在 *The*

基于能力方法的福利经济学

Living Standard 一文中使用能力方法作为对效用或商品标准的生活水准衡量的一个替代方案。在 1984 年的杜威演讲中,阿玛蒂亚·森同样提出了这一组概念。在这一系列文章中,阿玛蒂亚·森对能力方法的方法论问题做了说明和解释。

之后,在 1993 年,在与另一位能力方法的重要奠基者 Martha Nussbaum 合作编辑的文集中(阿玛蒂亚·森、玛莎·努斯鲍姆,2008),阿玛蒂亚·森用集合论的逻辑语言进一步将能力和功能的概念,以及两者之间的关系精确化:能力是根据功能来衍生定义的。在功能空间中代表着功能的 n 元组合的任一点都反映了个人的(与这种评价相关的)活动与特征的组合。能力就是这种功能 n 元组合的集合,反映了各种不同的个人活动与特征的组合,个人可以从中选择任何一种组合。因此,能力是在功能空间中定义的。如果一个功能成就(以功能的 n 元组合的形式)是那个空间中的一个点,那么能力则是这些点(代表可以从中选出一个 n 元组合的备选的功能 n 元组合)的集合。

阿玛蒂亚·森提出创新性的"行使功能的能力"分析框架的一项必要工作,就是对其反面参照物——传统福利经济学的功利主义本源——的清算和批判,这必然从一开始就会遭到坚持传统观点的学者的反对。例如,Ng(1981)就曾反驳 Sen(1979)的文章中对福利经济学信息基础的攻击,Sen(1981)对此做出了回击。

在 Sen(1979)的文章中,阿玛蒂亚·森指出,传统福利经济学直接或间接地严重限制了用来进行社会福利判断的信息。传统福利经济学使用的信息的性质包括两部分:与效用标准的性质有关的——福利主义(Welfarism,意指仅依赖个人效用进行社会状态排序),序数性质,人际间不可比;帕累托标准。阿玛蒂亚·森证明了:传统的福利经济学的灾难不仅是因为其使用的效用信息的贫乏(序数且人际不可比),即使能使用丰富的效用信息(基数且人际可比),福利经济学仍会受到严格的限制。因为帕累托主义(Paretianism)可以视为福利主义的一个弱版本,后者禁止非效用(Non–Utility)信息的独立使用。

Ng(1981)的批评的目的是维护传统福利主义的主观效用论基础。为此,他区分了两种价值判断:更基本的价值(More Basic Value)和非基本的价值(Less Basic Value)。他相信,个人的福利(主观的效用,或者在 Ng 看来应该是快乐)是社会福利的基本判断,而其他的非效用要素都是非基本的。具体地说，诚实、自由、不被剥削和不受虐待等应该被限定于为促进由社会福利函数定义的社会福利而服务，也就是说，非效用要素只有工具性价值，而无目的性价值。

Sen（1981）对 Ng（1981）的反对意见给予了严厉的反击。他指出，Ng 的批评依赖于假设当"A 不受 B 虐待（A 不是受虐狂）"的伦理原则和"B 通过虐待 A 获得更多快乐，并且增加社会总福利（B 之福利增加多于 A 之福利下降）"的伦理原则发生冲突时，社会肯定会倾向于后者。实际上，并没有证据表明在这个伦理判断问题上社会存在共识。传统的福利经济学并非足够强健去包容这类价值共识，但却把理论大厦建立在了并不存在的一致同意的基础上。如果不能证明效用信息和非效用信息何者更基本，福利经济学就应该考虑把非效用信息当做一个独立维度去考量。

通过一系列的批判—被批判—反击的过程，阿玛蒂亚·森建立了自身理论的学术合法性，开始将自己的"行使功能的能力"分析框架运用到了很多具体领域的研究。

2. 自由与饥荒

阿玛蒂亚·森在其 1981 年的《贫困与饥荒》（*Poverty and Faminse*）、1989 年的《饥饿与公共行为》（*Hunger and Public Action*）等著作中建立了饥荒与自由的关系，并认定，由于人们可行能力被剥夺而引发的饥荒本身就是不自由的表现。

在饥荒分析这个领域中，阿玛蒂亚·森向传统观点提出了挑战，他反对将饥荒认定为食物短缺。在认真研究印度、巴基斯坦和撒哈拉等国家大量灾难的基础上，他认为这种以食物为中心的观点并不能说明问题的实质。他写道："如果有人在挨饿的话，那么显然是因为他们没有足够的食物，但问题的关键在于为什么他们不能获得粮食？是什么允许某些阶层可以占有足够的食物，而某些人却要挨饿？"① 对于大多数人来说，他们唯一可以出卖的东西是他们的劳动力，因此他们寻找工作的能力、工作的工资率和消费品的价格便决定了个人的权利，而这个权利又决定了他们能否拥有获得足够的粮食的能力。粮食供应之所以重要，实际上是因为粮食的供应可以通过市场价格制约个人获取粮食的权利和能力。可见，饥荒的起因并不仅仅是粮食的短缺，而是在贫穷的国家里的社会贫困，是由于社会贫困引起

---

① [印] 阿玛蒂亚·森：《贫困与饥荒》，王宇、王文玉译，商务印书馆 2001 年版，第 103 页。

的某些社会群体对于"获取粮食的权利的丧失"。这种获取粮食的权利和能力的丧失才是造成饥荒的根本原因。以此为基础,阿玛蒂亚·森认为:"要理解饥饿,我们必须首先理解权利体系,并把饥饿放在权利体系中加以分析。"① 权威主义统治者,他们自己是绝不会受到饥荒(或其他类的经济灾难)的影响的,通常缺少激励因素来采取及时的防范措施。与此相对照,人民政府需要赢得选举并面对公共批评,从而有强烈的激励因素来采取措施,防止饥荒或类似的灾难。"防止饥荒的例子明确有力地说明自由的民主多元制度在动机方面的优越性,事实上,它的优越性远远超出这个范围。"②

以此为基础,阿玛蒂亚·森进一步提出,饥荒的防止仅是民主的保障性作用范围的一个例子。政治权利和人民权利的正面作用适用于一般性的防止经济和社会灾害。更重要的是,要有制度性渠道把民众,特别是弱势群体的痛苦反映出来,要有政治性激励机制促使政府去关切并解决民众的痛苦。由此,阿玛蒂亚·森认为,贫困与饥荒往往是由民众权利的缺失所引起的,只有保障民众的实质自由,切实提高民众的可行能力,才能从根本上解决贫困与饥荒等社会问题。

3. 自由与生活水准

阿玛蒂亚·森在1987年的著作《生活水准》中,以经济伦理学思想为基础,不仅重新探讨了关于社会福利标准的内涵,对正统的福利经济理论提出了挑战,而且以自由为桥梁,建立起社会福利与政治、伦理和道德的关系,并以自由对福利的全新阐释为基础,提出了自由是福利的量度这一结论。在功利主义者看来,个人与社会的福利水平可以通过生产和消费的商品量来进行衡量。阿玛蒂亚·森则认为,人们之所以拥有商品,主要是把商品看做具备一定特性并能够满足人们需要的东西,而并不只是为拥有一定的物品而去拥有商品。人们拥有或消费商品所得到的满足感和成就感,不仅依赖于商品本身的特性,还依赖于消费者本身及其所处的环境的特性。他进一步指出,人类的福利不能只是依据其终极状况来判断,其选择过程以及选择的自由度也与福利紧密相关。因此,不能仅仅依据生产和消费的商品量来衡量个人与社会的福利水平,还必须依据道德和政治等多方面因素来评价福利水平及其变化。

---

① [印] 阿玛蒂亚·森:《贫困与饥荒》,王宇、王文玉译,商务印书馆2001年版,第5页。
② 同①,第177页。

据此，阿玛蒂亚·森引入了含义更加广泛的能力方法，为规范经济学提供了更为丰富的信息基础，也为社会福利水平的测度提供了更为满意的方法。正是以从人的自由权利扩张和实现的角度诠释福利为桥梁，才使得阿玛蒂亚·森赋予福利以更加广泛的内涵，并扩大了福利这一概念所包含的信息基础。

二、其他学者的理论研究

1. 国外研究

能力方法的纯理论研究是国外学者关注的一个焦点。

Cohen（1993）认为能力方法抓住了直觉吸引力——人们应该按照有效自由被平等对待，这具有原始的合理性。这种想法之所以有吸引力，是因为它把人视为有自己的目标（并不只限于利己的），可以自己做出选择的有能动性（Agency）的个体，而不是单纯的"商品—效用"转换器。

Qizilbash（1997）指出，有效自由（Effective Freedoms）部分建立在依赖个人努力才能获得（如勤奋学习）的能力的基础之上，因此缺乏能力并不一定就意味着可以对他人提出要求。

Nussbaum（2000）提出了一个确定性的"人类中心能力"（Human Central Capabilities）清单，包括10项中心能力，这些能力代表了内在于最低限度的社会正义的观念中的基础性权利，或者一种配得上人类尊严的生活。中心人类能力的10个维度分别是"生命"、"身体健康"、"身心完整"、"心智、想象和思维"、"情感"、"实践理性"、"社会关系"、"与其他物种和谐相处"、"娱乐"和"个人环境可控性"。该清单为拓展HDI提供了丰富的有福利经济学依据的信息基础。

Xu（2002）继承了阿玛蒂亚·森的依据能力集为生活水准排序的思路，提出要同时考虑有不同选择机会的自由（Free to Do）和实际选择（Actually to Do）的功能对生活水准的影响。利用公理化方法，Xu使生活状况的这两个重要成分凝结在了一个统一的框架内。

Robeyns（2005）对能力方法进行了理论述评，指出阿玛蒂亚·森的观点是福利成就（Well-Being Achievements）应该用功能测量，福利自由（Well-Being Freedom）反映了个人的能力集。在阿玛蒂亚·森的框架内，能力是目的，其他因素都为了这一目的服务的手段。但是在实际情境下，能力方法的手段和目的的差异经常是模糊的,因为一些目的随之而来地会成为其他目的的手段(健康本身是目的,但也是提高工作能力的手段)。

Clark(2006)对能力方法的发展现状和面临的问题做出了一番全面的综述。他指出,能力方法的野心是试图把研究基本需求的理论统一于一个哲学框架中。能力方法的一个重要的政策含义是重视人际间内在差异和外在的社会环境差异对于能力的影响,即承认不同的个人和社会在把收入和商品转化为有价值的成就的可能性上有显著的差异。

Gasper(2005)指出了能力方法还有一个问题有待澄清:不仅是经济投入(如金钱和可以直接通过金钱获得的东西),非经济因素(如家庭观念、友谊、信念和健康等)也对福利(Well-Being)有基础性的影响,经济投入经常与保持甚至增加相关的非经济因素或投入之间存在间接的冲突。另外,虽然提高投入可以增加获得能力和满意的机会,但不能保证他们的成就,机会是否能实现更佳福利状态,取决于它们被如何使用。也就是说,能力方法目前还无法回答:①如何在可能冲突的(以能力定义的)自由项之间进行协调;②外界为自由而增加的投入如何与个人努力相配合。

Gasper(2007)总结了能力方法的核心、合理性、相关概念和弱点等若干关键问题。概括了能力方法的6个主要特征:①指出了一个方向去使用包含更广泛的信息来源的变量;②一种语言,用新颖的方式去描述变量;③在不同的类别之间,能力具有优先性,在极端的版本中,能力是唯一重要的;④一项原则,对个人来说能力的优先是合理的;⑤一项原则,集体决策中的优先性决定于公共辩论和民主决策;⑥提供了基本能力的种类,甚至是清单和门槛水平。

Robeyns(2008)比较了罗尔斯的"基本物品"(Primary Goods)概念和阿玛蒂亚·森的能力方法。他的结论是:罗尔斯和阿玛蒂亚·森之间的理论分歧并不像彼此以为的那样大。反而,作为公平的正义和能力方法是有互补性的,按照对方的思路修正和完善彼此的框架会使得各自的理论都更加完善。

Gandjour(2008)对于能力方法的理解是,一些功能不仅是能力的结果,也是能力存在的先决要求。一些功能具有作为结果和目的的双重角色,导致能力和功能的互相依赖。于是他建议公共政策应该保证每个人在以下方面的首要性权益(Entitlement):①精神和身体健康;②教育;③对于(进行合理选择的)能力存在直接或间接影响的其他功能。Gandjour(2008)

还正确强调了一个可能被忽视的问题,即某些功能可能有较之其他功能更高的重要性,而阿玛蒂亚·森忽视了这一问题。强调个体间的差异性正是阿玛蒂亚·森提出能力框架以代替功利主义框架的重要原因之一,故在公共政策上能够也应该弥补这类关键功能的人际间差异。

在 Deneulin 和 Shahani（2009）编辑的有教科书色彩的文集中,他们指出了从传统福利经济学到作为自由的发展,或者说从功利主义到能力方法,意味着研究纲领的两个重要转换:第一,分析的中心从经济转向了人本身;第二,评估的潮流从货币转向了个人现在和未来能做什么,能成为什么样子的人。

Basu 和 López-Calva（2011）从思想史和研究前沿两方面讨论了能力方法。他们试图说明,能力方法是关于福利的替代性方法,改变了传统方法对于商品和需要的关注。目前的能力方法上的研究主要表现为理论形式化（Theorical Fornalizations）和实际应用（Practical Applications）两个方向。由于哲学内容上的丰富性,能力方法的完全形式化可能并不可行;而在实际应用领域,最主要的工作是联合国开发计划署所编制的人类发展指数。

在应用方面,随着阿玛蒂亚·森的理论的影响不断扩大,国外学者开始把基于能力方法的福利经济学分析框架运用到越来越多的问题的研究中,几乎已经渗透到社会科学的任何一个领域。

Anand 等（2005）利用阿玛蒂亚·森的框架和使用 Nussbaum 的前期工作的经验数据,实证研究了英国国民的能力和福利之间的关系。Qizilbash 等（2005）把研究触角深入到对南非的贫困问题的能力方法测度中。Rosano 等（2009）利用能力框架和英国的数据,分析了残疾对家庭的影响,认为传统的基于消费的评估方法远远低估了有残疾成员的家庭对政府资助的需求。

除了福利、贫困和不平等之类能力方法传统上关注的领域,许多应用性研究扩展了能力方法的适用范围。Gilroy（2006）用能力方法评估生活环境中对老年人的支持程度。Law 和 Widdows（2007）基于能力方法讨论了健康、疾病等概念,分析保健领域的观念性变革。Murphy 和 Gardoni（2008）的关注点在于风险如何影响人们的福利状态,他们以能力方法为基础讨论了对自然和人为风险的接受和容忍程度。Unterhalter（2009）利用阿玛蒂亚·森的框架分析了教育平等问题,指出教育的功能是扩展能力。Bertland（2009）讨论了商业环境中的伦理问题,认为能力方法要求企业考虑员工的长远发展和成长。

2. 国内研究

国内目前对于"基于能力方法的福利经济学新研究纲领"的研究还主要停留在引介阶段。

朱富强(2008)指出,新古典的福利经济学被建立在帕累托最优概念之上,但帕累托最优本身就是以有争议的伦理假设为基础的。因此,新古典的福利经济学存在伦理困境。

韦森(2007)则指明了新古典福利经济学的伦理困境的本质:帕累托最优忽视了分配结果和过程的正义性。

汪丁丁(2009)总结,若充分考虑效率、自由和正义,则对社会演变的评价或者逻辑不自洽,或者帕累托不可比。这一总结在转型期中国的特色语境下说明了基于能力方法的福利经济学的学术必要性。

以上的国内研究都只是与基于能力方法的福利经济学有间接的理论关联。在国内直接关于能力方法的研究中,值得一提的是姚洋(2001、2007)的工作。

姚洋(2001)指出,阿玛蒂亚·森是经济学家中的另类,他是为数不多的既在主流经济学界享有极高声望,同时又能超越经济学的界限与其他领域的社会科学家和人文学者对话的经济学家。但是,阿玛蒂亚·森的"作为自由的发展"(Development as Freedom)的理论存在一系列问题。

(1)阿玛蒂亚·森对于自由概念的定义不同于对自由的常识性理解。通常对自由的理解仅限于外在的限制,而阿玛蒂亚·森的自由同时考虑了外在限制和内在条件,自由不仅因个人选择集的大小而异,而且因个人的个体素质差异而变化。

(2)能力如何转化为可实行的标准。能力关注的维度比功利标准更多,在实践中,能力并不比功利主义的标准易于处理和衡量。

(3)对不同自由可能冲突的忽视。

(4)阿玛蒂亚·森虽然注意到资源分配中的公正问题,但拒绝提供一个关于公正的理论,而情愿将这个问题交由公民公开讨论来解决。但是,公民讨论能否产生一个一致的标准是个严重的问题。

姚洋(2007)进一步发展了之前的观点,认为阿玛蒂亚·森的"能力平等"具有很大的道德吸引力,在逻辑上也具有一致性。但是,在实践的公共政策领域,将面临两大难题:一是如何确定一个人的目标是有价值的;二是如何获得关于个人技能的足够信息,从而确定每个人的有价值的目标。

基于此，姚洋（2007）提出"能力指向的平等"这个概念。它以实现阿玛蒂亚·森意义上的能力平等为指向，但以实现能力供给的平等分配为目标。但是，阿玛蒂亚·森在 2009 年的新著《正义的观念》（*The Idea of Justice*）中已经明确提出反对"能力平等"的提法。

三、量化途径研究

1. 能力方法与人类发展指数的关系

为了便于和主流经济学交流，以及在政策领域更具可操作性，能力方法必须可量化。因此，基于能力方法的福利经济学新范式不仅注重规范研究，而且在新型福利指标的量化上做了大量的工作，其努力的突出代表是由联合国开发计划署组织编制的"人类发展指数"。HDI 基于一个最低限度的能力清单，以便可以关注最低限度的基本生活质量并通过可得数据进行计算。

HDI 与基于能力方法的福利经济学新范式的学术亲缘关系是十分清楚的。人类发展指数是 1998 年诺贝尔经济学家获得者阿玛蒂亚·森与被称为人类发展指数之父的哈克（Mahbub ul. Haq）合作的产物。能力方法是"人类发展"研究的方法论基础，Sen（1984，1987，2005）在福利经济学领域的革命性工作是 HDI 的一般性理论基础（UNDP，2010）。

2. 人类发展指数的理论与应用

在 HDI 诞生之初，Srinivasan（1994）、Carlucci 和 Pisani（1995）、Dasgupta 和 Weale（1992）、Noorbakhsh（1998）、Lai（2000）、Kelly（1991）和 Sagar 和 Najam（1998）等文献分别从数据质量、信息含量、权重分配和合成方法等方面对 HDI 提出了批评改正的建议，大大推动了 HDI 的改善。

目前，国内对福利经济学新范式的量化手段，即 HDI 的研究还停留在应用层面，缺乏深入的理论基础层面的思考。

杨永恒等（2005）开发了基于主成分分析法的 HDI 替代技术，并用动态的权重结构来透视中国人类发展的地区差距模式和不协调模式的历史演进过程。杨永恒等（2006）从 HDI 数据本身出发，利用聚类分析，研究了中国地区间人类发展差距的分层问题。宋洪远（2004）考察了中国人类发展的城乡差距问题。李晶（2007）、田辉（2007）、汪毅霖和蒋北（2009）从生态角度拓展了 HDI，丰富了 HDI 的信息含量。

少数文献（潘家华，2002；徐家林，2006）虽然涉及了 HDI 的理论问题，但都对 HDI 的福利经济学背景认识和讨论不足。

近年来，在 HDI 的研究中，国外学者既注意应用研究，也关注对 HDI 的福利经济学基础的思考。一方面，Lai（2001）、Rajarshi（2007）、Kanbur 等（2009）和 Tridico 等（2009）利用 HDI 分析了人类发展的国家间差距和不同国家的国内地区间差距，并且他们使用主成分分析、空间计量等方法对 HDI 的编制技术做了统计学上的完善和拓展。

另一方面，HDI 之父 Haq（1999）、HDI 的理论基础的贡献者 Sen（1999、2004），以及能力方法的另一个奠基人 Nussbaum（2003、2011）都从不同的侧面不同程度地讨论了 HDI 的福利经济学背景。但是，国外的研究目前也存在严重的缺环，就是没有把应用研究和福利经济学理论结合起来，这导致只是从统计学思维的角度对 HDI 进行完善和拓展。这种纯技术性的完善和拓展进行得越多，可能离本源的福利经济学思想越远，从而使 HDI 有逐渐偏离其经济学基础的危险。

第三节 研究框架与结构

一、研究框架

1. 研究内容

（1）基于能力方法的福利经济学新范式的学脉渊源。福利经济学贫困化存在一条"庇古→罗宾斯→萨缪尔森→阿罗→阿玛蒂亚·森"之间的学脉线索。

1）1920 年，庇古《福利经济学》的出版，标志着福利经济学诞生，庇古的福利经济学以效用的人际可比为前提。

2）但是，人际可比性被罗宾斯1932 年的批判所质疑，罗宾斯反对效用人际比较的观点说服了绝大多数经济学家。

3）此后，"柏格森—萨缪尔森社会福利函数"的前提就是不涉及人际比较的帕累托最优，该原则意味着福利经济学回避了伦理考量，开始步入贫困化的路径。

4）然而，1951年阿罗不可能定理证明：社会福利函数的存在性隐含着逻辑悖论。

5）阿玛蒂亚·森在20世纪六七十年代意识到阿罗不可能定理根源于福利经济学狭窄的信息基础，进而在20世纪80年代后开始构建基于能力方法的福利经济学新研究纲领。

（2）基于能力方法的福利经济学新研究纲领的基础理论。

1）探索构建基于能力方法的福利经济学新研究纲领的哲学可能。新古典的福利经济学的哲学基础是逻辑实证主义。第二次世界大战后的科学哲学强调实证原则不再是唯一乃至可靠的评价标准，但新古典经济学家们却仍奉实证原则为圭臬，坚持经济学和伦理学二分。作为科学哲学最新理论发展的"缠结"概念意味着经济学和伦理学的二分不成立。在基于能力方法的福利经济学新范式中，能力代表行使"有价值"（Valued）的功能，因而是一个"缠结"的概念。

2）分析基于能力方法的福利经济学新范式的政策含义。从政策角度，能力方法在理论上需要说明：基于能力方法的福利经济学新范式与贫困化的福利经济学的差异体现为何种不同的政策主张；在实践中需要回答：如何以有限的资源最大限度地辅助能力贫困者？如何设定该辅助投入的限度？

（3）为理解社会公平正义提供新视野。福利经济学处理的问题都关乎人类价值，分析如何促进社会公平正义是其本职。基于福利经济学的新范式，Sen（2009）指明了罗尔斯的《正义论》并不是理解社会公平正义的唯一模式，对其展开了全面的批判。阿玛蒂亚·森用基于能力方法的正义理论代替了罗尔斯"作为公平的正义"（Justice as Fairness）理论，转换了正义的研究范式。森拓展了对"中立性"、"能动性"、"成就"、"福利"和"自由"等概念的理解，开创了正义理论与福利经济学相结合的新路径。

（4）对促进社会公平正义的政策启示。

1）为"坚持把保障和改善民生作为加快转变经济发展方式的根本出发点和落脚点"提供了可能：随着危机后世界经济产业结构转型，劳动者的技术和创意日益重要。能力方法强调通过充分的教育和训练来提高劳动者素质，从而增加就业和提高工资水平，促进初次分配中的社会公平正义。这就做到了"一次分配要兼顾公平和效率"。

2）能力方法认为教育、医疗和社保等基本公共服务具有内在价值，要求在保障和改善民生上更广泛的政府责任。由于相关的社会服务是劳动密集型的，发展中国家以低成本可实现高水平的民生改善。这就做到了"二次分配要更加注重公平"。

3）防止在促进社会公平正义的工作中单纯考虑收入维度，陷入新的误区。能力方法认为，了解个人福利需要知道关于个体特征和生活环境的信息，不能仅考虑拥有的收入，因为每个人把同等收入转化为实质自由的能力不同。

4）基于 HDI 制定体现"以人为本"的衡量经济社会发展的指标体系，可使政府绩效考评机制更能反映社会公平正义。

（5）以能力方法为基础完善和拓展 HDI。为了便于和主流经济学交流，以及在政策领域更具可操作性，能力方法必须可量化。联合国开发计划署编制的"人类发展指数"就是这一方向的重要努力。HDI 基于一个最低限度的能力清单，以便可以关注最低限度的基本生活质量，并通过可得数据进行计算，它是阿玛蒂亚·森与 HDI 之父 Mahbub 合作的产物。

但是，目前国内外学术界在使用和拓展 HDI 时存在一个共同的缺陷，就是忽视了对 HDI 的福利经济学背景的仔细梳理和借鉴。这一忽视的代价是埋没了 HDI 在理论上的最大优点：具有对人类福利的直接关切和深厚的经济学（尤其是福利经济学）基础，而不是像 GDP 指标那样只是针对物的纬度所做的宏观统计。对于 HDI 的拓展必须依据其福利经济学基础进行，而不能像目前流行的那样本末倒置，只从统计学的技术角度出发。否则，HDI 将失去其不同于 GDP 的最重要的特征。本课题将以能力方法为理论基础，利用《人类发展报告》中所提出的新方法来拓展和修正 HDI。

2. 研究方法

（1）拟解决的关键问题。

1）整理和挖掘福利经济学贫困化的学脉渊源，追索基于功利主义的新古典福利经济学陷入困境的深层原因。

2）提炼出基于能力方法的福利经济学新研究纲领在信息维度、哲学基础和伦理观念上的创新。

3）说明新古典福利经济学单纯注重效率纬度在发展模式中的负面效应，继而引出基于能力方法的福利经济学新研究纲领对促进社会公平正义的政策启示。

4）从福利经济学的视角拓展 HDI，使其可以包括更多的福利信息，并沿着有更好的福利经济学基础的方向不断完善。

（2）拟采取的研究方法。

1）跨学科研究：经济学、科学哲学、政治哲学、伦理学和统计学等多学科优势互补，以思想史的脉络为主线，进行多视域的综合分析。

2）系统分析法：对国内外学者关于"基于能力方法的福利经济学新范式"的相关成果进行系统性追溯、分析与跟踪，以便正确把握学脉渊源和最新进展。

3）比较研究法：阿玛蒂亚·森和 Hilary Putnam 的哲学观与逻辑实证主义的差别；阿玛蒂亚·森、罗尔斯和功利主义者的伦理观的异同。

4）经验分析方法：讨论能力方法的量化努力——人类发展指数，利用其进行中国的省际间比较分析。

（3）技术路线。

1）确立研究目标：通过思想史的跨学科研究得出基于能力方法的福利经济学新范式对促进社会公平正义的政策启示。

2）明确要解决的基础理论问题和量化途径问题，包括：构建基于能力方法的福利经济学新范式的哲学可能；分析基于能力方法的福利经济学新范式的政策含义；探讨能力的量化，完善和拓展人类发展指数。

3）利用"基于能力方法的福利经济学新范式"的理论和量化技术反思中国的发展模式，讨论政策启示。

对本书的技术路线的直观表述如图 1-1 所示。

二、研究定位与文章结构

1. 本书的研究主题在思想史中的定位

在当今的主流经济学，尤其是福利经济学中，没有任何一种哲学体系能像功利主义那样，长期以来得到众多的支持和运用。因此，"聚焦于生活质量（The Quality of Life）和实质性自由，而不仅仅是收入或财富，可能看起来像是离开了主流的经济学传统，而且在一定意义上也确实是这样（特别是与当代经济学中以收入为中心的分析相比）"。[1] 但实际上，能力方法有

---

[1] ［印］阿玛蒂亚·森：《以自由看待发展》，任赜、于真译，中国人民大学出版社 2002 年版，第 18 页。

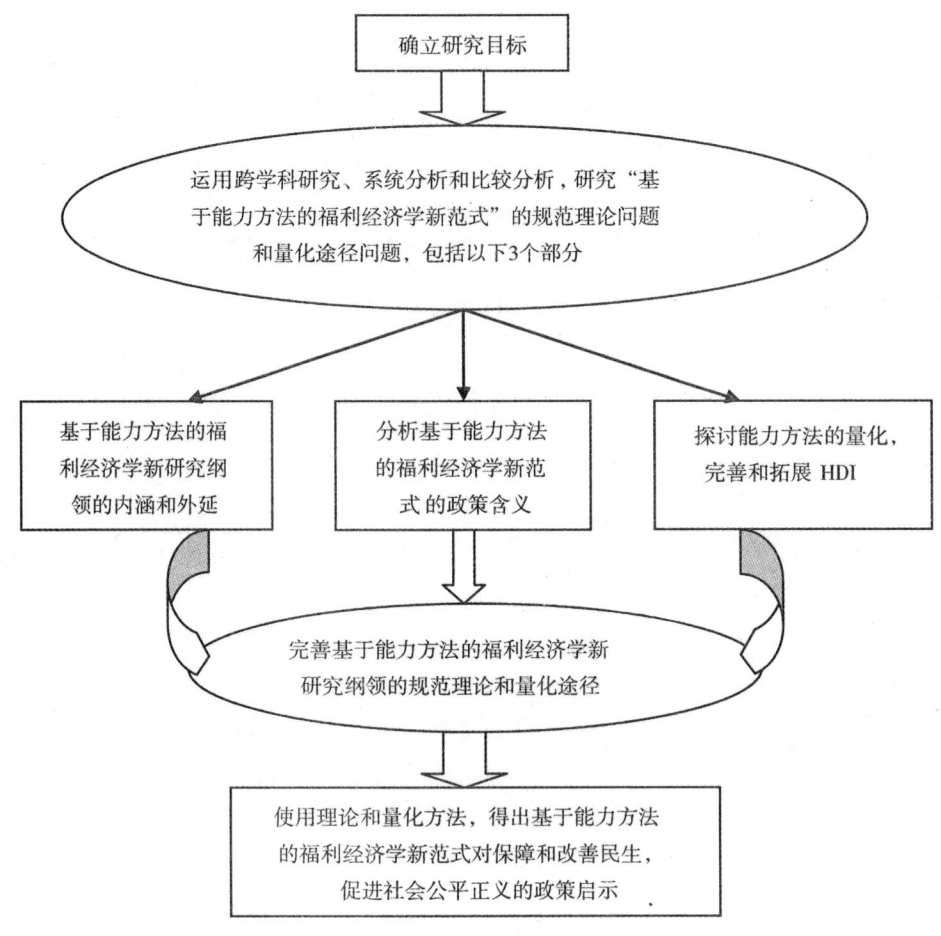

图1-1 本书的技术路线

一个比功利主义传统更加悠久的思想渊源。

阿玛蒂亚·森的以能力方法在精神气质上追随着亚里士多德（Aristotle）、斯密、马克思和穆勒的作为自由的发展的传统；在理论逻辑上针对和批判的是庇古的旧福利经济学、Kaldor-Hicks补偿原理和Bergson-Samulson社会福利函数；直接吸收和继承的是阿罗的社会选择理论和布坎南的公共选择理论。

相对应的，功利传统在经济学界的John Mill之后的进一步发展的标志是边际效用学派的兴起和逐步占据统治地位，这使得以功利主义为哲学基础的新古典经济学成为了经济学研究中的主流。Pigou 继承了其恩师 Marshall 的工作，创立了旧福利经济学。但是，Robbins 在 20 世纪 30 年代初的批评导致了新福利经济学的诞生。新福利经济学有两个分支，一是 Bergson-Samulson 的社会福利函数，二是 Kaldor-Hicks 的补偿原理。Arrow 的社会选择理论的直接出发点就是对社会福利函数的反思。

Arrow 的社会选择理论的另一个思想渊源是芝加哥经济学派的共同导师和精神领袖奈特（Frank Knight，1885—1972）。Knight 在 20 世纪 40 年代反思了资本主义社会的稳定、发展和伦理等一系列本质问题。Knight 认为，发展总是指一个精神的或审美的而不是简单生物功利主义角色的欲望满足的扩张过程。发展（Development）不等于增长（Growth），即简单地指生活的量的增加，发展是质的变化。经济学家不应当简单地把人的物质生活降低到行为科学层面上来研究。我们不接受把欲望的满足当做最终的价值判断准则。因为我们从来就没有把欲望当做目的。问题的关键是评价我们的欲望，这就是反思。虽然非常困难，但是我们每一个人都试图判别什么样的欲望是正当的欲望，这就是伦理学。当评价我们自己的各种欲望并且确定何种欲望正当时，所需要的不是生物功利主义的立场，而是"审美批评"（Esthetic Criticism）思路上的伦理学。"审美批评"是 Knight 提出来的一个很重要的判断，用以确定人们的何种欲望是正当的。

Knight 在一定程度上重申了经济学中 Adam Smith 和 John Mill 的自由传统，他指出，"人类渴求的或许是，或实实在在就是自由",[1] 而在追求自由的过程中要防止"用权力追求更多权力的自由，涉及不平等的一种积累趋势"。[2] 同时，他严厉地批判了功利主义的思考方式和工具主义的科学态度，"讨论的精神是科学精神的基础，但却与科学方法相对立。功利主义—实用哲学将科学方法而不是科学精神带入了社会关系，从而导致了这种致命的混淆。其不可避免的结果就是冲突，最终则是混乱与暴政，而不是互利基础上的和睦与统一。一般来说，工具主义的科学态度会变成相互利用的态度，共同发展则不具备逻辑的可能"。[3]

Knight 在经济学思想史中的意义并不只是承上，更体现在启下方面。

---

[1]［美］弗兰克·H. 奈特：《风险、不确定性与利润》，安佳译，商务印书馆 2002 年版，第 9 页。
[2] 同[1]，第 10 页。
[3] 同[1]，第 22 页。

Knight（1947）提出的公共政策领域的3项无法回避的结论是：①政策的效果评价的主观性；②任何关于公共政策的讨论都包含道德判断；③对于公共政策的目的和手段的批判性评价随着道德判断的演变而演变。

Knight 的工作开启了 Arrow 和 Buchanan 的研究方向，Arrow 的不可能定理受到 Knight 关于投票和市场机制共同点和差异的分析的影响，而 Buchanan 的公共选择理论也直接来源于 Knight 的思想。① 社会选择理论和公共选择理论是能力方法直接借鉴和拓展的对象。

2. 本书的结构安排

本书结构如下：②

第一章是绪论，介绍选题背景、意义、研究现状、主题的学术定位与使用的研究方法。

第二章讨论传统的福利经济学的哲学起源，即哲学中功利主义与经济学中的功利传统。由于庇古的旧福利经济学创立于20世纪初，所以本书对于哲学上的功利主义的考察将以19世纪末为下限。本章的第二节内容将讨论功利主义如何在经济学中确立了统治地位，以及效用理论在经济学中的表现形式。此外，本章还将讨论对于功利主义的批评，以便与功利主义者的观点互为对应。

第三章讨论基于功利主义的传统福利经济学的内容，以及这门学科的学术合法性危机是如何产生的——效用理论从基数人际可比到序数人际不可比的变迁缩窄了福利经济学的信息基础。本章主要试图表现的是基于能力方法的福利经济学新研究纲领的兴起的经济思想史线索。

第四章详细阐述基于能力方法的福利经济学新研究纲领的理论框架。本章的重点首先是对于能力方法的概念体系的解释；其次，由于能力方法提出了自由这一与功利相对立的概念，作为新研究纲领中的核心福利诉求，所以本章将回顾西方智识史上自由概念的演变；同时，本章将说明基于能

---

①Buchanan 还深受瑞典学派学者 Knut Wicksell（1851－1926）的一致同意规则（相当于政治领域的帕累托有效等价条件）的影响。

②本书不可能做到将哲学内容与经济学内容完全区分开。一是阿玛蒂亚·森的理论本身就融洽地包含着哲学和经济学两个组成部分（他在哈佛大学担任经济学和哲学的双料教授），二是由于本书涉及大量的社会科学，尤其是政治哲学、伦理学和经济学的思想史问题，而这几个学科在斯密时代作为道德哲学被归于一个统一的课程中。所以说，哲学和经济学本身就是一对孪生兄弟。因而，用社会选择理论的语言来说，将本书中的哲学部分和经济学部分完全区分开的想法并不包含在一切逻辑可能的社会科学研究备选方案之中。

力方法的福利经济学是将对于价值的规范研究和对于事实的实证研究相结合的努力。

第五章将试图说明构建基于能力方法的福利经济学的哲学可能。确立和巩固自身的哲学基础是任何一个新兴的经济学分析,在建立起自身的学术合法性的过程中无法回避的一个重大问题。因此,本章将分析福利经济学贫困化的科学哲学根源,找出在哲学上可能的解决路径,从而确立福利经济学新研究纲领的科学哲学可能。

第六章将研究如何利用基于能力方法的福利经济学新研究纲领来构筑相应的正义理论,即能力方法的政治哲学含义,这构成了对能力方法的哲学讨论的另一部分。正义理论的重要性在于,其是任何福利经济学理论所必须讨论的主题。在这一领域的工作即是在能力方法的应用方面的一项新的重要拓展,更是对能力方法的理论层面的深化和完善。

第七章是对于能力方法的量化努力的讨论。有可量化的经验含义是经济学(也包括一切科学)区别于形而上学的一个重要标志。虽然由于能力方法的复杂性,将能力方法量化可能会影响其在哲学上的深刻性、灵活性和全面性,但是这毕竟是迈向与主流经济学的交流的一个重要努力。本章分为两部分,一是确立能力方法与人类发展指数之间的关系;二是梳理人类发展指数计算方法的演进。

第八章是对于能力方法的量化途径,即人类发展指数的一个具体应用。本章将以修正和拓展的人类发展指数的计算方法为基础,进行中国的人类发展情况的省际间经验分析。本章将讨论不同的 HDI 算法对于省际间比较的结果的影响;分析 HDI 的 3 个维度指标的平衡状况;嵌入生态维度以拓展 HDI,并进行相应的经验分析。

第九章是结论和展望。在最后一章中,将在前面几章研究的基础上,总结基本结论,并指出现有研究的不足和未来进一步研究的空间。

第二章 功利主义与经济学中的功利传统

本章是对主流经济学的哲学，尤其是伦理学基础的讨论，从而可以成为"基于能力方法的福利经济学"的哲学基础的对照组。本章分为三节。第一节是讨论功利的概念及其演变，主要是功利主义中与经济学相关的内容。由于本章对于功利主义的考察主要是为了分析功利主义对于传统福利经济学的兴起的影响，而福利经济学的诞生是在20世纪20年代，所以对于功利主义概念的演变的考察将停留在19世纪末。第二节是回顾和分析经济学中的功利主义，分别研究功利主义在经济学中的兴起和目前在主流经济学中的表现形式。第三节是对于功利主义哲学体系，包括其在经济学中的表现形式的批判，其中也与阿玛蒂亚·森的批判经济学的工作最为接近，也最为彻底和重要。

第一节 功利的概念及其演变

一、休谟的功利主义观点

功利主义①的理论渊源起码可以追溯到古希腊的哲学家伊壁鸠鲁（Epicurus，前341－前270）。但是，功利主义真正盛行起来是苏格兰启蒙运动的产物。

英国著名哲学家和经济学家大卫·休谟（David Hume，1711－1776）是现代较早提出功利主义原则并产生影响的学者，虽然这一原则在休谟的道德哲学和政治哲学论题中只是前提，而不像后来的功利主义者那样将功利作为唯一目的和理论核心。由于休谟和亚当·斯密是至交好友，很难说其

---

① 功利主义的派别可以按照两个角度进行分类。如果按照控制变量性质的选择区分，则可分为规则功利主义和情境（行为）功利主义。规则功利主义是功利主义的一支，其学说认为，若每个人都永远遵守同一套道德规范，就能产生最大快乐值。其判断一个道德行为的正当性依据的是该行为遵循的普遍道德规则，而不是根据一个具体行为所能产生的好或坏的后果。常见的应用可见于交通规则，根据既定的规范，若大家都能遵守交通规则，那么交通就能安全便利（最大快乐值）。情境功利主义依据行为本身所产生的后果的善与恶来判断道德行为的有效性，所以应该追求在每一种环境条件下能产生最大快乐的行为。对于交通，情境功利主义视哪种方法能取得最大快乐值而决定该往左开还是往右开。古典的功利主义者如 Jeremy Bentham、John Mill 和 Henry Sidgwick 一般被认为是行为功利主义者，虽然他们自己没有意识到这个区分。行为功利主义也能依据可期望的功利而不是实际功利后果来界定。行为功利主义的难题在于怎样确切地评估行为本身的后果。它也因忽视行为者的整合性或欲求而受到批评。如果人口是变化的，就有必要进一步明确最大化目标应该是简单的总和功利主义（古典功利主义），还是每个人的总和（平均功利主义）。

第二章 功利主义与经济学中的功利传统

效用论的观点对于斯密没有任何影响。①

休谟在《人性论》（1739）中指出："一个行动、一种情绪或一个品格是善良的或恶劣的，为什么呢？那是因为人们一看见它，就产生一种特殊的快乐或不快。因此，只要说明快乐或不快的理由，就充分地说明了恶与德。发生德的感觉只是由于思维的一个品格感觉一种特殊的快乐。正是那种感觉构成了人们的赞美或敬羡。不必再进一步远求，也不必探索这个快感的原因。人们并非因为一个品格令人愉快，才推断那个品格是善良的；而是在感觉到它在某种特殊方式下令人愉快时，实际上就感到它是善良的。这个情形就像人们关于一切种类的美、爱好和感觉做出判断时一样。人们的赞许就影射在它们所传来的直接快乐中。"②

休谟把"功利原理"当做不需要证明的公理性判断看待，"德和恶是被我们单纯地观察和思维任何行为、情绪或品格时所引起的快乐和痛苦所区别的。这个判断是很贴切的，因为它使人们归结到这样一个简单的问题，

---

① 对于斯密的理论和效用理论间的关系可以有两种理解。一是可认为斯密仍然属于功利主义学派。只不过，休谟是把个人的静态的效用作为美和德的源泉和依据，而斯密则认为广义的效用取决于他人效用和动态效用，所以个人效用是难以孤立地加以讨论的，或者说斯密认为个人的效用判断经常是取决于某种整体性的考虑——"当我们开始观察这种（个人为了遵守道德约束而牺牲个人利益的行为的）效用时，毋庸置疑，它给予了这些行动一种新的美感，并由此使它们更进一步博得我们的赞同。然而，这种美，主要通过人们的深思熟虑才能察觉出来，绝不具有一开始就使这些行为受到大多数人的天然感情的欢迎的性质"（参见[英]亚当·斯密：《道德情操论》，蒋自强、钦北愚、朱钟棣、沈凯璋译，商务印书馆1997年版，第240页）。并且，斯密认为，"谨慎"（Prudence）这类美德的合宜职责就是为个人利益负责，"个人的身体状况、财富、地位和名誉，被认为是他此生舒适和幸福所依赖的主要对象，对它们的关心，被看成是通常称为谨慎的那种美德的合宜职责"（参见[英]亚当·斯密：《道德情操论》，蒋自强、钦北愚、朱钟棣、沈凯璋译，商务印书馆1997年版，第273页）。因此，斯密本质上也是功利主义的，只不过是一个特殊的分支。另一种看法认为斯密是要把效用与"合宜性"（Propriety）完全分开。因为，合宜性即使损害了或者完全没有效用美，也可以产生德性。这并不是因为效用美没有任何德性的意义，而是因为效用美是可以完全非人类的、非社会的。合宜性则必须建基于同情共感的基础之上，必须是依存于社会化的心理机制的。只有这样的判断才可以称之为道德判断。效用美和合宜性属于两个完全不同的范畴，前者或许会给某种德性增添光彩，但不是不具有道德的含义，只有后者才是德性的基础。对于适宜性和效用的不同关系的理解也许同如何定义效用的概念的内涵和范围有关，但是，边际效用革命以来的基于极端方法论个人主义的对效用的理解和运用，显然在方法论上人为地阉割了社会对个人的影响，也肯定背离了经济学鼻祖亚当·斯密的思考方式和理论态度（参见罗卫东：《情感，秩序，美德：亚当·斯密的伦理学世界》，中国人民大学出版社2006年版）。

② [英]休谟：《人性论》，关文运译，商务印书馆1980年版，第511页。

即为什么任何行为或情绪在一般观察之下就给人以某种快乐或不快,借此就可以指出道德邪正的来源,而无须去找寻永不曾存在于自然中的,甚至也并不(借任何清楚和明晰的概念)存在于想象中的任何不可理解的关系和性质"。①

在休谟的政治哲学体系中,提出"功利原理"的作用在于以此为出发点,通过自然演化的视角,推导出道德规则和伦理习俗的发生学。休谟在这方面的工作是现代经济学中的演化博弈理论的先声。

二、边沁对于功利主义体系的奠基

英国著名哲学家、法学家和经济学家杰里米·边沁是功利主义思想的真正奠基人。边沁在《政府片论》(1776)中第一次初步阐述了其"功利原理"(边沁后来用"最大多数人的最大幸福原理"来补充或取代这一称谓)。"任何法律的后果,或任何成为法律的对象的行为的后果(也就是人们唯一感兴趣的后果),除了痛苦和快乐之外,又有什么呢?它们可以通过痛苦与快乐这种字眼表达出来:至少我们可以希望,快乐与痛苦的含义是无须求教于律师人们就能懂得的。"②

边沁的功利主义理论正式成熟于《道德与立法原理导论》(1789)一书。在边沁看来,"功利原理是指这样的原理:它按照看来势必增大或减少利益有关者之幸福的倾向,亦即促进或妨碍此种幸福的倾向,来赞成或非难任何一项行动。我说的是无论什么行动,因而不仅是私人的每项行动,而且是政府的每项措施"。③

边沁的工作目的是要通过建立功利主义的道德判据来指导实践中的立法行为。通览《道德与立法原理导论》全书,边沁恰如这样一位立法者:他制定一套基于功利原理的行为典章,并用依靠同样的原理来调节的制裁为后盾。"功利是指任何客体的这么一种性质:由此,它倾向于给利益相关者带来实惠、好处、快乐、利益或幸福(所有这些在此含义相同),或者倾向于防止利益有关者遭受损害、痛苦、祸患或不幸(这些也含义相同);如

---

①[英]休谟:《人性论》,关文运译,商务印书馆1980年版,第515页。
②[英]边沁:《政府片论》,沈叔平等译,商务印书馆1995年版,第117页。
③[英]边沁:《道德与立法原理导论》,时殷弘译,商务印书馆2000年版,第58页。

第二章 功利主义与经济学中的功利传统

果利益有关者是一般的共同体,那就是共同体的幸福,如果是一个具体的个人,那就是这个人的幸福。"①

边沁承认自己特别得益于休谟。但是,休谟谈及功利时并未提到功利的最大限度增长,也未把它当做一个批判性尺度,而是为了表明约束人类行动的惯例和习俗如何由于适合人类目的而产生并得以维持,因而具有一种其遵循者可能浑然不知的合理性。相反,边沁援引功利原理作为一项批判原则,来支持一场广泛的改革运动,却极少注意惯例和传统体制的稳定效力。换句话说,边沁式的"功利原理承认这一被支配地位,把它当做旨在依靠理性和法律之手构造福乐大厦的制度的基础。只有它们才指示我们应当干什么,决定我们将要干什么。是非标准,因果联系,俱由其定夺"。②

在边沁看来,"自然把人类置于两位主公——快乐和痛苦——的主宰之下"。③边沁论证的基础是下述信条:人类的构造,决定了他们自己的快乐或幸福是他们为了自己的利益,希望获得或实际追求的唯一东西。边沁显然认为,"人类身心的天然素质"是最重要的原因,决定人会发觉功利原理构成唯一可接受的是非判断标准,因为尽管在用它来确定要做什么和要制定何种强制性法律时,关于功利总和的估算可能表明必须牺牲某些个人的幸福来确保其他人的更大幸福,但它保证在做所有此类估算时,每一个人的快乐都会得到考虑,并且受到等同的重视。因此,功利原理作为一个终极的行为标准,将一切人当做平等的人来加以尊重,虽然它并不保障人人都得到自己想要的东西。边沁在衡量利益相关者的快乐加总问题(共同体利益的行动的总倾向)时并不考虑分配问题。按照边沁的看法,在确定了利益有关者的人数,并对每个人的快乐和痛苦程度都进行一番估算后。"可以看到两种人:一种是就他而言行动的倾向总的来说是好的,另一种是就他而言其倾向总的来说是坏的。把表示行动之有关每个前一种人的、具有多大程度好的倾向的所有数值加在一起,同时把表示行动之有关每个后一种人的、具有多大程度破坏倾向的所有数值加在一起。如果快乐的总值较大,则差额表示有关当事人全体或他们组成的共同体的、行动的总的良善倾向;如果痛苦的总值较大,则差额表示有关统一共同体的、行动的总的邪恶

---

① [英] 边沁:《道德与立法原理导论》,时殷弘译,商务印书馆2000年版,第58页。
②③同①,第57页。

倾向。"①

功利或曰效用的客观测度问题从其诞生之初就被考虑。如功利主义的鼻祖边沁提出，一个人的任何行动的快乐和痛苦可以根据6种情况来确定：①强度；②持续时间；③确定性或不确定性；④邻近或偏远；⑤丰度；⑥广度；而对一群人来说，还要考虑⑦广度。② 但是，边沁只是提出了需要考虑的因素，并没有将它们转化为可操作的指标，而且其分类在现代标准看来也是粗糙和随意的。

值得强调的是，在边沁所代表的早期功利主义者的年代，他们所主张的功利原则，在公共领域的诉求是实现"最大多数人的最大幸福"（The Greatest Happiness of The Greatest Number）。这一原则最早由18世纪苏格兰启蒙运动的奠基人弗兰西斯·哈奇森（Francis Hutcheson，1694－1746）提出，然后被边沁发展成为道德和立法的基础。③ 哈奇森对于后世学者的影响不仅于此，亚当·斯密是他的学生，受他的仁爱（Benevolence）观点的影响，发展出了同情心（Sympathy）的理论。不管怎样，早期功利主义者所致力的是全体幸福综合的最大化，这与后来的部分功利主义者和大多数经济学家所强调的个人的效用最大化，二者之间的区别是非常明显和重要的。

三、穆勒整合功利和自由的努力

1. 穆勒对于功利主义理论的完善

19世纪最著名的经济学家、政治学家、哲学家约翰·穆勒（John Stuart Mill，1806－1873）的成长环境中充斥着功利主义和理性主义，其老师Jeremy Bentham和父亲James Stuart Mill都是当时最重要的功利主义者。他的《功利主义》（1861）一书对功利主义做了比较全面的经典论述。在核心诉

---

①［英］边沁：《道德与立法原理导论》，时殷弘译，商务印书馆2000年版，第88页。
②同①，第86页。
③这一名言的最早表述出现在哈奇森1725年所发表的 *An Inquiry into the Original of our Ideas of Beauty and Virtue*，其原文是"That action is best which procures the greatest happiness for the greatest numbers"。

求上与边沁①一样，John Mill 坚持认为，"唯有快乐和免除痛苦是值得欲求的目的，所有值得欲求的东西（它们在功利主义理论中与在其他理论中一样为数众多）之所以值得欲求，或者是因为在于它们之中的快乐，或者是因为它们是增进快乐免除痛苦的手段"。② 但是，John Mill 在《功利主义》中批判了以下观点：人类的情感可以简化为一种单维度量度（即快乐或痛苦）的不同数值。

虽然继续捍卫了目的论（Teleology）而反对义务论（Deontology），但同时也纠正了边沁功利主义的一些缺陷。John Mill 将幸福区分为低级的幸福和高级的幸福。John Mill 指出，"理智的快乐、感情和想象的快乐，以及道德情感的快乐所具有的价值要远高于单纯感官的快乐"。③ "做一个不满足的人胜于做一只满足的猪；做不满足的苏格拉底胜于做一个满足的傻瓜。如果傻瓜或猪有不同的看法，那是因为他们只知道自己那个方面的问题。相比较的另一方即苏格拉底之类的人则对双方的问题都很了解。"④

不同于之前的功利主义者，John Mill 区分了快乐的"质量"和"数量"的概念。"功利主义的哲学家一般都将心灵的快乐置于肉体的快乐之上，主要是因为心灵的快乐更加持久、更加有保障以及成本更小等——也就是说，是因为它们所具有的外在优点而不是因为它们所具有的内在本性。在所有这些方面，功利主义者都已充分证明了自己的观点；但他们本可以完全自洽地采纳其他的也许可以说更高层次的论据。承认某些种类的快乐比其他种类的快乐更值得欲求，更有价值，这与功利原则是完全相容的。荒谬的是，人们在评估其他各种事物时，质量和数量都是考虑的因素，然而在评估各种快乐的时候，有人却认为只需要考虑数量这一个因素。"⑤ "如果所有或几乎所有对这两种快乐都有过体验的人，都不顾自己在道德感情上的偏好，而断然偏好其中的一种快乐，那么这种快乐就是更加值得欲求的快乐。如果对这两种快乐都比较熟悉的人，都认为其中的一种快乐远在另一种快

---

① 边沁的"幸福微积分"（Felicific Calculus）的含义是对于源自任何特定行为的快乐（效用的正值）和痛苦（效用的负值）的计算。"幸福微积分"为伦理问题提供了一种解决方案：如果某一行为通过快乐和痛苦的计算获得了正值，那么它就是善行；如果得到的结果是负值，那么它就是恶行。
② [英] 约翰·穆勒：《功利主义》，徐大建译，上海世纪出版集团 2008 年版，第 7 页。
③ 同②，第 8 页。
④ 同②，第 10 页。
⑤ 同②，第 9 页。

乐之上，即便知道前一种快乐带有较大的不满足也仍然偏好它，不会为了任何数量的合乎他们本性的其他快乐而舍弃它，那么我们就有理由认为，这种不被人偏好的快乐在质量上占优，相对而言快乐的数量就变得不那么重要了。"① "对两种快乐同等熟悉并且能够同等地欣赏和享受它们的那些人，的确都显著地偏好那种能够运用他们的高级官能的生存方式。"② "他们（聪明人和受过教育的人）不会为了最大限度地满足自己和傻瓜共有的各种欲望，而舍弃自己拥有但傻瓜不拥有的东西。"③这种不可因任何原因而舍弃的快乐实际上可以解读为作为前提的不可侵犯的个人基本权利。

John Mill 之所以欣赏高等的快乐，除了以上的个人品位、智力和道德水准方面的理由外，还有一个社会性的理由——高尚的人对其他人具有正的外部效应。④ "因为功利主义的行为标准并不是行为者本人的最大幸福，而是全体相关人员的最大幸福；我们完全可以怀疑，一个高尚的人是否因其高尚而永远比别人幸福，但毫无疑问的是，一个高尚的人必定会使别人更幸福，而整个世界也会因此而大大得益。所以，即便每个人都仅仅由于他人的高尚而得益，而他自己的幸福只会因自己的高尚而减少，功利主义要达到自己的目的，也只能靠高尚品格的普遍培养。"⑤

2. 穆勒思想中功利与自由的内在张力

John Mill 自小浸淫于功利主义的思想环境，几乎无可避免地被当做了功利主义的继承人来培养。但与老师和父亲不同的是，John Mill 在对功利主义的信仰中也充满了对自由的渴望。青少年时代受父亲的斯巴达式教育所压

---

①②③ ［英］约翰·穆勒：《功利主义》，徐大建译，上海世纪出版集团2008年版，第9页。

④John Mill 与其老师边沁一样（边沁是 John Mill 的父亲 James Mill 的至交好友，James Mill 同样也是一位早期的著名功利主义者），坚持认为功利主义追求的是社会整体的幸福的最大化，而不是后来新古典经济学家强调的原子式的"伪个人主义"的个人效应最大化。古典功利主义所认为的构成功利主义的行为对错标准的幸福，不是行为者本人的幸福，而是所有相关人员的幸福，而这一点是攻击功利主义的人很少公平地予以承认的。功利主义要求，"行为者在他自己的幸福与他人的幸福之间，应当像一个公正无私的仁慈的旁观者那样，做到严格的不偏不倚。功利主义伦理学的全部精神，可见之于拿撒勒的耶稣所说的为人准则。'己所欲，施于人'，'爱邻如爱己'，构成了功利主义道德的完美理想。为了尽可能地接近这一理想，功利主义要求，首先，在法律和社会的安排，应当使每一个人的幸福或（实际上也就是所谓的）利益尽可能地与社会整体的利益和谐一致；其次，教育和舆论对人的品性塑造有很大的作用，应当加以充分利用，使每一个人在内心把他自己的幸福，与社会整体的福利牢不可破地联系在一起"（参见［英］约翰·穆勒：《功利主义》，徐大建译，上海世纪出版集团2008年版，第17页）。

⑤［英］约翰·穆勒：《功利主义》，徐大建译，上海世纪出版集团2008年版，第12页。

第二章 功利主义与经济学中的功利传统

抑的个性出现了反弹，使得当时仅有 20 多岁的 John Mill 的精神世界出现了紧张，开始怀疑功利主义的唯结果论和快乐至上，重新思考人生的目的和价值问题。John Mill 与 Taylor 夫人从相识、相守到结合的过程，其间遭受了巨大的社会礼俗的压力（Mill 为此和家庭断绝了关系），这使得其更加深刻地意识到了权利和自由的重要性。于是，John Mill 将其对于权利和自由的理解凝结成了《论自由》（1959）一书。如果说 John Mill 的功利主义哲学观和政治经济学观是受其父辈（Jeremy Bentham、David Richard 和 James Mill）影响的产物的话，那么其自由观则是发自内心的真实呼声。可以肯定的是，John Mill 一生对于自由的渴望和探讨极大地影响了其对于功利主义哲学和政治经济学的看法。

John Mill 在政治哲学领域的工作并不仅仅停留在了对功利主义的修补，他的自由观点中实际上隐含着大量的对功利主义，起码是对其老师 Bentham 和父亲 James Mill 式的功利主义的反动。夸张点说，Bentham 和 James Mill 想要的，仅是通过不管什么手段，最有效地获得快乐。对于 Bentham 和 James Mill 来说，如果有人给他们一服药，而科学能够显示服下它的人将获得永久的满足，他们会毫不犹豫把这种药当做治疗所有邪恶的灵丹妙药来采用和推广。Bentham 和 James Mill 相信教育与立法是通向幸福的道路。但是，如果有更便捷的道路被发现，就像药片、催眠或神经刺激等手段可以被应用，如果他们在理论和实践上一致的话，他们会立即放弃自己所提供的方法，接受这些比较好的方法，因为这些方法更有效且成本更低，相当于用更小的痛苦成本获得更大的快乐效果。①

但是按照对 John Mill 在其生活和著作中所表明的，他肯定会对此表示反对。John Mill 认为人是目的（而不仅仅是手段）的追求者，并以他自己的方式追求目的，唯有如此才能促进人性和人的技能的发展。John Mill 更加强调人主动尝试和创新的机会与自由的珍贵，这种自由是人之所以为人，作为更高等级生物的本质。应该允许创新与实验在每一个可能的方向上涌现，这也是 John Mill 为什么极力维护言论的自由与观点的多样性。

John Mill 的自由的观点被 1974 年诺贝尔经济学奖获得主 Friedrich Hayek（1899 - 1992）进行了更现代的解读：每个人的自由的自发行为，形成了自发扩展的秩序，唯有在这一自由的环境下，人类的隐秘的私有知识才能在

---

① 诺齐克（2008）通过假设的"体验机"的实例批评过这一功利主义追求。

每一个空间和时间上被激发、交流和相互产生正外部性，知识的社会网络得以连接，人类的文明和发展在这种情况下才能可持续地生长、涌动和扩展。

同是功利主义者，John Mill 在维护个人自由和主观能动性上的激情是其老师和父亲无法比拟的。反过来，Bentham 的观点是彻底的先验目的论的：人性和世界的运转规律是确定的，因此快乐的恒等式可以永远成立。把 John Mill 的逻辑加以推进，则纯粹功利主义的被动享乐，极可能扼杀创新和尝试的激励，使人类的进步停滞。在 John Mill 看来，人性和外部世界是复杂和不确定的，即使是以追求功利为目的，此目的在这种情境下也是模糊的，需要通过自由的交流和活动而涌现，因而自由仍是不可或缺的。

基于对自由的珍视，John Mill 抛弃了边沁式的普适性的、确定的幸福微积分——人们可以用快乐和痛苦的计算结果作为道德判断的标准，而不要义务论中的权利之类的非功利因素。相反，John Mill 意识到，冲突作为多维度人性的必然结果是不可避免的，而人们观点的显著差异是合理的。对这一事实的认识在 John Mill 以自由概念为中心的政治哲学理论中起到了非常关键的作用。

于是，John Mill 论证了人类幸福中行动和抉择的地位，从而确立幸福和自由之间的必然联系。John Mill 试图调和功利主义与自由的理由可能正如熊彼特在《经济分析史》中所提出（当然也许更温和一些）的："功利主义将整个人类价值观体系简化为一种相同的模式，这样做违背了理性，排除了对于人类而言真正重要的一切。因此他们确实有资格宣称他们创造了文学中的一种新事物……所有可以感知的人生哲学中最为浅薄的一种。"[①]

John Mill 试图纾解自由主义思想中的道德个人主义与古典功利主义普遍福利目标的集体主义之间的紧张和对峙。这项工作的目的是为了表明，在许多不同的环境中，可以用功利主义的根据为采取非功利主义的道德政治准则进行辩护。

只有在行动并不伤害他人利益的自涉领域（Self – Regarding）范围之内，John Mill 认为给个人自由提供的保护才是绝对的。"人们不能强迫一个人去做一件事或者不去做一件事，说因为这对他比较好，因为这会使他比

---

① 转引自［意］阿列桑德洛·荣卡格利亚：《西方经济思想史》，罗汉等译，上海社会科学出版社 2009 年版，第 199 页。

第二章 功利主义与经济学中的功利传统

较愉快,因为这在别人的意见认为是聪明的或者甚至是正当的;这样不能算是正当。"① 也就是说,唯有出现伤害或存在伤害他人的危险的情况,自由的限制才能得到合理的证成,而且若是功利的计算表明这种限制增加了普遍福利,那么限制自由在总体上就是合理的。

然而在许多情况下,限制自由也许可以增加普遍的福利,但却会强加给不同的社会群体以各种严重不平等和不公正的负担。"除非假设保护自由和增加普遍福利是永远不会冲突的目的,否则,至上的功利原则有时将会认可对自由施加的限制,而这在古典自由主义者(以及其他许多人)必定认为是不公正的。"②

为了避免这一后果,John Mill 的理论需要进一步补充义务论的正义原则,但这却是一种与关切社会整体福利的目的论功利主义相对峙的原则。很明显,个人自由有时会与社会整体福利的增进产生矛盾。对于任何真正的自由主义者来说,能够用于保护个人自由的正义原则都是必不可少的,而且这类原则无法使用功利主义的术语进行辩护。

总体来看,John Mill 的思想中存在的两套框架——功利与自由——之间存在内在张力,前者强调功利是唯一目的,是优先的善,因而可以忽略任何个人权利(right,也可以翻译为伦理学中的"正当")因素(伦理学中的目的论);后者则认为个人权利是不可侵犯的优先原则,其他个人和社会目标必须在这一限制下追求才是合理的(伦理学中的义务论)。由于这种哲学基础上的根本差别,John Mill 的调和功利主义对普遍福利的关切与自由主义对自由的优先性,以及公平分配的关切的努力无法解决它们之间的本质性矛盾,注定不可能取得最终和彻底的成功。John Mill 思想体系中的这种紧张正如其生命体验中智力超常发展和情感压抑饥渴间的紧张一样,是无法挥去的。

3. 穆勒经济学理论中功利与自由的杂糅

John Mill 的这种学术观点上的功利与自由的杂糅在其最具影响力的经济学著作《政治经济学原理》(1848)中有重要的反映,体现了 John Mill 复杂的经济学观点。从斯密到 John Mill,古典政治经济学家们将本学科中的人的概念设定为一个复杂的主体——同时受到个人利益与社会规则双重力量的

---

① [英] 约翰·穆勒:《论自由》,许宝骙译,商务印书馆1959年版,第11页。
② [英] 约翰·格雷:《自由主义》,曹海军、刘训练译,吉林人民出版社2005年版,第74页。

作用的社会动物（Social Animals）。

John Mill 很关心分配公平问题，这显然不同于严格的古典功利主义者。对于 Bentham 式的功利主义者，他们关心的是社会幸福的总量，而不是幸福在人际间如何分配。甚至说，如果能证明同样一元钱给一个富人带来的效用比给一个穷人带来的效用可以更高，那么"劫贫济富"在他们看来就是理所应当的。

John Mill 在分配公平上主张：一是机会向一切人敞开，"在财富就是权力，人人都渴望发财的时候，发财致富的路应该向一切人公平地敞开。但是，对于人类的本性来说，最良好的经济状态始终是，没有一个人贫穷，没有人相比别人更富有，因而谁都不必担心别人抢先而自己落在后面。"① 二是强调共享式增长本身的意义，"如果人民大众从人口或任何其他东西的增长中得不到丝毫好处的话，则这种增长也就没有什么重要意义"。② 三是指出实现共享式增长和合理的分配的手段，"财产的这种更好的分配，可以通过个人的远虑与节俭，以及一套有利于公平分配财产的法律制度的共同作用来达到"。③ 四是这种理想的经济发展方式的结果，"社会将会表现出如下主要特征：大多数劳动者工资较高，生活富裕；人们除了自己挣得和积累的财富外，不拥有其他巨额财富；比现在多得多的人不仅可不再做繁重的粗活儿，而且还可不再做机械琐碎的工作，而有充裕的闲暇，可在身心两方面培养高尚的生活情趣，为贫困阶级树立生活的榜样"。④

John Mill 还描述了其认为值得欣赏的经济发展的最终状态。"资本和人口处于静止状态，并不意味着人类的进步也处于静止状态。各种精神文化，以及道德和社会的进步，会同以前一样具有广阔的发展前景，'生活方式'（Art of Living）也会同以前一样具有广阔的发展前景，而且当人们不再为生存而操劳时，生活方式会比以前更有可能加以改进，同以前的区别只是，工业改良不再仅仅为增加财富服务，而会产生其应有的结果，即缩短人们的劳动时间。"⑤

在理想经济发展模式的状态下，"人们不要像现在这样一味强调增加生产，而应把注意力放在改进分配和提高劳动报酬这样两件迫切需要做的事

---

①② [英] 约翰·穆勒：《政治经济学原理——及其在社会哲学上的若干应用》（下卷），胡企林、朱泱译，商务印书馆1991年版，第320页。
③④ 同①，第321页。
⑤ 同①，第322页。马克思和马歇尔也提出缩短人们的劳动时间是衡量发展的重要尺度。

第二章 功利主义与经济学中的功利传统

情上。总产量达到一定水平后，立法者和慈善家就无须那么关心绝对产量的增加与否，此时最重要的事情是，分享总产量的人数能否增加（不论人类的财富处于静止状态，还是以古老国家所曾达到的最快速度不断增加）则取决于人们对人数最多的阶级即体力劳动者阶级的看法和该阶级本身的生活习惯"。① 这是在 John Mill 看来人类最终可能会达到的理想状态。

　　John Mill 认为市场机制是所有资源配置的不完善方式中最不坏的一个，只不过赞美市场经济的理由不能仅从效率和功利的角度来寻找，更要考虑其在促进人的自由和发展上面的重要意义。"我并不认为竞争是没有缺点的，也不认为社会主义者从道德方面提出的反对竞争的观点是毫无道理的。社会主义者认为竞争是同一行业的人相互嫉妒和敌对的根源，但竞争虽有弊病，却防止了更大的弊病。"②"社会主义者所犯的共同错误是，他们没有看到人类的天生懒惰，没有看到人类倾向于无所作为，倾向于做习惯的奴隶，倾向于墨守成规。一旦人类处于自己认为过得去的生存状态，人类所面临的危险便是他们就此止步不前，不再努力改善自己的处境，听凭自己的能力衰退，以致连维持现状的能力都丧失殆尽。竞争也许并不是可以想象的最好的刺激物，但它目前却是必不可少的刺激物，而且谁也说不出什么时候进步不再需要竞争。"③

　　对于市场与政府的关系，John Mill 的分析角度也更多地站在维护自由的立场上。"我们应区分两种政府干预，这两种干预虽然都与同一问题有关，但所具有的性质和所带来的结果却有很大不同。政府干预可以扩展到对个人自由加以限制。政府可以禁止所有人做某些事情，或规定没有它的允许就不能做某些事情；也可以规定所有人必须做某些事情，或规定必须以某些方式做那些可做可不做的事情。这就是所谓命令式的政府干预。还有另外一种政府干预，可以称为非命令式的，也就是说，政府不发布命令或法令，而是给予劝告和传播信息（这是一种政府本来可以加以广泛利用但实际上却很少采用的方法）；或者，政府允许个人自由地以自己的方式追求具有普遍利益的目标，不干预他们，但并不是把事情完全交给个人去做，而

---

① [英] 约翰·穆勒：《政治经济学原理——及其在社会哲学上的若干应用（下卷）》，胡企林、朱泱译，商务印书馆1991年版，第324页。
②③同①，第363页。

且也设立自己的机构来做同样的事情。"①

四、西季威克对于功利主义的补充

西季威克（Henry Sidgwick, 1838 – 1900）是19世纪末最著名的功利主义者哲学家，并且他也是一名有影响的经济学家。作为一名经济学家，其开创了剑桥学派的传统，将功利主义的理念传给了马歇尔，并因此间接地影响了庇古及其创立的福利经济学。

从对经济学理论的贡献的角度看，西季威克区分了两种不同含义的"财富"的概念。一种是按市场价格计算的货品总量；另一种则是个人效用的总和——这才是古典功利主义者所谓的福利。根据这一区分，西季威克在经济伦理问题上发挥了英国的边际效用学派的代表杰文斯（William Stanley Jevons, 1835 – 1882）的功利主义思想：如果同一物品对于一个人比对于另一个人具有更高的边际效用，那么通过物品的再分配——将物品分配给对它更珍视的人——可以提高社会总效用，而这时候按照市场价格计算的财富值并没有变。换言之，一个社会的福利状况在很大程度上取决于物品的分配情况，而不仅仅由物品市场价值决定。②

西季威克对于功利主义哲学本身也做了很多的原创性的工作，其名著《伦理学方法》（The Methods of Ethics, 1874）对当时英美伦理学界具有深远的影响。按照他的定义，人们追求快乐的方式可以区分为利己的快乐主义与普遍的快乐主义（即功利主义）。因此，"功利主义的含义"是"在特定的环境下，客观的正当的行为是将能产生最大整体幸福的行为，即把其幸福将受到影响的所有存在物都考虑进来的行为"。③ 这一定义显然表明他继承了边沁和穆勒将功利的目标定位为社会效用总和最大化的传统。

西季威克揭示出了 John Mill 的功利主义证明中存在的一个关键问题，即 John Mill 虽然强调的是"最大多数人的最大幸福"，而不是任何一个人的幸福，但他却是从每一个人事实上追求自己的幸福出发来推出每一个人应

---

① [英] 约翰·穆勒：《政治经济学原理——及其在社会哲学上的若干应用》（下卷），胡企林、朱泱译，商务印书馆1991年版，第530页。
② [英] 罗杰·E. 巴克豪斯：《西方经济学史：从古希腊到21世纪初的经济大历史》，莫竹芩、袁野译，海南出版社2007年版，第292页。
③ [英] 亨利·西季维克：《伦理学方法》，廖申白译，中国社会科学出版社1993年，第425页。

第二章 功利主义与经济学中的功利传统

当追求"最大多数人的最大幸福"的。这种推理至少需要克服两个困难，一是从实际上被欲求的东西推不出值得欲求的东西（所谓休谟铡刀：从"是"的命题推倒不出"应当"的命题）；二是从个人实际上追求自己的幸福推不出个人实际和应当追求公众幸福。西季威克强调的是第二个推理错误，他正确地指出，要弥补这个错误必须加上"合理仁爱"，不能仅仅靠"自利"，即"我们不得不用某种公正（或对这种幸福的正确分配）原则来补充追求最大整体幸福的原则"。① 就此而言，西季威克第一次将功利主义与利己主义进行了明确的分辨。其实，John Mill 已经在自己的论证中加入了"不偏不倚的旁观者"这一观念，其中蕴含着"同情心"的要素，这类似于边沁的作为纯社会动机的仁慈。②

第二节 经济学中的功利主义传统

一、功利传统在新古典经济学中的统治地位的确立

1. 边际效用主义者的早期工作

如果说 John Mill 是连接经济学的两个时代的过渡，他的思想体系中夹杂着自由发展观和功利发展观的话。在后 John Mill 时代，功利主义的哲学观在经济学中逐渐取得了统治地位。

虽然边沁的功利主义思想在其本人的时代已经产生了很大影响，边沁自己也是一名较著名的经济学家，但"A. 斯密及在他之后的、除西尼尔外

---

① [英] 亨利·西季维克：《伦理学方法》，廖申白译，中国社会科学出版社1993年版，第430页。
② 边沁认为人主要是自私的，一般倾向于损人利己。他还据此认为在私利同公共利益冲突时，人不可能自愿地服从公共利益，只有依靠制裁的威胁才能使他们这么做。尽管如此，边沁仍然在其总的学说中为社会动机找到了立足之地，他们促使人为他人利益并以符合功利原理的方式行动。其中最重要的就是仁慈这一纯社会动机，按照边沁的说法，功利命令是其"最广泛、最明智"的形式。这会导致一个对它敏感的人去追求别人的幸福，仅仅是因为他自己从中得到快乐（同情之乐），即使这对他没有什么别的好处。除此之外，还有名誉与和睦这两个半社会动机，它们会导致一个人在利他行为将给自己带来特殊好处的时候，去为别人的利益而行动，即使他未从别人的幸福本身得到快乐。

的英国'古典学派'的几乎所有成员,显然都没有意识到有可能用效用来解释经济价值现象,而以价值悖论为由回避了对'使用价值'的解释,尽管价值悖论已经不再是悖论了"①(因为可以通过边际效用学说来解决)。效用理论并没有在经济学中取得主导的地位,即使作为功利主义者的 John Mill 也没有把消费者的效用最大化作为经济学的重要组成部分。这种情况直到 19 世纪 70 年代初才结束。

这一发展趋势的开端是由杰文斯(William Jevons,1835－1882)、瓦尔拉斯(Léon Walras,1834－1910)和门格尔(Carl Menger,1840－1921)引发的边际效用革命(豪伊,1999)。

杰文斯是边际效用价值论在英国的奠基者。他较系统地把边际效用论与数学结合起来,运用数学方法研究和表述经济范畴和规律,企图建立一套新的"数理经济学"理论体系。他的主要经济理论"最后效用程度价值论"是在其《政治经济学理论》(1871)一书中系统阐述的。

杰文斯明确地赞赏和引用了大量边沁的观点,以主观效用作为分析价值的基础,认为物品对人能产生"快乐"和避免"痛苦",因而具有效用,这种效用决定物品的价值。物品效用的大小从价值的高低以人在不同情况下对苦乐的主观估计的变化为转移。但杰文斯不是一般地使用主观效用,而是以"最后效用程度"来解释价值。他把一种物品的总效用和这种物品的一个部分在一定时间对一个人的效用区别开来。按照他的看法,一种物品随着其总量的不断增加,该物品对人的每单位效用是递减的,而最后增加的物品单位对人所提供的效用程度,即最后效用程度。这种最后效用程度也就是人对物品增加到某一单位上所表现的需求强度,它直接关系到人的快乐和痛苦,和总效用相比,它对人的福利具有更大的重要性,因此它是决定和衡量物品价值的标准和尺度。在杰文斯那里,价值不具有任何客观物质内容,而只是一种主观的数量关系。

需要强调的是,杰文斯开了将功利主义的关注从社会总体效用最大化转向个人效用最大化的先河。目的论伦理学即使在边沁的理论中也并不代表单维度地追求个人效用最大化的"理性经济主体"(Rational Economic Agents)。在 John Mill 的理论中,他谨慎地批评了幸福微积分的观点,并把

---

① [美] 约瑟夫·熊彼特:《经济分析史》(第三卷),朱泱、易梦虹、李宏、陈国庆、杨敬年、陈锡龄译,商务印书馆 1994 年版,第 437 页。

第二章 功利主义与经济学中的功利传统

"经济人"（Economic Man）仅仅视为一种仅限于对人在经济活动中的行为的趋势性描述。古典"经济人"的概念更接近拉丁文中的"好家长"（Paterfamilias）这一概念，而不是如新古典经济学那样，将本学科中的人的概念视为一种唯一目的是追求以量来衡量的效用的机械。

洛桑学派的创始人，法国人瓦尔拉斯的边际效用思想集中体现在1874年和1878年分两部分出版的《纯粹政治经济学纲要》中。边际效用是一般均衡论的价值论基础。瓦尔拉斯把边际效用称为"稀缺性"。他宣称：商品的稀缺性随着它的消费量的增加而递减，并且与购买商品时支付的价格成比例，消费者在进行购买时，力图使每一元货币所能购买到的每一种商品的效用量相等。这时，他得到最大的效用，即处于均衡状态。瓦尔拉斯的效用论被称为"基数效用论"，即认为效用可以用1、2和3等数值来衡量。

奥地利学的创始人门格尔最为看重主观评价的作用。杰文斯和瓦尔拉斯主要把边际效用看做某种数学概念，把市场价格看做是需求和供给函数的因变量（Dependent Variable）；而门格尔感兴趣的则是说明人们的主观评价如何使竞争性的市场发现过程运转起来的，把价格看做是由主观估价形成的自变量（Independent Variable）。在《经济学原理》（1871）中，他明确地解释了，市场价格及其他市场现象是如何作为这种主观评价过程的无意识的结果而形成的。门格尔著作乃是冲着市场价格而去的，而不是根据给定价格然后去构造供需框架。门格尔的理论是价格形成理论（Price Formation），而非价格决定理论（Price Determination），它关心的是过程，而不是数学上的均衡。

创立边际效用学说的这3个人，在理论上还有一些共同特点。

完整的杰文斯、瓦尔拉斯和门格尔的理论，应当包含享乐、需求、需要或效用的可测定性问题。他们3人都认识到在一定程度上必然要面对下述矛盾：尽管他们假定了物品可测定，但谁也没有对这个量实际做过测定。他们还正确地意识到，他们得为他们的假定做出辩解，以反驳未来的批评。

杰文斯、瓦尔拉斯和门格尔的基本论证都没有假定能够在个人之间比较效用，也没有暗示这种比较的可能性。虽然他们都提出了基数效用尺度，但是为每个人选择的单位同任何其他人的单位并没有特定的关系。值得提出的是，在边际效用革命时期，关于效用的可度量性和可比性，经济学界

· 39 ·

就已经存在不同的观点。埃奇沃思（Francis Edgeworth，1845－1926）[①] 认为效用是可以度量的，并提出了以"刚好可以察觉到的差异"（Just - Noticeable Differences）来作为效用的度量单位；而杰文斯则发现，分析市场均衡并不需要像边沁的功利主义那样对不同人进行加总；意大利经济学家帕累托（Vilfredo Pareto，1848－1923）则认为对于市场均衡而言，序数效用就足够了。

2. 边际效用学说统治地位的确立

真正使得功利主义的边际效用学说获得经济学中的统治地位的是马歇尔和其所著的《经济学原理》。阿弗里德·马歇尔（Alfred Marshall，1842－1924）是19世纪末20世纪初最著名的经济学家，是当今主流的新古典经济学的奠基者，英国"剑桥学派"的创始人，他所著的《经济学原理》（1890）是第二次世界大战之前经济学研究和学习的标准范本。

马歇尔与所有功利主义者一样定义"效用是被当做与愿望或欲望相互有关的名词"。[②] 然而，不同于边沁，马歇尔不认为效用可直接衡量和比较，提出了要以物质财富的可度量的结果来衡量效用。"指出以下一点是重要的：经济学家并不能衡量心中任何情感的本身，即不能直接地来衡量，而只能间接地通过它的结果来衡量。即使一个人自己在不同时间的心情，他也不能准确地互相比较和衡量。至于别人的心情，除了间接地和推测地从它的结果来衡量外，是没有人能够衡量的。当然，有些情感属于人类的较高本性，而有些则属于较低的本性，因此种类不同。但是，即使我们将注意力集中于仅仅是同一种类的物质愉快和痛苦，我们感到也只能从它们的结果来间接地比较。其实，除非这种愉快和痛苦在同一时间发生在同一个人的身上，否则即使这种比较在某种程度上也必然是推测的。"[③] 因此，对于效用的含量只能通过"一个人为了实现或满足他的愿望而付出的价格来表现"。[④]

基于主观效用的不可衡量的特征，马歇尔提出了效用的人际间不可比：

[①] 1870年，甚至更早一些时候，有3股不同的思潮包含关于个人对其满足的反应的解释，它们是经济学中的边际效用、哲学中的享乐主义和心理学的新分支心理物理学。这3种思潮可能来自某些条件的共同作用，但它们在表面上是各不相同的思想运动。知其一者难得知其二三，但难得的是Edgeworth同时对于3股思潮进行了学术上的综合。

[②][④]［英］马歇尔：《经济学原理》（上卷），朱志泰译，商务印书馆1965年版，第111页。

[③]同②，第36页。

第二章 功利主义与经济学中的功利传统

"两个人从吸烟中所得到的愉快是不能直接比较的；即使同一个人在不同的时间从吸烟中所得到的愉快，也是不能直接比较的。"① 同时，马歇尔还提出了效用的无差异概念："如果我们看到一个人对他有的几个便士用于买一支雪茄烟，还是买一杯茶喝，还是坐车回家，犹豫不决，我们便可按照常例说，他从这3件事上能得到同样的愉快。"②

马歇尔接着指出衡量满足所提供的动力的重要性。"如果我们要想比较即使是物质的满足，我们也不能直接比较，而必须间接地从这种满足对活动所提供的动力来比较。如果要得到两种愉快之中任何一种愉快的欲望，会诱使环境相同的人各去做刚好是一小时的额外工作，或是诱使身份相同和财产相同的人各为这一小时工作付出一个先令的话，则我们可以说，为了我们研究的目的，这两种愉快是相等的，因为要得到愉快的欲望，对于情况相同的人而言，是激发活动的同样强有力的动力。"③

接下来的问题就是，应该如何衡量"动力"。马歇尔在这个问题上完全滑向了功利主义的客观收入标准，"如果我们所取的平均数非常广泛的话，足以使各人的个人特性相互抵消，则有相同收入的人，为了得到一种利益或避免一种损害将要付出的货币，是这种利益或损害的良好的衡量"。④

这种看法基于人的同质性假设，"在经济学所研究的事件中，绝大多数是以大约相同的比例影响社会上一切不同的阶级；因此，如果两件事情所造成的愉快的货币衡量相等的话，则认为这两件事情的愉快多寡相同是合理的，也是合乎平常习惯的。更进一步说，如从西方世界的任何两个地方，毫无偏见地抽出两大群人，他们会将金钱以大约相等的比例，作为生活的较为高尚的用途，因此甚至就有这样一种表面上的可能性：他们的物质资源如有相等的增加，他们生活的美满和人类的真正进步也将有大约相等的增大"。⑤

当然，马歇尔作为一个著名的学者，不可能在人类发展问题上仅限于

---

①②［英］马歇尔：《经济学原理》（上卷），朱志泰译，商务印书馆1965年版，第39页。
③⑤同①，第36页。
④同①，第36页。马歇尔甚至认为，相对于其他学科的研究者而言，经济现象的研究者的最大优势在于，经济人不可观察的动机被货币转化为可观察的行为，从而能够被客观地测度。由于行为的"可货币化"，经济学比其他社会科学更可能成为"科学"。至于不可货币化的人类行为，马歇尔充分意识到它们的重要性并表示了充分的尊重：决定世界历史的两种最根本并且最恒久的力量，其一是宗教的，其二是经济的。这样，经济学就被马歇尔界定为研究货币化行为的社会科学。

功利主义理解。比如，在人类发展的动力上，马歇尔指出，"概括来说，在人类发展的最初阶段中，虽然是人类的欲望引起了人类的活动，但以后每向前进新的一步，都被认为是新的活动的发展引起了新的欲望，而不是新的欲望的发展引起了新的活动"。① 在人类发展的最终目标上，马歇尔的见解也比纯粹的庸俗功利主义者复杂得多，"一个人的幸福往往要依靠他自己身心和道德的健康，比依靠他的外在条件更大，而且即便是在这些条件之中，有许多对他的真正幸福至关重要的条件也易于从他的财富目录中遗漏。有些条件是大自然的惠赐；如果它们对每个人都是一样的话，则诚然可以不加过问而不会有很大害处；但事实上它们是随意而大不相同的。然而，这些条件中还有更多是属于共同财富的因素，在计算个人的财富时这种共同的财富常被遗漏未算；但当我们比较近代文明世界的各个部分时，共同的财富就变得比较重要，而当我们把我们自己的时代与前代比较时，甚至更为重要"。②

二、效用理论在新古典经济学中的形式

效用理论（也称消费者理论）与厂商理论（也称生产者理论）③ 是主流经济学的两大支柱，但两者的发展极不平衡。厂商理论一直没有停止其前进的步伐，比如把信息不完全和博弈论引入了生产决策分析，而效用理论到20世纪六七十年代随着显示偏好理论的定型就基本处于停滞状态。

为了在人际间不可比的序数效用论的前提下建立一个个人理性选择的基础，1938年，萨缪尔森（Paul Samulson，1915 – 2009）提出了"显示偏好理论"。直到现在，显示偏好理论还是主流经济学教科书广泛采用的标准理论框架。

撇开复杂的数学证明，"显示偏好理论"无非要人们相信：只要消费者

---

① [英] 马歇尔：《经济学原理》（上卷），朱志泰译，商务印书馆1965年版，第109页。
② 同①，第152页。
③ 在生产理论中，功利主义哲学以两种方式存在着。第一种是直接的方式，把厂商的利润看做对福利的间接度量指标，这种功利主义方法是从马歇尔继承来的传统；第二种功利主义方法以更为隐晦的方式存在于生产理论中——在风险中性的情况下，因为近期带来的效用与金钱数额成正比，所以可以直接把利润函数看做是企业的效应。许多经济学论文开宗明义地假设当事人"风险中性"，就是为了能够以直接讨论利润最大化代替理应讨论的效用的最大化。

在市场上选择了某一消费品,他的"偏好"就同时被显示了。但是,用命题"消费者选择的消费品必然是效用最大化的"来证明命题"消费者选择的是效用最大化的消费品",显然是一种循环论证。这一结论没有给经验判断留下丝毫反驳和证伪的余地。按照这个逻辑来推论,消费者在任何情况下都是"理性"的。所以,"显示偏好理论"本身并没有揭示人的选择行为的真正机理,而更适于将其理解为对经济学在处理个人选择时的工具性假设——效用最大化假设的精致化和公理化。

在哲学上,显示偏好理论是一种改头换面后的低调的功利主义,它用数学工具把效用是不是可以度量、是不是可以在人际间进行比较这样一个非常重要的问题掩蔽起来,考虑的只是这一理论在逻辑上的自洽性。显示偏好理论(把效用视为动机的满足)好像一个还没有开始就退出比赛的选手,因为它异乎寻常地假设,无论一个人选择什么——无论出于什么动机——都必定是有益于一个人自己的效用的。

并且,如果把这一框架拓展到社会选择领域,由于坚持个人间的效用不可比和无法进行基数比较,福利经济学中的阿罗不可能定理根本没有彻底解决的可能,经济学家永远只能对福利经济学,乃至全部与公共政策和集体行动有关的经济学研究的学术合法性避而不谈。

第三节　对于功利主义的批判

一、功利主义理论体系的局限性

边沁的观点,即功利原理是有理智的人能够觉得可以接受的唯一共同标准受到了后世学者广泛的批评。功利主义在原则上认可牺牲个人,只要证明最大限度地增加了总的公共福利,由此它将个人当做单纯的容器对待,其苦乐经验全无固有的价值。因为虽然在对什么将最大限度地增加福利总和所做的估算中,人确实会被当做平等的人来对待,即不管他们是谁,他们同等的快乐或痛苦会被赋予同等的分量,但此种估算的结果可能是很不平等的。

古典功利主义的标准形式化表述是：$U_i(\cdot)$ 代表第 i 个人定义在可选择的社会状态集合 X 上的效用函数，$i=1,\cdots,n$；任何状态 x 至少与另一状态 y 一样好（记为 xRy），当且仅当 $\sum_{i=1}^n U_i(x) \geq \sum_{i=1}^n U_i(y)$。从这样一个形式化的表述可知，由于功利主义，尤其是边沁的古典功利主义不承认个人具有神圣不可侵犯的自然权利，功利主义原则会导致为了多数人的利益侵害少数人的合法权益（因为是否合法要由社会总体的福利来判断），一方面要求超出自然义务的"自我牺牲"的善行，另一方面给已经更幸运的人更大幸福而牺牲一部分人的福利和自由。功利主义忽视了个人分立性的道德意义（哈特，2006），意味着：

第一，无论一个人多么无辜，他的幸福或快乐都要为了其他人的更大的幸福或快乐而做出牺牲，而且，在没有明确的分配原则的限制之时，这种人际替换关系不仅是不受限制的功利主义所允许的，而且是它所要求的。

第二，功利主义将人视为没有价值的存在，因此对于功利主义者来说，不是人而是快乐、满意或幸福的体验才是价值的唯一目的或价值的要素。

第三，仅仅提高快乐或幸福的道德目标，无论是从价值上还是从权威性上来看都不是自明的。社会不是能够体验到其成员加总苦乐的个人；没有人能够体验到这种总和。

第四，在许多方面，功利主义将人与人之间的区分看得没有区分一个人以前的快乐和后来的快乐之间的时间间隔么重要，好像个人仅仅是一个连续的整体的一部分。

由于这些问题，即使快乐是有理智的人为自己的目的所希望的唯一的东西，他们仍然很可能宁愿要一个较为复杂的共同标准，据此社会效用总和的最大增长受到独特的分配原则的制约，或者受到规定不得牺牲任何个人根本利益这一禁律的制约。

二、对于以功利作为评价标准的批判

1. 功利主义的 3 个组成部分

阿玛蒂亚·森对功利主义的哲学含义进行了解构。森（2006）指出，功利主义可以分为以下 3 个不同的组成部分：

（1）后果主义。一切选择必须依据其后果来评价。后果主义要求所有选择的变数，如行动、规则和制度等，必须根据其各自产生的结果是不是优质去判断,即最终由结果的好坏来决定。它不承认除了后果以外的任何其他东西最终起进一步的作用。后果状态否定了某些规范性理论,即把那些无论其结果如何都看做是正确的那种理论倾向。在正义问题上,多数功利主义者倾向于结果正义,有些极端功利主义者甚至否定一切程序正义。

(2) 福利主义。它把对事物状态的评价值限制在每种状态各自的效用上(不直接关注诸如权利、责任等的实现或违反)。把福利主义和后果主义结合起来:任何一项行动都要按其产生的后果状态来评判(因为后果主义),而后果状态要按其效用来评判(因为福利主义)。

(3) 总量排序。它要求把不同人的效用直接加总得到总量,而不注意这个总量在个人之间的分配,总的品质或社会福利只被看做是个人效用的总和。

2. 3个组成部分的缺陷

这3个组成部分合起来就产生了古典功利主义的公式,即每一个选择按它所产生的效用的总量来评判。

以各种状态下的效用总量作为评价标准的局限性具体有以下几点:

(1) 后果主义容易被心理调节和适应性态度所改变。功利主义视角采用的个人福利的观念本身并不稳定可靠,因为它很容易被心理调节和适应性态度所改变。采用心理特征(如快乐、幸福或愿望)作为唯一的信息基础,在进行福利和剥夺状态的人际比较时,有时会具有特别大的局限性。人们的愿望和享受快乐的能力随具体环境而调整,特别是在逆境中人们会调整自己以使生活变得更容易忍受些。对于处境不佳的人们,他们缺乏要求任何激烈变化的勇气,甚至会把他们的愿望和期望调整到按他们谦卑地看来是可行的程度。快乐或愿望的心理测度具有太大的弹性,因此不能可靠地反映人们的发展状态。"对剥夺和厄运的安静接受影响了产生不满的天平,而效用的计算却为这种歪曲赋予了神圣"。①

(2) 福利主义忽略权利、自由及其他非效用因素。功利主义理论不认为权利和自由有自身固有的重要性,认为权利和自由只是间接地、按其对福利的影响程度进入福利测度。

(3) 总量排序重视总量,漠视分配。传统的功利主义者认为衡量各经

---

① [印] 阿玛蒂亚·森:《资源、价值与发展》,杨茂林、郭婕译,吉林人民出版社2008年版,第282页。

济主体福利的效用指标不仅具有基数可比性，而且可以进行加总运算。然而，效用是否真的可以如此衡量？现实中，经济学家们一般是通过收入或个人选择的商品来衡量效用。然而，这种衡量方法是否适当？不同人间效用的加总是否可行？此外，即使这种加总可行，按照总和排序原则，功利主义的效用计算方法一般只重视总量，而漠视分配。

例如，若有A、B两人，他们的效用函数都是相同的，来自收入。如有100元分给这两人，无论是A得100元，B得0元，抑或A得0元，B得100元，由于UA（100）+UB（0）=UA（0）+UB（100），对于功利主义来说，这两种分配方式都是无差异的。又比如，总共100元，第一种情形下，甲占有90元，剩下的10元由其余所有人分享；第二种情形下，所有的人平均分配这100元。那么如何评价这两种情形的优劣？对于功利主义来说，两种情形的社会总福利是相同的。然而，对于人们来说，幸福的不平等程度可能也是为人们所关心的。实际上，总和排序原则暗含假定不同经济主体的幸福与不幸能够相互弥补。

三、对于功利主义的主观和客观形式的批判

1. 对于功利主义的主观形式的批判

阿玛蒂亚·森对功利主义的批评同时涉及了（主观）效用（Utility）和（客观）商品（Commodity）两类概念（阿玛蒂亚·森，2006）。

阿玛蒂亚·森首先批评了主观功利主义的效应概念。他指出：至今，对于效用概念的主观理解主要有以下三类：

其一为幸福。阿玛蒂亚·森认为，幸福的确是一种有价值的对象，因此可以用做生活水准的一个评价标准。问题在于，幸福是否可以用做生活水准的唯一评价标准。如果采用功利主义的这种效用标准，那么就会得出违背常识的荒谬结论：尽管有些人生活状况很差，却仍然能够由于宗教、政治宣传和文化传统之类的强大影响而对于社会给予自己的命运感到满意。所以，"生活水准是不能如此脱离于这个人所过的生活的性质的。幸福或快乐可以是一种有价值的对象（哪怕它具有宽广的含义），我们却不可能认真地主张，唯有幸福和快乐才可以用来评价生活水准"。[1]

---

[1]［印］阿玛蒂亚·森等：《生活水准》，徐大建译，上海财经大学出版社2007年版，第10页。

第二章 功利主义与经济学中的功利传统

其二为欲望的满足。阿玛蒂亚·森认为，如果说幸福还可以作为人类发展的衡量标准之一，那么"欲望是满足"甚至都不能作为一种评价标准。原因有二：第一，某人有可能想得到某种东西却不看重它，甚至在深入思考后也不会看重它，那么在评价该人的生活水准和发展程度时，对这种东西的欲望得到满足似乎很难成为有说服力的标准。第二，即使生存于社会最底层者也会偶尔有勇气产生一点点欲望，但是那些受限制的欲望的满足却不能表示任何伟大的成就，也无法与任何处境较好的人的自信的和苛求的欲望相提并论。在持续不幸和社会剥夺的环境下，承受苦难的人即使被剥夺得一无所有，被迫过十分落魄的生活，结果也未必很差。因为，长期处于低水平的生活环境下，人们可能会自觉或不自觉地调整自己对生活水准的预期，或者说重新塑造自身的效用函数，这使得人们在无法改变外部环境约束的情况下，可以减少内心的压抑，这就是为什么会有"穷人也有穷乐子"一说。结果是，一个人被剥夺的程度可能会由于使用了功利主义的评价标准而被大大低估，尽管事实上他们可能没有机会得到充足的营养、体面的衣着、最起码的教育，以及舒适的居所。

其三为选择。这一思路经过希克斯、萨缪尔森等人的传播而成为当今新古典经济学的主流观点。用选择来表示效用是指，如果一个人在 x 和 y 之间选择了 x，那么对于这个人来说，x 就有比 y 更高的效用。阿玛蒂亚·森认为，以选择来表示的效用也不能作为衡量人的发展的标准：①这种解释不能直接产生任何方法进行人际间比较；②人在选择时，会首先对动机进行排序，个人生活水准和发展状况并不总是首要动机，如果个人做某件事情时进行选择的主要依据是国家荣誉、集体利益和亲友喜好等因素，并甘愿牺牲自身的利益，那么这件事对个人生活水准的影响便可以是相当次要和派生的；③信息不完全和有限理性从客观和主观两方面限制了人的选择的最优性。

2. 对于功利主义的客观形式的批判

阿玛蒂亚·森同时也批判了功利主义旗下的另一衡量人的发展的标准——客观物质财富的增长，或商品的持有。

效用标准具有很强的主观性，很难进行直接衡量，以致著名制度经济学家张五常甚至认为可以完全取消效用概念，阿罗也质疑效用概念的重要程度。现代功利主义者在实际操作时往往用客观物质财富，即商品的持有或富裕程度来衡量经济社会的进步，乃至人的发展。但是，将物质财富与人的发展挂钩的思路却忽视了以下几个问题：

第一，未涉及财富分配的人际公平和代际公平问题。

第二，忽略了物质财富增长和其他值得珍视的生存条件，如生态文明之间的协调，而恰恰是这些外部条件影响了商品向福利的转换。

第三，未考虑个体自身对于等同物质财富在利用能力（Ability）上先天或后天的差异。

第四，更关键的是，以物质财富为衡量标准具有和效用理论共通的功利主义的致命缺陷，其忽视了权利、道德等在人的发展中具有独立价值的因素，它们同样影响着人的发展。

阿玛蒂亚·森认为，生活水准虽然尤其要受到富裕程度的影响，但并不能由富裕的水平所完全代表，因为与生活水准直接相关的是一个人的生活，而不是一个人的生活资源和谋生手段。

四、对于功利主义的效用理论的基本模型的批判

功利主义的效用理论的基本模型是：假定在一个有很多消费者的市场经济中，所有的消费者有着同样的消费价格，且这个市场中不存在不确定性。有 n 个相同的消费者。根据福利原则，每个消费者都追求效用最大化。假设他们都能在商品向量 X 中选择，并有预算约束的限制。可表示为下式：

$$\max u_i = u(x)，且 p \cdot x = m_i, \forall i = 1, \cdots, n \quad (2-1)$$

其中，m 为外生的给定概念的收入，p 为对应商品 x 的市场价格向量，u_i 为个人 i 的效用。u 为连续可微的效用函数，并且 $\frac{du}{dx} > 0$。间接效用函数 v 以表示为：

$$v_i = v(p, m_i) \quad (2-2)$$

假如所有消费者有着相同的偏好，那么他的效用就可以用货币来表示，也就可用收入来测量。假设价格固定，则个人福利可用下式评估：

$$\frac{dv_i}{d\pi} = \frac{\partial v}{\partial m_i} \frac{\partial m_i}{\partial \pi} \quad (2-3)$$

其中，π 为实施的政策。根据总和排序原则，总社会福利 W 是个人效用的总和，总社会福利可用函数 F 表示：

$$W = F[v_1(p, m_i), \cdots, v_n(p, m_n)] \quad (2-4)$$

功利主义的计算方法是收入、商品测度法，实质上是以效用来测度福利的。福利由效用所测度，而效用则一般采用收入、商品等进行衡量。这种测度方法有很多问题，表现在以下几个方面：

（1）没有考虑不通过市场进行交易的商品和服务对个人福利的影响。效用函数和预算约束指的都是在市场能够买到的商品或服务，没有考虑非市场因素的影响，并假定所有消费者面对同样的消费价格，不存在外部性和公共品，且所有商品都可在市场上买到。然而事实上，个人偏好的事物并不都是可在市场上买到。此外，市场还可能因外部性、配额等原因而不完全，也可能不提供某些商品或服务。

（2）忽略了人的异质性。功利主义的基本模型基于两个假设。一是行为方面的假设，即假设每个人都是根据效用最大化原则做出决策的。二是假设个人获得的效用独立于那些未选择的商品或服务。并且，假设每个人都有着同样的偏好和需求，也就是说，福利的差异仅在于人们面临的预算约束的不同。

这几个假设忽略了个人在将收入转化为福利时的异质性。按照功利主义的基本模型，消费者面对同样的价格时，不同水平的福利只是收入水平的差异。这实际暗含假设经济主体能够很容易地将收入转换为效用。实际上，经济主体将收入转化为效用是受到其转化能力的限制的。在用个人效用水平来测度福利时，人的异质性很难被考虑到。能力方法对这一问题进行了规范化的表达，通过建立一个转化函数来描述将资源转化为功能性行动的程度。其中，转化率依赖于个人、社会和环境等因素。我们把这种资源转化为功能性行动的能力的差异称为需求的异质性。

（3）只关注选择的结果而忽略了选择本身。个人是通过选择集中的机会和实施选择行为的可能性两方面获得效用的。举个例子来说明：有3个选择集：A = {a}，B = {a, b}，C = {a, b, c}。可以看出，C的选择集最大，B次之，A最小。假如人们最偏好选择A，按照功利主义理论标准，说明从选择集A、B和C中获得的效用是相同的。

然而，B相对于C，以及A相对于B的选择都是有损失的，即选择自由的损失。这部分损失也应该反映在这个人的福利中。按照能力方法，选择的内在价值由两个部分组成：一个是选择行为本身（A中没有，B和C中有）；另一个是有价值机会的范围（在C中最大）。例如，一个人从多种不同口味的面包中选择一个或许会比他只得到某种口味的面包要得到更多的效用。再举一个相反的例子，某人购买洗衣粉时可能会因为洗衣粉的品牌太多而拿不定主意，导致其做决策更困难，从而给决策者带来了负效用。使用可行能力观点却能有效地解释这两种现象。对于选出物来说，个人得到的福利是一种功能上的；对于机会或选择集来说，个人得到的福利则是一种能力上的。

第三章 基于功利主义的传统福利经济学及其危机

福利观点源自18世纪的功利主义,其始于边沁,集大成于小穆勒。现代的福利经济学在某种意义上仅仅是复兴了边沁的传统。传统的福利经济学趋向于通过个人所掌握的物品和服务来确定个人的福利。这自然导致聚焦于收入,因为个人的收入决定了他能够有多少钱来消费。更进一步,传统方法经常视每个人被赋予了一个效用函数或者福利函数,并且个人的收入是决定他所能享受到的效用的重要变量(人际间可比的效用)。按照传统的方法,社会福利被表现为对社会中的全部个体的效用水平的加总(基数效用)。本节对于福利经济学的发展历程将由庇古的旧福利经济学开始,至新福利经济学,再到阿罗不可能定理,其间讨论罗宾斯批判给福利经济学带来的打击和经济学家基于帕累托最优标准所设计的解决方案,最后分析福利经济学信息基础的收窄为什么最终导致了"阿罗不可能"定理——其标志着功利主义福利经济学的学术合法性危机。功利主义福利经济学的危机引发阿玛蒂亚·森提出基于能力方法的福利经济学的新研究纲领。

第一节 庇古的旧福利经济学

边沁批判了不可侵犯的自然权利的概念。边沁认为,不可侵犯的人权概念并不是经济政策的基础,替代性地,边沁诉诸最大幸福原则。这意味着,判断经济机制和经济政策的良善的最终准则是能够引发"最大多数人的最大幸福"。在边沁之后,经济政策的功利基础表现在杰文斯、马歇尔、埃奇沃思和西季威克的工作中,庇古在20世纪早期进行了综合,成了"福利经济学"的鼻祖。

一、庇古对经济福利的定义

庇古（Arthur. Cecil. Pigou, 1877 – 1959）是马歇尔的嫡传弟子, 其继承和发展了马歇尔的理论。庇古的学术观点集中体现在《福利经济学》(1920)一书中。由于这部著作, 庇古被视为福利经济学的创始者, 萨缪尔森把庇古的福利经济学称为旧福利经济学。

庇古区别了两种福利——"经济福利和非经济福利", 它们"之间虽不存在什么明确的界限, 但对货币尺度的可使用性的测试, 却使我们对此能有一个粗略的区别。正如通过这一测试所大致确定的, 经济福利是经济科学的主要内容"。[1]

虽然庇古意识到了单纯研究经济福利的局限性, 可他最终认为这并不重要。"经济福利不能作为总福利的晴雨表或指数。但对我们的目的来说, 这没有什么重要性。我们所要研究的, 并不是福利有多大, 或曾经有多大, 而是其大小由于某些原因的加入如何受到影响, 这些原因正是由于政治家的力量和私人的力量引发的。我们不能因经济福利不能作为总福利的指数而据此证明, 对经济福利的研究不能为总福利提供信息; 因为虽然整体是由许多不同部分组成的, 因此, 绝不可能由任何一个部分的变化来测度整体的变化, 但这一部分的变化却总是可以通过自身对整体的变化产生影响。如果这一条件得到了满足, 那么, 研究经济福利的实际重要性便被完全确立了"。[2]

庇古是借一个假设将非经济福利排除在经济学的研究范围之外, 从而可以用价格来表示和研究福利的, 该假设如下: "我们可以假定——被艾奇沃斯称之为'未经证实的概率'——一种经济因素对经济福利的影响的质的结论, 同样适用于对总福利的影响。"[3]

同时, 庇古给经济福利下了一个与货币数量相联系的定义。"经济福利被广泛地认为是能与货币尺度建立联系的满足和不满足。现在, 我们不得

---

[1] [英] A. C. 庇古:《福利经济学》（上卷）, 朱泱、张胜纪、吴良健译, 商务印书馆2006年版, 第16页。
[2] 同[1], 第17页。
[3] 同[1], 第26页。

第三章 基于功利主义的传统福利经济学及其危机

不注意到，这种联系不是一种直接的联系，而是通过欲望和厌恶传递的。也就是说，一个人为获得一项物品所准备付出的货币，不能直接测度他将从该物品所得到的满足，而只能测度他获得该物品欲望的强烈程度。"① 所以，对于旧福利经济学来说，效用是客观的，可以通过货币表示，因而是可观察的。

通过以上种种转换，庇古把研究的重点设定在了可以用货币表示的经济福利上。"可以假定，大多数商品，特别是供个人直接使用的范围广泛的消费品，如食品和服装，是作为满足的手段而被需求的，因而对其欲望的强度将与它们预期能产生的满足成比例。因此，对经济分析的大多数目的而言，这种做法，即把货币需求价格无差别地看做是对欲望的测度，以及作为对当所渴望的物品得到后所感觉到的满足的测度，是不会产生多大损害的。"②

二、旧福利经济学中关于分配问题的观点

1. 旧福利经济学对于分配的态度

以庇古为代表的旧福利经济学，其主要特征是：①经济学是解决物质福利（Materal Welfare）问题的，个人的福利可以用效用来表示，整个社会的福利应该是所有个人效用的简单加总。②使用物质福利或效用来表示个人福利概念。这样的效用概念基本上等于财富占有，故它与人的生产能力有关，进而与经济效率有关。因此，这样的效用概念是客观性的，是可以度量的，而且可以进行"人际间平均状态"比较。③继承了英国效用主义伦理学的传统，收入的边际效用是递减的，所以有利于穷人的收入分配可以提高整个社会的福利。

在分配问题上，庇古的老师马歇尔就认为，"一个人越是富有，货币的边际效用对他就越小；他的资产每有增加，他对任何一定的利益所愿付的价格就随之增加。同样，他的资产每有减少，货币对他的边际效用就随之增大，他对任何利益所愿付的价格就随之减少"。③ 继承了老师的观点，庇

---

① [英] A. C. 庇古：《福利经济学》（上卷），朱泱、张胜纪、吴良健译，商务印书馆2006年版，第29页。
② 同①，第31页。
③ [英] 马歇尔：《经济学原理》（上卷），朱志泰译，商务印书馆1965年版，第115页。

古猜测,"假定社会成员间的脾性相同,收入分配不平等的减少,虽然并非必然会,但却很可能会增加总的满足程度"。①

由于人们总是希望得到他们所缺少的,而且,人们越穷,他们对所缺少的东西的需求就越急迫,所以收入的增加对于穷人更有用。因此,庇古认为,收入的分配应该使每个人的收入的边际效用都相等。故而,如果国民收入的分配有利于穷人,那么,在国民收入总量不变的情况下,物质福利就会增加。这里,庇古实际上给出了一个关于社会分配状态的部分排序。庇古还认为,个人获得的物质福利的程度与他的生产效率是呈正相关的。能够促进平等的再分配的同时也是有利于效率的,平等与效率之间并不是替代关系。

2. 旧福利经济学分配问题的效用论基础

换种更接近当代新古典经济学效用论语言的表达,从"基数效用论"和"边际效用递减规律"出发,庇古认为,同样一元钱带给穷人的效用要大于富人,因此经济政策向低收入阶层倾斜有利于社会总体福利水平的提高。

于是,功利主义的学术史在这里出现了一次吊诡的理论转轨,通过一系列补充假设——以个人及其效用为基本分析单元,个体间的同质性,收入的边际效用递减,当然最重要的还是效用在人际间基数可比②——原本只考虑总量,而完全不顾分配问题的古典功利主义,在福利经济学中竟然演绎出了"均贫富,等贵贱"的主张。

旧福利经济学关于效用的人际间比较并不只是关心个别人之间的效用比较,而更只关心两大类人之间的效应比较,即穷人和富人之间的效用比较。这是一种"人际间平均状态"(Interpersonal Averages)的比较。实际上,旧福利经济学把人的需要按照收入的增加划分为依次不同的层次,就已经隐含了人际间的效用比较是可能的。这种需要的层次对于不同的人是相同的,尤其对于一般的富人和一般的穷人来说是相同的。因此,只要把人放在需求的不同层次上,不同人之间的效用或福利就可以比较出来了。

不过,旧福利经济学也存在争议。在实践层面,对于效用理论的设定

---

① [英] A. C. 庇古:《福利经济学》(上卷),朱泱、张胜纪、吴良健译,商务印书馆2006年版,第109页。
② 该假设意味着不仅人际可比,并且不同人的效用值可以加总。

第三章 基于功利主义的传统福利经济学及其危机

导致旧福利经济学在政策含义上要求将富人的收入转移给穷人，资本主义国家的经济学者在意识形态上对此最为忌讳。① 在理论层面，旧福利经济学是以基数人际可比的效用理论为基础的。但是，当时的一些经济学家们认为，效用是人的主观感受，是不可以用基数来度量的，一个人的效用和另一个人的效用是不能够进行比较的，适用于所有人的基数效用的度量单位是不存在的。这些问题在 20 世纪 30 年代引起了一场方法论之争，争论的结果是旧福利经济学（Old Welfare Economics）被新福利经济学（New Welfare Economics）所取代。

第二节 罗宾斯批判

一、方法论之争的焦点

方法论之争的焦点是经济学分析中要不要规范分析、要不要加入价值判断的问题。这一焦点具体转化为对于效用的解释的科学性——效用应该是"基数且人际间可比"还是"序数且人际间不可比"。在这场争论中，长期担任伦敦政治经济学院经济系主任的莱昂内尔·罗宾斯（Linoel Robbins, 1898 – 1984）教授的观点占了上风。罗宾斯认为，经济学和伦理学的结合在逻辑上是不可能的，经济学不应该涉及伦理的或价值判断的问题。经济学中具有规范性质的结论都来自基数效用的使用，因此经济学应该避免使用基数效用（由此可见，罗宾斯所谓的伦理学是功利主义的伦理学）。罗宾斯的观点产生了巨大的影响，在 20 世纪 30 年代之后，《经济科学的性质和意义》（Essay on the Nature and Significance of Economic Science, 1932）这本薄薄的小书是被最多经济学家所阅读的方法论著作。罗宾斯的批评直接改变了功利主义福利经济学，乃至整个经济学的发展走向，直到现在，大多

---

①考虑到当时布尔什维克夺取国家政权和欧洲国际共产主义运动的历史背景，就不难明白，庇古的思想为什么会引起主流经济学界巨大的恐慌。他的福利经济学，看上去似乎在为马克思的著名口号"剥夺剥夺者"提供理论依据。

数的主流经济学家仍然坚持着"罗宾斯经济学"的观点。

1. 奥地利学派的影响

对于经济学研究和人类目的之间的关系。罗宾斯指出,"经济学家不关注目的本身,而关注达到目的的行为是如何受到限制的。目的可能是高尚的,也可能是卑鄙的,可能是物质的,也可能是非物质的——假如目的能够这样描述的话。但如果达到一组目的要牺牲其他目的,那就具有了经济意义"。① 这段话可以从以下两个方面来理解:

一是反映了罗宾斯对于经济学定义——"经济学是把人类行为当做目的与具有各种不同用途的稀缺手段之间的一种关系来研究的科学"②——的一种应用。欲望是无限的,资源是稀缺的,个人实现最大的效用需要对一组目的的排序以配置稀缺资源。也就是说,经济学"并不而且也无法使我们逃避对各种不同的政策做出选择的必然性",③ 但它可以保证在给定最终根本目标的情况下,选择最优的手段和方案。

二是指出经济学研究不需要考虑人的目的的性质本身,或者说经济学家不进行伦理判断,而可以把人的目的视为给定的外生变量(手段也是给定的)。用罗宾斯自己的话说:"经济学的研究内容实质上是一系列的关系,关系的一方是人类行为的目的,另一方是技术和社会环境。目的本身并不是经济学的研究内容。技术与社会环境也不是经济学的研究内容。对于经济学家来说,重要的不是这些事物本身,而是这些事物之间的关系。"④

把经济学的研究范围限定于手段,即在既定目标之下选择最适当的实现手段,这种对于经济学中目的和手段关系的处理来源于罗宾斯思想中的奥地利学派资源,尤其是奥地利学派第二代的领军人物路德维希·冯·米塞斯(Ludwig von Mises, 1881-1973)的影响。在《经济科学的性质和意义》的第一版中,明确提出要将该书献给米塞斯。罗宾斯将米塞斯当做了一位思想英雄。

在米塞斯的体系中,经济学"确实不是一门选择目标的科学,而是如何实现所选择目标的手段科学。最终的决定——目标的选择与估价——已

---

① [英] 莱昂内尔·罗宾斯:《经济科学的性质和意义》,朱泱译,商务印书馆2000年版,第20页。
② 同①,第72页。
③ 同①,第126页。
④ 同①,第36页。

第三章 基于功利主义的传统福利经济学及其危机

超出了任何科学的范围"。① 米塞斯把目标的选择问题当做一个公理来处理——"归根到底，个人能够承认一个目标，而且只有一个目标：获得最大满足。这一表述包括满足人类的所有需求和渴望，不管它们是物质的还是非物质的（精神的）"。② 这样人类行动（Human Action）的"目的"就成为如逻辑学和数学假设一样的先验（Transcendental）假设，永远封闭了对其进行科学讨论的可能。把经济学仅仅当做处理手段的科学，使得罗宾斯和米塞斯都逻辑地拒斥经济研究中的伦理学因素。"人类行为学及其最发达的分支即经济学，对于道德规则而言是中立的。"③ 任何涉及价值观和伦理的因素被排除出了作为科学的经济学的研究视域。通常，作为科学的经济学以生产率和经济增长为目标，思考以何种手段能最有效地实现这一目标，但却并不讨论该目标的道德合理性。

2. 罗宾斯的科学主义的观点

与罗宾斯的观点不同，古典的功利主义和旧福利经济学都认为目的是需要认真对待的主题。因为在这些理论中，人际间的效用是可比和可加总的（基数且人际可比的效用），所以可以很容易地明白对于个人而言不同的目的何者能够实现其更高水平的效用，以及让人们追求何种目的或行为可以实现社会的效用总和的最大化。人际间效用的基数可比性是古典功利主义和旧福利经济学的方法论基础和公共政策根据。

对于人际间效用的基数可比性，罗宾斯首先指出其冗余性，"凡了解最新价值理论的人都不会再真正认为，价值理论与心理学的快乐主义有任何实质性关系，或就此而言与任何其他心理学说有牵连"。④ 也就是说，"分析

---

① [奥] 路德维希·冯·米塞斯：《人类行为的经济学分析》（上），聂薇、裴艳丽译，广东经济出版社2010年版，第9页。
② [奥] 路德维希·冯·米瑟斯：《社会主义——经济与社会学的分析》，王建民、冯克利、崔树义译，中国社会科学出版社2008年版，第9页。
③ [奥] 路德维希·冯·米塞斯：《货币、方法与市场过程》，戴忠玉、刘亚平译，新星出版社2007年版，第56页。
④ [英] 莱昂内尔·罗宾斯：《经济科学的性质和意义》，朱泱译，商务印书馆2000年版，第72页。

经济学的命题不依赖于某一心理学说"。① 罗宾斯提出了序数效用论②对于经济学的价值理论已经足够了,"价值理论的基础是这样一个假设,即个人想要做的不同事情对个人具有不同的重要性,因而可以根据各种顺序来加以排列"。③

罗宾斯接着又提出了更基础性的批评,指出了人际间效用基数可比的不可能性。罗宾斯关注手段而非目的的科学方法上的原因在于,手段的效果可以通过经验事实来检验,符合逻辑实证主义对科学的要求;而目的问题涉及伦理和价值观,无法用经验方法描述,因此不能作为科学来研究。因为,从科学的立场看"没有办法测试出甲相对于乙的满足强度。如果测量的是他们的血液状况,那么测量的就是血液,而不是满足。内省无法使甲测知乙心里在想什么,也无法使乙测知甲心里在想什么。没有办法比较不同人之间的满足"。④ 由于没有可能通过心理学测试出甲的满足相对于乙的满足的强度,因此,"说甲的偏好比乙的偏好重要,完全不同于说甲偏好 n 而不偏好 m,乙偏好 n 也偏好 m。前者含有习惯的估价因素在内,因而本质上说是规范的,在纯科学中是没有其位置的"。⑤ 显然,罗宾斯承认个人的对于备选项的序数比较是可行的,而人际间的比较是没有科学依据的。

二、罗宾斯批判的公共政策含义

1. 罗宾斯对于价值判断的去除

效用的人际基数可比性或序数不可比性对于从经济学理论推导出公共

---

① [英] 莱昂内尔·罗宾斯:《经济科学的性质和意义》,朱泱译,商务印书馆 2000 年版,第 73 页。
② 在 Robbins 提出其批判之前,意大利经济学家帕累托(Vilfredo. Pareto,1848－1923)就已经意识到,即使不凭借基数效用的概念,选择理论的所有重要部分仍然能够加以分析。帕累托在 1906 年运用 F. Edgeworth(1845－1926)在 1881 年发明的"无差异曲线"对效用进行了重新诠释。以帕累托的工作为基础,Hicks 和 Allen(1934)完成了对序数效用论的正规形式阐述。他们提出:效用作为一种心理现象是无法计量的。于是,他们建立了现在被称为"无差异曲线"的分析方法,认为消费者在市场上所做的并不是权衡商品效用的大小,而只是在不同的商品之间进行排序。序数效用论取消了个人效用可以按照统一标准直接度量这一被 Robbins 在 1932 年彻底批判过的假设。
③ [英] 莱昂内尔·罗宾斯:《经济科学的性质和意义》,朱泱译,商务印书馆 2000 年版,第 64 页。
④ 同③,第 114 页。
⑤ 同③,第 113 页。

政策有非常大的影响，如果不允许进行人际比较，就不可能有符合经济学实证主义要求的可接受的伦理观点，从而经济学必须抛弃伦理学，公共政策的适用范围就变得非常有限。

故而，罗宾斯提出要把伦理学从经济研究中完全切割出去，因为"经济学涉及的是可以确定的事实；伦理学涉及的是估价的义务。这两个研究领域是风马牛不相及。在实证研究和规范研究的法则之间有一条明确无误的逻辑鸿沟"。①

对于经济学在公共政策领域的意义，罗宾斯提出了鲜明的看法，"在激烈的政治斗争中既可能对目的产生意见分歧，也可能对达到目的的手段产生分歧。经济学和其他任何科学都无法解决第一种分歧。如果我们对目的有分歧，那不是你死我活就是相互容忍，这取决于分歧的严重程度或双方的力量对比。但是，假如我们对手段有不同意见，则科学分析常常可以帮助我们解决分歧"。②

据此，罗宾斯认为，经济科学只能为因达到目的的手段而产生的分歧提供清晰的解释，而无法解决因目的不同而产生的分歧。经济科学的意义在于："当我们面对各种最终目的而必须进行选择时，它使我们能充分了解我们所做选择的含义。"③"经济学提供了解决问题的方法。它能使我们明了各种不同的政策具有的广泛含义。它并不而且也无法使我们逃避对各种不同的政策做出选择的必然性。但它确实能使我们的不同选择和谐一致。它无法去除人类行为所受到的最终限制。但它确实能使人类在这些限制之内的行为一致。"④

在公共政策领域，经济学必须避免盲目的道学家或冲动的革命者的价值判断对自身科学性的侵蚀，"如果不合理性，如果随时屈服于外部刺激和不协调的冲动等盲目力量是高于一切的善，那毫无疑问，经济学存在的理由便消失了"。⑤ 经济学并不会因为与伦理学的切割而失去其合理性的维度，"经济学的一般法则并未暗示，人类的最终价值都经过深思熟虑。经济学并

---

① [英] 莱昂内尔·罗宾斯：《经济科学的性质和意义》，朱泱译，商务印书馆2000年版，第120页。
② 同①，第121页。
③ 同①，第123页。
④ 同①，第126页。
⑤ 同①，第127页。

不依赖于这样的假设，即个人的行为总是合理的。但它出于要使自己存在的实际理由，确实依赖于这样的假设，即个人合理的行为是有好处的。它确实假定，在必要的限制范围之内，选择可以和谐地达到的目的是有好处的"。①

2. 罗宾斯对于主流经济学的影响

罗宾斯提出在作为科学的经济学的分析中没有价值判断的观点很快成为了经济学和政策分析的主流观点，经济学开始朝着只关注客观的最优手段，而放弃对目标的主观价值讨论的方向发展——于是有了作为科学的经济学和作为人文的经济学的分离，前者成为经济学的主流。直到现在，主流经济学家仍然坚持着"罗宾斯经济学"的观点。

在主流经济学内部，芝加哥学派②领军人物，1976年诺贝尔经济学奖获得者弗里德曼的"F论点"（F Argument）主导了20世纪后半叶的经济学方法论讨论。③ 对于经济学的意义和在政策分析中的角色问题，芝加哥学派的研究过程和方法论可以被视为对"罗宾斯经济学"的继承和发展。这可以从芝加哥学派的研究过程中略见端倪（见图3-1）。

首先，提出一组无须经验验证的公理式的前提假设（Assumption）。其次，以假设为基础，在一定的约束条件（Constrations）下，④ 符合逻辑地演绎出解释经济现象的假说（Hypothesis）或曰命题（Proposition）。再次，当约束条件发生变化时，则依据命题推测（Prediction）什么现象会出现；而当某种现象出现时，则依据命题解释（Explaination）和追溯是由何种约束条件的变动促成的。又次，对推测和解释做出经验检验。最后，根据理论

---

① [英] 莱昂内尔·罗宾斯：《经济科学的性质和意义》，朱泱译，北京：商务印书馆2000年版，第126页。
② 芝加哥大学是世界上诺贝尔经济学奖得主最多的高校。截至2009年底，共有9位芝大教授获得经济学奖，如果算上芝大的毕业生，则这个数字又要大得多。
③ "F论点"主要有两个：一是科学的目的是发现可经得起事实验证的假说；二是假设不是检验理论的所在，其现实性与理论的有效性无关（参见 [美] 米尔顿·弗里德曼：《实证经济学方法论》，转引自 [美] 丹尼尔·豪斯曼：《经济学的哲学》，丁建峰译，上海人民出版社2007年版，第60页）。
④ 经济学并无"没有约束条件"的理论（如存在收入约束、成本约束和制度约束等），正如其他科学理论，一定有验证条件，否则就变成了"万能"理论——看似可以解释一切现象，但却对所有现象都提不出可验证的结论。约束条件的设定不能与真实世界脱节。也就是说，除了无可避免的简化，验证条件一定要有其真实性，即有可检验的经验含义。约束条件在一定意义上可以视为前提假设之外的辅助性假设。

第三章 基于功利主义的传统福利经济学及其危机

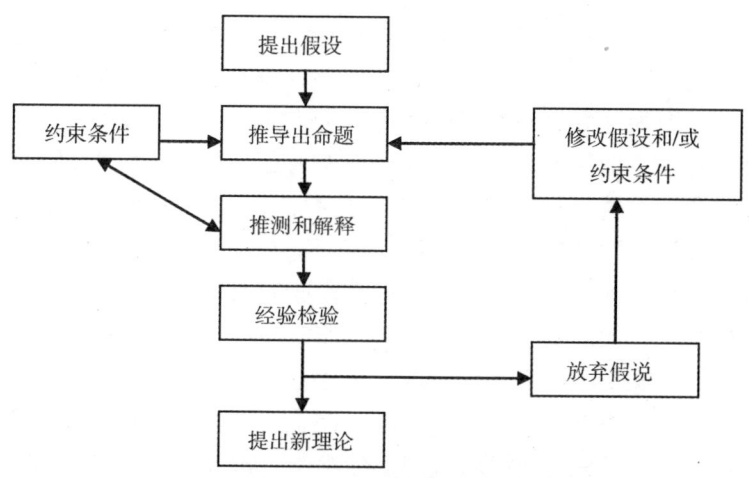

图 3-1 作为科学经济学的研究过程

结论与经验事实的符合程度做两种选择：如果通过检验，则提出新理论；如果被经验检验驳倒，则放弃原命题并修改假设和/或约束条件以准备演绎出新命题。①

从研究过程可知，作为科学的实证经济学强调从理论演绎出"可能被事实推翻"（Refutable by Facts）的推测和解释（张五常，2010）。推测和解释的对象是手段与目的之间的关系，而"可能被事实推翻"意味着手段与目的的因果关系必须可以表示为实际的经验数据。

比如，经济学可以推测在非充分就业状态，扩大政府财政支出（手段）可以降低失业率（目的）。反过来，经济学也可以解释经济危机中失业率的降低（目的）是由于政府采取了扩张性的财政政策（手段）。在这种"手段—目的"因果分析的基础上，作为科学的经济学对自身在政策领域的角色的看法是：在降低失业率这一目的给定的情况下，扩张性财政支出作为

---

① 之所以芝加哥学派的经济学是当前作为科学的经济学的典型代表，是因为从研究过程可以看出，芝加哥学派的方法论源于逻辑实证主义的工具性理解：所有理论都是"工具性"的，与现实经验相比，都必须处于被检验的和可以随时修改或放弃的地位。之所以作为理论基础的前提假设无须符合经验，甚至不需要有经验含义（比如某些数学假设），是因为其仅是工具。在芝加哥学派看来，实证科学的主旨是要创立一些可能被事实推翻的句子或言论来做检验。换而言之，科学的研究方法不是求对，也不是求错；科学的研究方法所求的是可能被事实推翻。可能被事实推翻而没有被推翻，就算是被证实（Confirmed）了。

一种政策手段,其效果是可以通过失业率变化的经验事实验证的。但是,经济学家不能在科学的范畴内评价通过财政扩张降低失业率是否是一个好的政策目标,因为这涉及对政府的经济干预权限的价值判断,尤其当(起码在短期)存在失业率和通货膨胀率的权衡时更是如此。"学者们的主要职责是理解社会生活的运行方式",① 而不是判断什么是好的生活方式,即经济学家应该关注手段选择而不是价值判断。

也就是说,当前的主流经济学关注手段而非目的。理由与罗宾斯一样,前者有经验基础,而后者存在无法用科学语言表述的非经验因素。在财政支出与失业率的实例中,存在以下两种表述:

表述 A:在经济萧条时期,扩张性财政政策可以降低失业率。

表述 B:在经济萧条时期,政府应该采取扩张性财政政策以降低失业率。

表述 A 关注手段,是实证的,只试图描述世界是什么,有经验含义,属于科学研究对象。表述 B 关注目的,是规范的,企图表述世界应该是什么,无经验含义,不属于科学的范围。确定什么是好政策目标或什么是坏政策目标不仅仅是一个科学问题,它还涉及对伦理、价值观和政治哲学的看法,这些因素无法转换为经验数据。如果一个经济学家说政府应该扩大财政支出,那么他所做的是规范表述,而不是实证表述,此时他已经超越了科学家的立场。

综上所述,罗宾斯20世纪30年代对于经济学在政策领域的角色的理解直接影响了整个经济学的发展走向,罗宾斯要求经济学家不能做出任何政策建议,除非他们不再作为经济学家而是进入到伦理领域进行评论。罗宾斯的批评在福利经济学领域是最致命的,因为其直接颠覆了庇古的旧福利经济学的学术合法性基础,大大缩小了福利经济学在公共政策领域的作用范围。

---

① [美] 米尔顿·弗里德曼:《经济学家与经济政策》,转引自《西方经济学经典选读》,王学武、左柏云、李俊、李晓明、宁军明译,海天出版社2002年版,第4页。

第三章 基于功利主义的传统福利经济学及其危机

第三节 帕累托最优与福利经济学基本定理

一、帕累托最优和福利经济学两个基本定理的概念

面对罗宾斯的批判，经济学家们开始思考，是否有办法回避人际间效用比较问题，从而为急于在公共领域获得"话语权"的经济学家们创造"出世"的机会。随着反伦理主义的发展，福利经济学拒绝了个人之间的效用比较，那么剩下的准则也就是"帕累托最优"（Pareto Optimality）了。

洛桑学派第二代的领军人物，19世纪末20世纪初著名的意大利经济学家帕累托认为，之所以存在不同的经济理论，是因为提出这些理论的经济学家们采取了不同的哲学立场，这种状况是不可取的。经济理论应该抛开价值判断，应该是价值中立的。帕累托的这一观念衍生出帕累托最优概念：社会最优被定义为一种任何改变都会受到一部分人的赞同、另一部分人反对的状态，也就是说，在这个状态下，如果一些人的福利得到改善了，那么就一定会有另一部分人的福利受到了损失。①

帕累托最优概念实际上提供了一种分析方法，能够允许经济学家们在思考福利问题时不再纠缠于不同个体的福利加总或比较。由帕累托最优可以引出以下两条判断政策或改革合理性的准则：

（1）如果所有个人在状态 b 下比在状态 a 下获得更大的满足，那么从状态 a 移动到状态 b 会提高这群人的福利。

（2）如果在状态 b 下至少有一个人的境况得到了改善而没有任何人的境况恶化，那么从状态 a 移动到状态 b 会提高这群人的福利。

命题1是弱帕累托标准（Weak Pareto Criterion）；命题2是强帕累托标准（Strict Pareto Criterion）。如果个人偏好可以进行序数测量但不可比，这

---

①帕累托原则的更形式化的定义如下：考虑两个分配 X 和 X′。如果每个人都相对于 X 偏好 X′，则 X′被说成帕累托优于 X。若每个人相对于 X 选择 X′，那么断言 X′优于 X 就是无可争议的；而一个把人们从 X 移向 X′的项目就应该被采纳。帕累托原则等价于政治领域的一致同意原则。

· 63 ·

些命题可以使人们构建 a 和 b 的社会次序。

从帕累托标准出发，可以引申出福利经济学的两大基本定理。

福利经济学第一定基本定理：假定所有个人和企业都是利己的价格制定者，那么，竞争的均衡便是帕累托最优（或曰效率）。

福利经济学第二定基本定理：假定所有个人和生产者都是利己的价格接受者。倘若恰当的一次性总付税和转让施加于个人和企业，任何帕累托最优均衡都能通过竞争机制来实现。

二、对于福利经济学两个基本定理的理解

1. 对于福利经济学第一基本定理的理解

福利经济学第一基本定理从诞生以来就受到了很多批评，如无视到处可见的垄断对定理所要求的完全竞争性质的破坏，在证明中取消了外部性和公共物品，以及不重视信息问题等。但最重要的批评还是福利经济学第一基本定理没有考虑帕累托有效情况下分配的性质。

假设仅仅存在两个人 1 和 2，对最终结果的分配决定二者的效用水平。我们可以用图 3-2 说明帕累托原则和福利经济学第一基本定理在分配问题上的缺陷。

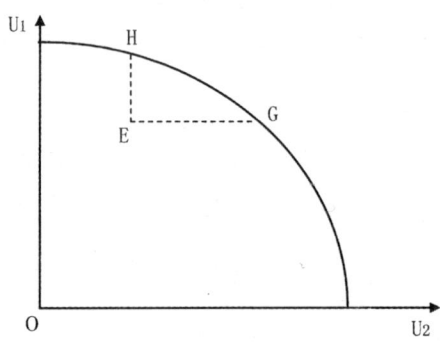

图 3-2 帕累托最优和改善

其一，在理论上说，整个由 U_1 和 U_2 组成的社会效用可能性边界上的所有点都是帕累托最优的，即使所有财富都归于个人 1 或 2，而导致另一个人陷入极端的贫困甚至饿死，按照帕累托最优概念也会认为这是合理的。

第三章 基于功利主义的传统福利经济学及其危机

"随着一些人的极度贫困和另一些人的嫉妒奢侈,这种社会状态也可以被称之为帕累托最优。"① 换句话说,虽然按照福利经济学第一定理,任何初始产权分配都不妨碍帕累托最优的实现,但帕累托最优这一概念本身却可能产生从天堂到地狱的所有结果。完全垄断下的一级价格歧视也可以达到帕累托最优,这种伦理困境是只注重工程学内容的经济学家们无法解释的。

其二,帕累托原则没有考虑初始禀赋占有的合理性问题,丝毫没有考虑初始禀赋形成的道德和政治合法性。如果初始禀赋是严重非平等的,那么市场过程后的最终结果的分配也不可能是平等的。帕累托原则限制社会改良的可能性集合,如图3-2所示,当初始分配在E点时,帕累托改善只存在于H到G的范围内。

其三,帕累托原则并不像主流经济学家希望的那样可以帮助他们摆脱价值判断的纠缠,帕累托概念之所以得到普遍的承认,是与西方社会追求财富最大化,崇尚个人主义的意识形态分不开的。选择帕累托效率作为个人唯一的效率准则,这是一个道德选择,这样做的目的是避免价值判断,但这是另一种价值判断,是利用它来为赞成政治的一致性原则和否决权利辩护。而且,从完全个体本能的角度看,每个人似乎都希望自己的收益不断增进,但又不愿自己的任何私利有所损失。也正因如此,人们往往认为帕累托概念接近常识,接近于社会安排应当是互利这一伦理原则,从而使它得到了普遍承认。

其四,帕累托原则代表的功利主义目标忽略了其他值得追求的人类价值,如自由、权利、免于虐待和免于剥削。Sen(1970)论证,帕累托原理极易与个人自由发生冲突,甚至即使从最低程度的个人自由观点来看,这种冲突也不可避免。这就是阿玛蒂亚·森提出的著名的"帕累托自由不可能定理"(Impossibility of a Paretian Libertarian Theorem),或称为帕累托自由悖论(Paradox Paratian Liberal)。帕累托自由不可能定理说明:帕累托原则

---

①[印] 阿玛蒂亚·森:《伦理学与经济学》,王宇、王文玉译,商务印书馆2000年版,第35页。

的弱功利主义要求与最小个人自由的非功利主义要求将不可避免地产生冲突。① 这实际上是 John Mill 当年试图调和功利与自由时曾经遇到过的难题。

2. 对于福利经济学第二基本定理的理解

福利经济学第二基本定理意指分配与效率问题可分开来考虑。任何帕累托有效率配置都能得到市场机制的支持。市场机制在分配上是中性的，不管商品或财富公平分配的标准如何，都可利用竞争市场来实现这种标准。

价格在这种市场机制中起着两种作用。一是配置作用，即表明商品的相对稀缺性；二是分配作用，即确定不同的交易者能够购买的各种商品的数量。福利经济学第二定理认为这两种作用可以区别开来，即可以重新分配商品禀赋来确定每个人拥有多少财富，然后再利用价格来表明商品的相对稀缺性。

从纯理论的观点看，国家一定可以用任何适当的方式在消费者之间转移购买力，即禀赋。对福利经济学第二基本定理的这种解读相当于将其当成了"革命者手册"，因为其得出的结论类似于打土豪、分田地，对初始禀赋重新洗牌。

事实上，国家不必亲自转移实际禀赋，所需要的只是转移禀赋的购买力。国家可根据某个消费者禀赋的价值对其征税，并将这些钱转移给他人。只要税收是根据该消费者的商品禀赋的价值征的，就丝毫不影响效率（前提是税收不会使生产者选择更多的闲暇）。只有在按消费者的选择征税时，才导致无效率的结果，因为在这种情况下，税收会扭曲消费者的边际选择。

福利经济学第二基本定理给人们的政策启示是十分重要的。第一，价

---

① 诺齐克（Robert Nozick）在其名著《无政府、国家和乌托邦》（Anarchy、State 和 Utopia，1974）中对阿玛蒂亚·森的不可能定理提出了批评：个人的私欲不应该进入社会选择，也就是说，每个人在社会可选择集上掏一个"窟窿"，在这个窟窿里面的事，社会不管，这是个人的"家务事"。当每个人把他的私人权利的窟窿掏干净后，剩余的事情，交给社会选择。也就是说，"权利并不决定社会排序，而是为社会选择构建了约束条件——通过排查某些选项和赋予另一些选项绝对优先性"（参见 Nozick、Robert、Anarchy、State 和 Utopia、Oxford：Blackwell，1974，p. 165.）。但社会可选择集，经由这样的处理，就变成一个非凸的，甚至不连续、不连通的集合。很多经济学上的经典假设，它都不满足，这时候经济学的理论工具大多无法再使用，均衡也不一定存在。再者，什么是私域本身可能也是一个需要通过社会选择来决定的问题。森的证明——帕累托原则和个人自由不兼容，除了结果本身令人吃惊之外，其更提出了一个深刻的问题：帕累托原则的功利主义残余和个人权利（Rights）的存在之间的关系——个人自由最终的保证不能从集体选择的机制中得到，而是从发扬尊重相互之间的隐私权和个人选择的价值观和偏好中得到。

格应能反映稀缺性，这样市场均衡才能达到帕累托有效；第二，以分配为目标的调整应该采用财富的一次性总额转移，调节分配不应该以扭曲价格为手段，否则帕累托有效无法实现。这两种政策决策，或者说效率和公平的选择在很大程度上是可以分开的。

第四节　新福利经济学

帕累托最优概念及其副产品帕累托改进概念（某个改变能至少使一个人改善福利而不损害其他人的福利）存在一个问题——它们对于现实世界的政策变化所能够提供的指导是非常有限的。因为在大多数实际的政策情境中，一项公共政策总是会在有益于一部分人的同时损害另一部分人。经济学家们在公共政策领域需要有一个比帕累托最优概念更具普遍适用性的标准。但为了克服罗宾斯的批评，经济学家们仍在坚持人际间不可比的序数效用（实际上就是帕累托最优原则）的基础上思考更有效的进路来取代 Pigou 所代表的"旧"（old）福利经济学。"新"（New）福利经济学分为两个学派。一个学派建立在卡尔多（Nicholas Kaldor, 1908 – 1986）、希克斯（John Hicks, 1904 – 1989）等人发展的补偿标准（Compensation Criteria）的基础上，而另一学派建立在 Bergson – Samuelson 社会福利函数的概念上。

一、补偿标准

1. 补偿标准的含义

在不引入个人之间效用比较的情况下，"补偿检验"（Compensation Test）是一种拓展帕累标准的福利经济学进路。卡尔多教授和1972年诺贝尔经济学奖获得者希克斯教授认为，即使不去假设人际间效用是可比的，从经济学的观点来看，认为一个状态优于另一个状态也是有意义的。"Kaldor – Hicks 改善"时常被引用来作为避免效用比较问题的经济学判据，其含义是："假如发生某种改变后，受益人在补偿受害人之后仍然增进了福利，那么这个改变就是有益的。如果达到了这个标准，结果就是'潜在的'帕累托改进。"[1]

虽然除非真的做了补偿，补偿标准所引起的将不是真正的帕累托改进，但经济学家们倾向于认为，补偿检验概念提供了一种方法，使有效利用资源问题与收入分配问题能够分别考虑，这大大拓展了经济学家可以回答的公共政策问题。

与帕累托原则相对比，可给出补偿标准及其含义的准确表述如下（瓦里安，1999）：

帕累托原则意味着利益一致基础上的全体同意。但是受到一致偏爱的项目是很少的。在通常的情况下，某些人选择 X′ 而其他人可能偏好 X。那么此时应该怎样决定呢？

"补偿标准"建议采用下述检验：若存在某种方式重新分配 X′，以使每个人相对于原始分配 X 都偏好重新对 X′ 进行的分配，则称 X′ 潜在帕累托优于 X。这样，补偿标准仅要求 X′ 是对 X 的潜在帕累托改进。若一个人相对于 X 偏好 X′ 则称他为"赢家"，若他相对于 X′ 偏好 X 则称其为"输家"。如果赢家能够补偿输家——赢家能够让出足够的收益来保证每个人境况更好，则在补偿检验的意义下 X′ 好于 X。如果事实上赢家真的补偿了输家，则所建议的项目能够被每个人所接受就似乎是合理的。

2. 补偿标准的逻辑缺陷

补偿标准存在基础性的缺陷。

第一是支付意愿与福利并不一定等价。

补偿标准比较了不同人的"支付意愿"，而不是福利上的损失。虽然支付意愿与福利和偏好明显有一定的联系，但是它也取决于不同人的财富状况。支付意愿，像人们为了同意一个不想要的改变而索要的钱的数量，很显然取决于财富。因为补偿原则中分析的偏好是以金钱来进行加权的，因为穷人的钱少，得出的偏好也相应很低。如果把一种政策的利益累加给穷人而把成本累加给富人，穷人愿意为此政策支付的钱可能不足以补偿富人。如果有一个更加平等的财富分配方法，这一政策可能仍旧有很大的净收益，而且那些愿意进行个体间比较的人可能会深信穷人增加的福利要多于富人减少的福利。一个通常的维护论据是，补偿是否实施的问题实际上是个收

---

[1] [英] 罗杰·E. 巴克豪斯：《西方经济学史：从古希腊到21世纪初的经济大历史》，莫竹苓、袁野译，海南出版社2007年版，第301页。

第三章 基于功利主义的传统福利经济学及其危机

入分配问题，而且基本福利定理认为收入分配问题独立于分配效率问题。福利经济学第二基本定理告诉我们，适当收入分配问题最好是通过诸如再分配税之类的方式来处理。

第二是不清楚为什么仅仅因为赢家有补偿输家的"可能"，就认为 X′优于 X。

为什么仅仅存在补偿受损者的可能就可以说实现了一种社会改进了呢？虽然这些补偿实际上并没有支付给受损者。这里所说的受损者是指境况比原来有所下降的人和境况本来就是社会中最差的人。告诉这些人有可能充分地补偿他们，但实际上并没有这样做，这样对他们来说又会有多大安慰呢？再说，如果受损者确实得到了补偿，那么，补偿后的总体结果就是一个帕累托改进，还有必要用补偿检验来补充帕累托准则吗？因此，补偿准则要么是不可靠的，要么是多余的。像采用帕累托标准的评价方法一样，补偿原则忽略了公平问题；而且不同于对帕累托改善的认可，补偿原则认可了使一些人状况变坏的政策。所考虑到的补偿只是假想的。有人得到也有人失去。在这种情况下公平的问题显然是很迫切的。如果每一个政策都有不同的胜者和败者，以至于长期看来每个人在失去的时候都会有所得，那么分开来看每个政策的不公平性可能会消失。但是，补偿原则固有的对穷人偏好的偏见表明不公平性是不会消失的。那些制定政策者真正最应该去关注保护的人是那些最有可能受到伤害的人。

第三是最致命的问题，即补偿标准存在逻辑悖论，Tibor Scitovsky（1941）证明，两种相反的情况都能通过补偿检验——这说明该概念所得到的结果是矛盾的。

这可以通过图 3-3 来说明。

在图 3-3（a）中，分配 X′帕累托优于 X，因为 $U_1(X'_1) > U_1(X_1)$，而且 $U_2(X'_2) > U_2(X_2)$。

在图 3-3（b）中，X′潜在帕累托优于 X：即使 X′本身不是帕累托最优的，但是存在某种 X′的重新分配 X″帕累托优于 X。这样，在从 X 到 X′的移动中，就赢家能够补偿输家的意义来说，X′满足补偿原则。

在图 3-3（c）中，X′和 X 不可比——对于它们的相对合意性，补偿检验和帕累托检验都没有讲任何东西。

在图 3-3（d）中（图中的 T_1 和 T_2 可以认为是应用不同的技术或者采取不同的政策），我们有最为矛盾的情形：这里 X′潜在帕累托优于 X，因为 X″帕

· 69 ·

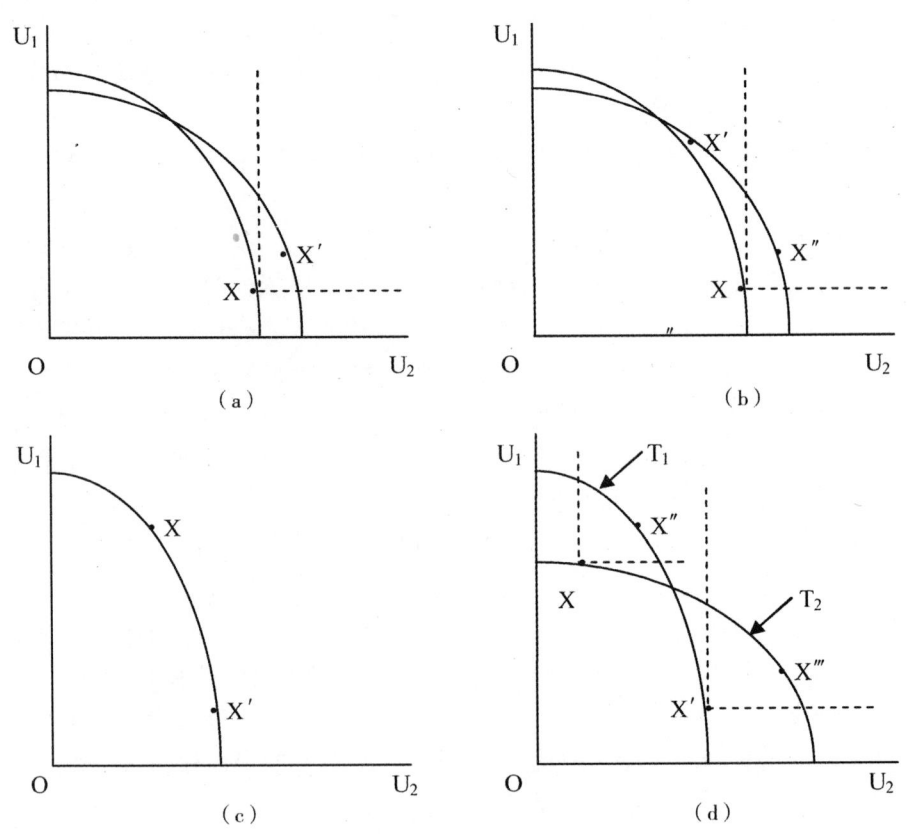

图 3-3　Kaldor-Hicks 改善与补偿检验

累托优于 X；但是 X 也潜在帕累托优于 X′，因为 X‴帕累托优于 X′。

由于存在本质上的局限性，尤其是逻辑上的困难，20 世纪 40 年代之后很少再有经济学家沿着"Kaldor-Hicks 改善"的进路拓展下去，Scitovsky（1941）、Little（1949）等人的少数尝试都因遇到类似的逻辑悖论而不了了之。

二、社会福利函数

1. 社会福利函数的含义和特点

社会福利函数（Social Welfare Function，SWF）理论是由罗宾斯（1932）的批评所引发的改革福利经济学浪潮的另一个方向的尝试。

第三章 基于功利主义的传统福利经济学及其危机

作为 SWF 的重要的工作奠基人之一，Samulson（1947、1983）指出："在本质上，罗宾斯无疑是正确的。一厢情愿会严重妨碍好的分析性描述的做出，而且伦理的结论也不能采用同推出或证实科学假设一样的方法。但仅据罗宾斯的观点就断定经济学中不能容纳称为'福利经济学'的内容是不正确的。检查各种价值判断的结果是经济分析正统的传统做法，不管怎样，理论家都有自己的价值判断，这就正如比较伦理学研究跟人类学任何其他分支一样，它们本身就是一门科学。"①

萨缪尔森（Paul Samuelson，1915 – 2009）认为对 Kaldor、Hicks 等人建立在补偿标准之上的新福利经济学派的评价总体来说过高了。第一，在 John Mill 对自由交易的讨论中，他实际上认为自由交易会帮助一些人，但伤害另一些人，但是受益者有能力去补偿受损者。所以，补偿主义学派的新福利经济学并不真的是新的。第二，对于受益者能够补偿，却没有实际补偿受损者这一点是否有任何重要意义，补偿原则的回答是非常模糊的（Suzumura，2005）。

所以，柏格森（Abram Bergson, born Abram Burk, 1914 – 2003）和萨缪尔森一起采取了一个不同于补偿标准的思路来回应罗宾斯的批评。

SWF 源于 Bergson（1938）的工作，在那篇文章里，Bergson 的目标是整理之前的福利经济学家的工作，明确可导致社会经济福利最大化的价值判断的精确形式。正是通过 Bergson（1938）的努力，使得之前的经济学家们的大量工作变得有意义。Samulson（1947、1983）将 Bergson（1938）的工作进一步发扬，并澄清了一些可能的误解和批判。Bergson – Samulson 社会福利函数有最一般的形式：$W(x) = W(u_1(x), u_2(x), \cdots, u_H(x))$，这几乎是所有具体形式的社会福利函数的逻辑起点。

Bergson – Samulson 的社会福利函数概念有以下几点需要说明（阿玛蒂亚·森，2004）：

首先，福利函数的形式还未给出，它仅仅提出了理性的思考框架。

其次，在这一分析中，从来没有提到社会福利函数代表了由谁提供的目的。对于社会序的来源并没有给予任何说明。

最后，为了能够在各种社会状态中做出选择，并不一定要存在一个实

---

① [美] 保罗·A. 萨缪尔森：《经济分析基础（增补版）》，何耀、傅征、刘生龙、陈宏卫、王兴林译，东北财经大学出版社 2006 年版，第 130 页。

值的 W 函数。所需要的是在所有可能的方案上有一个完全的社会序 R，而它在没有一个与之对应的实值福利函数存在的情况下也能存在。例如，在二维空间上的一个"词典序"（Lexical Order），就不能被任何一个实值福利函数所表示。

2. 社会福利函数的具体形式和最优解

Bergson – Samulson 社会福利函数可以被转换成任何具体形式的社会福利函数，如加法、乘法、罗尔斯式和尼采式。这些具体的函数形式具有共同性质：方法论个人主义，即以个人效用来定义并且要反映社会所有个人的偏好。社会福利函数的具体形式在二维空间中的表示如图 3 – 4 至图 3 – 8 所示。

（1）边沁社会福利函数。

$$W(x) = \sum_{i=1}^{H} u_i(x) \quad (3-1)$$

式（3 – 1）是简单功利主义社会福利函数，也称为边沁社会福利函数。

为了简化起见，假定只有两个人。可以利用无差异曲线来表示社会福利函数。根据式（3 – 1），社会无差异曲线或等福利曲线可以用负斜率的、平行的 45°线来表示，$W_1 < W_2 < W_3$。

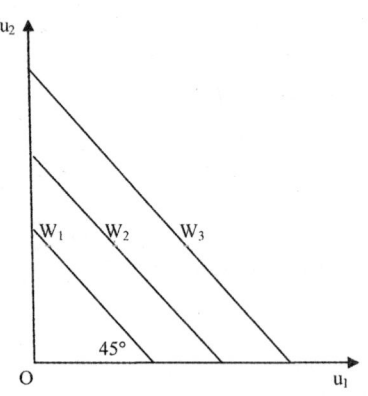

图 3 – 4 等权重边沁社会福利函数

给不同的个人赋予不同的非负权重（a_i），可以得到更为一般的功利主义社会福利函数

第三章 基于功利主义的传统福利经济学及其危机

$$W(x) = \sum_{i=1}^{H} a_i u_i(x) \quad (3-2)$$

式（3-2）所示的社会福利函数称为广义功利主义社会福利函数。就两个人的情况而言，它可以用社会无差异曲线来表示，这些曲线为一组负斜率的平行线，斜率等于分配给这两个人的权重的比率（由角β的切线给定的斜率等于 $-a_1/a_2$ ）。

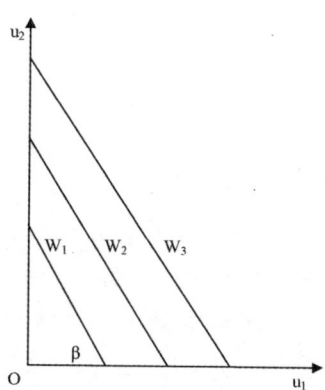

图 3-5　不同权重边沁社会福利函数

（2）纳什（Nash）社会福利函数。简单的纳什社会福利函数是

$$W(x) = \prod_{i=1}^{H} u_i \quad (3-3)$$

这种广义形式引入权数 a_i 作为个人效用的指数

$$W(x) = \prod_{i=1}^{H} (u_i)^{a_i} \quad (3-4)$$

连乘法突出了平等性质，因为收入分配越公平，社会福利越大（效用的加总并不是平均主义的，除非假设边际效用递减）。由于纳什假设可分配的商品总量是固定的，所以对于两个同质的个人，纳什社会福利函数在几何上必须用等轴双曲线表示，如图3-6所示。

（3）罗尔斯（Rawls）社会福利函数。罗尔斯社会福利函数仅仅用境况恶化的个人效用来测量社会福利，具有更强的平均主义倾向。可以表示为

$$W(x) = \min(u_i), \ i = 1, 2, \cdots, H \quad (3-5)$$

罗尔斯社会福利函数精确地表明了社会的选择，只有最差者的效用提高，该社会的福利才能提高。因此，罗尔斯社会福利函数又被称为最大最

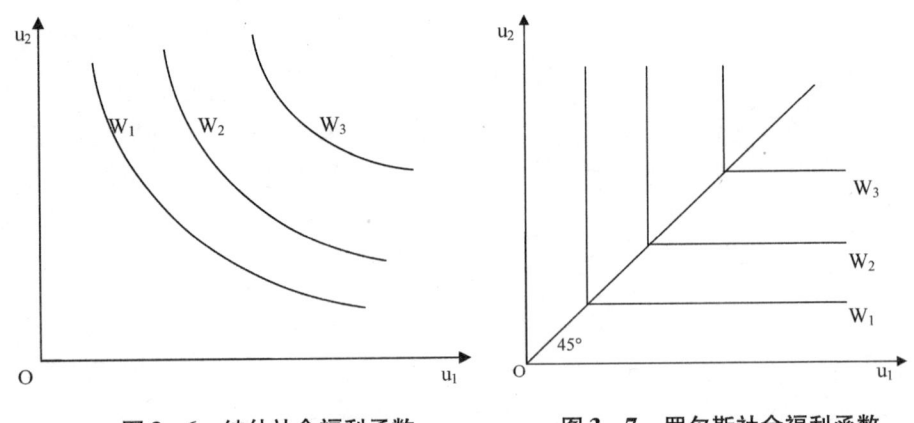

图3-6 纳什社会福利函数　　　图3-7 罗尔斯社会福利函数

小社会福利函数。从图3-7上看,罗尔斯等福利曲线是L形,其顶点位于第一象限的平分线上,两条边平行于两个轴。

曲线的形状表明,如果境况最差的人的个人效用没有变化,那么一个人的效用增加并不能使社会福利提高。因此,社会无差异曲线的L形状表明,两个人的效用是完全互补的。

(4)尼采(Nietzsche)社会福利函数。尼采社会福利函数(也称为精英者社会福利函数)的形式是

$$W(x) = \max(u_i), i = 1, 2, \cdots, H \tag{3-6}$$

即社会福利水平取决于社会中效用最高或境况最好的那部分人的福利水平。该函数允许极度的两极分化,因而受到广泛的批评。从图3-8可知,唯一被社会福利考虑的是强者最大效用。

按照社会福利函数理论,做出社会最优选择,即确定最理想的政策目标的方式类似于消费者选择经济物品的最优组合的方式:社会福利函数在满足社会面临的约束条件下得到最大化。在二维空间中,这一约束条件就是"效用可能性边界"(UPF)。在社会最优状态下,效用可能性边界的斜率等于"社会无差异曲线"(SIC)的斜率(即边际社会替代率)。

图3-9表现的是一个特殊情况下的社会福利最优化:现在有两个人,效用分别为u_1和u_2,当且仅当SIC是凸的,UPF是连续凹的情况下,社会最优选择为C点,一个仁慈政府的政策应该以达到C点为目标。A点之所以不是最优,是其不符合帕累托条件,而B点则是因为存在更优社会福利水平。

第三章 基于功利主义的传统福利经济学及其危机

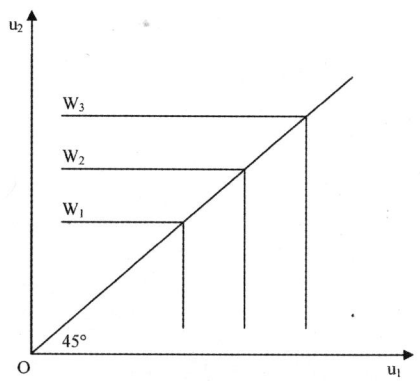

图 3-8 尼采社会福利函数

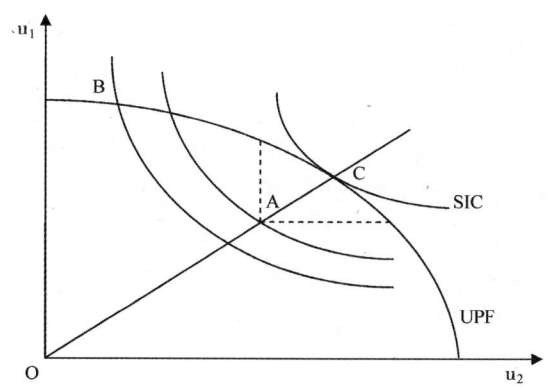

图 3-9 社会最优状态的选择

图 3-9 表现的仅是社会最优选择的一个特殊结果。接下来以图 3-10 分析各种不同的社会福利函数的最优选择。

假定一个社会由两组人构成（1 和 2），而图中的坐标轴表示每组的效用水平，显然，第 1 组人效用水平较高，第 2 组人效用水平较低。现在以曲线 AC 表示社会的效用可能性前沿，其反映了在可利用的现有资源和技术约束下，第 1、2 类人能获得的最大效用。由 A 点到 C 点并不是单调下降的，这表明，当第 1 类人只有很有限的效用时，第 2 类人也可以从第 1 类人效用扩大的过程中受益；反之亦然。在一定范围内，改进最穷的一类人的效用能够实现使"帕累托改进"（Pareto Improving），也就是说，对所有人都有

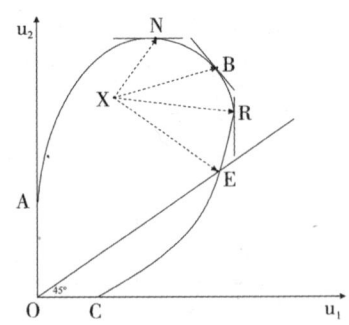

图 3-10 对两组人之间效用水平与社会福利关系的图解

好处。换而言之，假设在较低的效用水平上，再分配在一定程度上能够促进效率和增长。

但是，最终存在一种平衡。在 N 点和 R 点之间，如果社会处于效用可能性前沿上，那么，第 1 类人的任何改善都意味着第 2 类人的减少；反之亦然。在 N 点、B 点、R 点和 E 点分别是 Nietzsche、Bentham、Rawls 和绝对平等主义者所主张的福利概念的效用地带。

X 是这个社会目前实际存在的效用分配状态，现在研究一下从无效率的可能性前沿内的点 X 向效用可能性前沿移动的方向。

如果社会希望总体福利之和最大化，那么就应该把目标定在 B 点。

如果社会希望最穷的群体效用最大化，那么其应该把目标定在 R 点。

如果社会强调绝对公平，那么其应该沿着通过远点的 45°线，把目标设在 E 点。

如果社会要求富有的群体效用最大化，那么其会把目标设在 N 点。

3. 社会福利函数的局限

总结以上的内容并根据图 3-9，可以得到的结论是：以帕累托效率作为基石的新福利经济学只有有限的意义。

第一，虽然它不能告诉人们任何两种处境哪一种更好一些，但它偶尔可以将一种给定的处境作为比另一种处境更差的而排除掉[1]（状态 A 肯定比状态 C 差，虚线围成的部分为帕累托改善区域）。

---

[1] 在发生逆向帕累托变化的情况下。

第二，它不能告诉人们社会何时能在两种既定的处境中间真正做出选择①（在状态 B 和 C 之间无法进行选择）。

第三，最重要的是，它不能告诉人们一个它能给予确定评价的移动，是否比另一个它不能确定评价的移动要好（从 A 向 C 移动是个确定好的选择，从 A 向 B 移动是好是坏不确定，B 和 C 之间的评价也不确定）。

第四，如果人们所处的一点不在可能性函数上，它就会使人们确信还存在至少一个更好的点。但它不可能断定，可能性函数上的既定一点是否比不在可能性轨迹上的所有的点（或许多的点）要好（A 和 B 之间的评价不确定）。

在图 3-9 中，用社会无差异曲线表示了一个特例，即 W（C）＞W（A）＞W（B）。具体会出现何种结果，完全取决于对社会福利函数的具体形式的设定。对于这一问题，缪勒（1999）指出：当只是要推导帕累托最优的必要条件时，个人序数效用函数作为 W 的变量是充分的，但如果要从无数个帕累托最优点中选出一个唯一的最优点（这要求知道 W 的具体形式），却必须可进行人际效用的基数比较。这是对 Samulson（1945、1983）认为社会福利函数只需要以序数表示来定义的观点的批判和发展。② 也就是说，W 和 U 的序数形式就足够表示一般化的社会福利函数，但如果定义 W 为加法或其他具体形式，就要求 U 必须是基数的。否则，以序数偏好为基础的所有 Bergson-Samulson 社会福利函数形式都会使个人成为一个伦理独裁者。

进一步说，即使置新福利经济学的起点，即罗宾斯的批判于不顾，假设个人效用基数且人际间可比，社会福利函数理论仍然有无法忽视的基础性的伦理困境。因为，由个人效用集结形成的社会效用函数有不同的数学形式可加以选择，如古典功利主义或曰 Bentham 加法形式、Nash 乘法形式、

---

① 即无法判断一条效用契约曲线上各点从社会角度看的优劣。
② 当然，Samulson 也承认特殊情况："把极大化的福利函数定义为每个人在经验感受到基数效用的总和。这种假定的主要渊源是经济思想上的功利主义主流，那时效用这个概念可以在行为的、心理的、生理的和伦理的意义上交替使用"（参见［美］保罗·A. 萨缪尔森：《经济分析基础（增补版）》，何耀、傅征、刘生龙、陈宏卫、王兴林译，东北财经大学出版社 2006 年版，第 133 页）。Samulson 指出，"这类文献的痕迹至今仍可以找到，该假定要求存在一个基数的 W 和各个基数 U，使得 W 成为各个 U 的组合"（参见［美］保罗·A. 萨缪尔森：《经济分析基础（增补版）》，何耀、傅征、刘生龙、陈宏卫、王兴林译，东北财经大学出版社 2006 年版，第 134 页）。

Rawls 最大最小化形式，以及超人最大化的 Nietzsche 形式等。所以，即使个人间效用可比（前两种效用函数要求基数可比的完全社会序，后两种社会福利函数最低要求是序数的部分可比社会序，即知道谁是状况最差或最好的人），价值判断仍然是不明确的。故而，由 Bergson 和 Samulson 开创的社会福利函数的研究本身就是一种价值判断先行的研究方法。

Samulson（1945、1983）对社会福利函数的局限有一定的认识："应当公平地指出，在福利经济学标题下所阐明的定理，并不是技术上有意义的命题或假说，因为这些定理表示的是从假定中演绎出来的含义，而就现实而论，这些假定本身并不是富有意义的可驳斥的假说。"[①] 但他仍竭力为 SWF 的学术合法性辩护："福利经济学并不认为要演绎出一种适切的信念。但是，福利经济学能够合理地指出不同伦理命题的含义。"

遗憾的是，Bergson 和萨缪尔森并没有意识到社会福利函数理论会面临更致命的挑战，其直接将基于功利主义的福利经济学的学术合法性投入了濒临破产的边缘。Arrow（1951）证明了在民主体制下，任何形式的社会福利函数都无法通过仅满足几条基本原则的集体选择程序而产生，从而起码在福利和公共政策领域终结了罗宾斯自 1930 年代初所开创的经济学研究计划。

第五节 阿罗不可能定理

庇古所开创的旧福利经济学秉持了边沁的古典功利主义传统，利用了基数的和人际可比的效用。在 20 世纪 30 年代，这两种效用性质的设定受到了罗宾斯等人的强烈反对。在卡尔多、希克斯、柏格森和萨缪尔森等人看来，社会福利显然只能够基于 n 元组（Turples）的人际不可比的序数效用。这种信息限制使得古典功利主义和基于功利主义的福利经济学的许多方法都失效了。阿罗不可能定理实际上就是由之引发的"信息危机"（Inforamtional Crisis）的产物。

[①] [美] 保罗·A. 萨缪尔森：《经济分析基础（增补版）》，何耀、傅征、刘生龙、陈宏卫、王兴林译，东北财经大学出版社 2006 年版，第 130 页。

第三章 基于功利主义的传统福利经济学及其危机

一、阿罗不可能定理的缘起

"阿罗不可能定理"(Arrovian Impossibility Theorem)的缘起是非常复杂的,其中充满了机缘巧合和不同理论之间的微妙联系。根据阿罗若干次接受采访或自传性文章中的回忆,社会选择理论诞生的机缘大致可以总结如下(霍恩,2012;Arrow 等,2011)。

先是 1946—1947 年的冬天(阿罗此时刚刚离开军队,并且开始构思博士论文),希克斯在哥伦比亚大学(阿罗的母校)的演讲中做出的如下陈述极大地启发了阿罗:在坚持序数效用而没有人际比较的情况下,设有 A 和 B 两个人,各自有自己的商品束。如果 A 对于自己的商品束的偏好优于他对于 B 所拥有的商品束,而 B 对于 A 所拥有的商品束的偏好也优于对于自己的商品束。或者换句话说,在个人 A 和 B 的排序中,A 所拥有的商品束都有优于 B 所拥有的商品束。此时可以确认,A 的个人状况好于 B。

这激发了阿罗提出了一个不一样的观点,其成为不可能定理的悖论的雏形。阿罗指出,希克斯的陈述可能不满足传递性(Transitive)。个人 A 和个人 B 的比较基于他们对于每个人所拥有的商品束的排序,个人 B 和个人 C 之间的比较基于这两个人对于每个人所拥有的商品束的排序,而个人 A 和个人 C 的比较则基于此二人对于每个人所拥有的商品束的排序。可能会出现的情况是,按照每个人对于商品束的排序,A 的个人状况好于 B,B 的个人状况好于 C,而 C 的个人状况好于 A。此时,非传递性(Intransitive)出现了。

幸运的是,在希克斯此次哥伦比亚大学的演讲之前,阿罗已经拜读了希克斯的《价值与资本》(Value 和 Capital),并深受启发。按照希克斯书中的陈述,企业的投资行为可以被描述为最大化自身的预期贴现利润的问题。不同的股权拥有者很可能对于未来有不同的预期,从而都有各自的最优投资政策。那么投资该如何决定呢?阿罗自然的反应是要依靠多数投票法(Majority Voting)——按照股权分配投票时的权重。这一纯粹的描述性问题是阿罗第一次触及社会选择理论——通过企业理论和社会选择之前的联系。

此后,在兰德公司工作期间,哲学家 Olaf Helmer 问了阿罗一个问题。这一问题使得阿罗意识到了自己之前思考过的内容对于社会福利的重要性

（而不是仅仅意味着一个投票悖论），值得作为博士学位论文的主题来研究。当时，Helmer 在参与建立一个以苏联和美国为参与者的博弈理论模型。博弈的支付函数依据"冯·诺依曼—摩根斯坦"效用函数的形式来定义，这种效应函数是在个人的基础上推导而来的。问题是，苏联和美国不是个人，它们是结构物，由具有不同利益的个人构成，这意味着什么？

Helmer 的问题成为了阿罗思想的一个推力。阿罗问自己，人们在实践上是如何获得这些社会福利函数的。人们拥有的只有偏好，这必然是一个复杂的投票问题。看起来多数投票不会起作用，要么得到非传递性，要么偏好只能涉及无关紧要的事情。不论怎样做，投票悖论都一定会重现。于是，阿罗正式开始了博士学位论文的撰写，这成为了社会选择理论的开端。

二、阿罗不可能定理的内容

1. 阿罗不可能定理的福利经济学背景

阿罗对 Bergson-Samulson 社会福利函数的反思来源于 1945 年 Samulson 以下的论述：

"我们以一个体系的所有经济变量的函数作为我们讨论的起点，而不追求它的由来，而这个函数被认为是表征某种道德信念的。这种信念可以是仁慈的君主的、完全唯我主义者的、'善心善意者'的、厌世者的、国家的、民族的、集团思想者的或上帝的，诸如此类。任何可能的信念，包括我自己的，都是允许的；虽然由于人的意志是脆弱的，所以一开始最好先把自己的信念略去。我们只要求信念能够明确回答一种经济体系的结构是否比其他任何一种要更好一些，抑或更坏一些或无差异，而这些关系是传递的；这就是说，A 比 B 好，B 比 C 好，则蕴含着 A 比 C 好，如此等等。这个函数只需要一个用序数表示的定义，因为使用（任何）一种基数指数或指标，或许会更便利一些，也或许会很不便利。"

据此，阿罗意识到，按照 Bergson-Samulson 社会福利函数寻求社会最优选择的理论，本身具有空洞性。因为，在阿罗之前，所有的社会福利函数理论都没有考虑证明函数本身是否存在和函数形式如何确定的问题，研究者们都是在隐含地假设"社会福利函数存在"这一基础上工作的，并且都主观地赋予了社会福利函数不同的具体函数形式。

社会福利研究中的这种过度形而上学化的倾向使得其脱离了自身产生

第三章 基于功利主义的传统福利经济学及其危机

的社会背景。"在资本主义民主下,社会选择基本上采取两种方法:一种是投票,通常用做政治选择;另一种是市场,通常用做经济决策"。于是,在阿罗看来,既然社会福利函数代表的社会集体的利益,那么在资本主义民主的政治体制下,就必须考虑如何将个人的利益偏好加总为集体的利益偏好的问题。此时可以提出的问题是,"当每个人在他的选择中都是理性的,独裁和传统的方法也能够是理性的。但在涉及每个人愿望时,汇集选择的集体模式还能有一致性吗?"只有当个人的利益偏好可以加总为集体的利益偏好时,社会福利函数的存在才有实证基础;而加总所得的具体的集体偏好的性质决定了函数的形式。

故而,社会选择的中心问题是:在社会中不同个人所面临的给定偏好情况下,如何达到确切的社会总和判断(Aggregative Judgement)?比如,"社会福利"、"公共利益"等。我们如何才能为诸如"社会偏好于此而不是彼"、"社会将选择此而不是彼"或"这是社会正义"之类的总和判断提供理性的基础?合理的社会选择是否可能?

社会选择理论是福利经济学传统的一个体系内的异议者,其寻求一种对于备选的可能经济政策的基于社会个体成员偏好的理性判断。阿罗摒弃了福利经济学的一般做法,开始进入对真实的民主制度的政治过程的研究。如果社会选择和个人选择一样,可以以(社会)备选方案的偏好排序来展示,那么从可行的备选方案集合中选择出的方案是最被偏爱的那一个。阿罗试图发现在民主的背景下,通过何种途径和过程可以输出一个Bergson - Samuelson的个人主义社会福利函数。

在进行这一理论探索的过程中,阿罗坚持了新福利经济学的效用论,并且对其进行了更具还原论色彩的改造——用基于序数不可比效用论的偏好序关系代替了基于基数可比效用论的效用函数。于是用正规函数形式表述,阿罗的工作意味着试图从社会状态的 n 元组个人排序 $\{R_i\}$ 推导出社会偏好排序 R,表示为 $R = f(\{R_i\})$。如果 Bergson - Samuelson 社会福利函数被定义为一个社会序 R,那么阿罗社会福利函数(Arrovian Social Welfare Function)的函数值就是一个具体形式的 Bergson - Samuelson 社会福利函数(Sen, 1986)。

2. 阿罗不可能定理与投票悖论

阿罗不可能定理证明的是 Bergson - Samuelson 的个人主义社会福利函数不可能通过民主的投票过程产生,或者说宪法函数(Constitutional Function,

CF）不存在，而不是否定 Bergson–Samuelson 社会福利函数作为一个伦理判断基础的合理性。二者的关系是，阿罗的宪法函数代表了一种尝试——"通过个体序确定一个实值的 Bergson–Samulson 社会福利函数或其所依据的社会序 R"。

从逻辑角度上说，可以任意地定义一个无矛盾的 CF，然而无矛盾并非一个集体选择机制所需满足的唯一标准。所以，应该要求 CF 必须满足某些"合理性"条件。由于合理性是一种信念，只有非常适度的条件才可能是有用的，但一组适度的条件是否真正限制 CF 的类型，能排除掉不合理的可能的 CF 是非常值得怀疑的。意外的是，问题出现在另一极端，阿罗不可能定理证明了，一组看似非常适度的条件却具有如此的限制性，它们不仅仅是排除了某些 CF，而是排除了所有的 CF。按照 Sen（1970）的解释，这 4 个条件分别是无限制定义域条件（条件 U）、帕累托原则（条件 P）、无关方案独立性条件（条件 I）和非独裁性条件（条件 D）。阿罗不可能定理的重要性在于，它指出了不仅多数决定方法会引起这一问题（毕竟它只是所有社会选择方法中的一个），而且对于每一个已知或未知的能够设想得出的方法都会有这一问题。简单地说，要得到一个同时满足这 4 个条件的 CF 是不可能的。

阿罗不可能定理中的 4 个条件和理性选择公理所引起的投票悖论（Voting Paradox）可以用以下的简化实例表示。

假设甲、乙、丙 3 人，面对 X、Y、Z 共 3 个备选方案，偏好排序为：
甲：X > Y > Z；乙：Y > Z > X；丙：Z > X > Y。
当 3 个方案两两选择时，存在以下 3 种情况：
（1）如果在 X 和 Y 之间选择，由于甲和丙的偏好，社会序为 X > Y。
（2）如果在 Y 和 Z 之间选择，由于甲和乙的偏好，社会序为 Y > Z。
（3）如果在 X 和 Z 之间选择，由于乙和丙的偏好，社会序为 Z > X。
于是，存在 3 个社会偏好序，使得 X > Y，Y > Z，Z > X，这导致了悖论。因为按照理性选择的传递性公理，基于 X > Y 和 Y > Z，应该有 X > Z，但是实际的投票结果却是 Z > X。

综合阿罗不可能定理的福利经济学含义和其所包含的投票悖论，可知阿罗不可能定理证明了以下结果：从几个简单的、几乎不可能引起争议的、被民主社会广泛接受的公理这些条件出发，当考虑由 n 元组的个人序推导出社会序时，不仅多数原则，而且依赖于同样的信息基础（仅仅知道个人对所涉备选方案的排序）的所有决策机制，都会产生某种不一致或谬误，除非直接采用对这个问题的独裁解法，即让某一个人的偏好排序来决定一切。

三、阿罗不可能定理的含义

阿罗不可能定理所涉及的投票悖论可以追溯到 18 世纪法国的学者 Jean-Charles de Borda（1733-1799）和 Marquis de Condorcet（1743-1794）对于选举问题的研究。两人的工作分别被称为博尔达计数法（Borda Count）和孔多赛方法（Condorcet Method），关注的都是如何在选举中保证出现孔多赛赢家（Condorcet Winner）。现代新政治经济学的研究已经证明，只要全部投票者都具有单峰偏好（Single-Peaked Preferences），那么就不会出现孔多赛悖论（Condorcet Paradox），此时阿罗不可能定理暂时被规避。

但是，不能将阿罗不可能定理仅仅视为对投票悖论的概括，它还具有丰富得多的含义。社会选择的具体决策方法和其福利经济学含义，是同一硬币的两面。也就是说，民主活动中的个人偏好有两种对比性的解释：或者关注投票及其反映的人民的呼声，或者关注公共利益的判断，二者互相缠结构成了社会选择理论。

Borda-Condorcet 传统关注集体决策的方法，Bentham-Pigou 传统关注社会福利的提高。阿罗不可能定理在福利经济学方面所坚守的是在罗宾斯批判之后形成的新的信息基础，只能基于序数且人际间不可比的效用信息，这是与 Borda-Condorcet 的集体决策理论相同的信息基础，也是悖论产生的根本原因。

试图破解阿罗不可能定理意味着要重新反思"集体理性"。第一条路径是弱化所要求的集体理性的程度，将阿罗对于完备性的要求，即社会偏好关系的传递性，可以放弃要求包含无差异关系的精确的传递性，仅保留更可以辩护的要求严格偏好关系的传递性，即所谓的"准传递性"（Quasi-Transitivity）；还可以更进一步，将准传递性弱化，并且仅仅要求不存在任何严格的偏好循环，即所谓的"非循环性"（Acyclicity）。第二条路径走得更远，干脆放弃了集体理性的假设。它所直接关注的社会选择不包含潜在的社会偏好关系，而是直接诉诸一些"选择相容"（Choice-Consistency）的性质。

但是，不论是将完全理性的原则弱化为"准传递性"和"非循环性"，还是在对备选方案的选择中依据"非理性"但"选择相容"的原则，实际上都是对于社会选择程序（Procedure）中的规则的修改。在社会选择程序中使用何种具体规则，本身就是一个更基本的社会选择问题。因此，放松理性假设的做法实际上是用一个新问题取代了旧问题，可能会面临无限循环上溯的尴尬。换个角度说，如果把精力全部放在了对集体理性条件的探讨，而不去追问社会选择背后的伦理含义，那么其本质是等于回避了社会选择程序背后所代表的福利内涵（这才是福利经济学最应该讨论的内容），变成了一种数理政治学的算法讨论。

社会选择理论的发展已经证明：如果阿罗意义上的社会选择意味着一个——通过整合每个人对全部的社会状态的偏好序——试图形成加总的社会偏好序的程序，那么，一旦人际比较被排除在外，所有试图进行偏好加总的规则都将面对共同的沮丧（Sen, 1985）。所以，摆脱阿罗不可能定理的更可行的做法是发展效用信息甚至非效用信息的人际间比较，这要求拓展信息基础。也就是说，对于破解社会选择中的悖论和理解社会选择理论背后的社会福利的含义，序数且人际间不可比的效用形式显然是不够的。如果想使得集体理性和社会福利之类的含义具有社会福利层面的政治合法性，而不会成为少数人借传统、神启或真理等名义操纵的对象，就必须允许采用基数的人际间可比的效用形式，乃至使用非效用的信息。这是解决阿罗不可能定理一条正当的路径。

于是，阿罗不可能定理并不表明理性的社会选择的不可能性，而是表明人们试图把社会选择限制在有效的信息基础之上导致了不可能性——阿罗的不可能定理即排斥了非效用信息，对于效用信息的使用也限制在一个很狭隘的范围内（不能进行人际间效用比较）。进行经济和政治判断时一般采用的信息，比起那些与阿罗构建相容的决策机制所允许采用的信息，要广泛得多。阿罗提供了考察在个人条件的基础上进行社会决策的一般性方法，他的定理——以及建立在他的开创性工作上的一系列其他结果——表明：什么可能，什么不可能，关键取决于在进行社会决策时实际采用哪些信息。通过扩大信息基础，就有可能得到社会和经济评价的连贯性和一致性的决策标准。序数效用论最积极的倡导者之一，新福利经济学的领军者之一 Hicks（1959）在学术生涯的后期也认识到，自己早年在新福利经济学中的工作所依赖的信息基础过于薄弱，若福利经济学的目的是提高人类福利，那么序数不可比效用论作为其信息基础则太狭窄。

第三章 基于功利主义的传统福利经济学及其危机

综上所述,要摆脱阿罗不可能定理的"不可能"限制,就必须扩展福利经济学的信息基础,序数且人际不可比的效用形式是远远不足以进行社会福利领域的判断的。阿罗不可能定理的立宪经济学含义是:在设计集体选择过程即起草政治宪法时,如果死守序数人际不可比的效用理论,就必然会违背阿罗定理所依赖的4个公理中的一个或多个公理——虽然此时也许能满足其他公理。阿罗不可能定理提出了系统性审查的需要,以便寻找出逻辑悖论的合理的解决方案,并因而启发了我们重新思考经济学在公共决策问题中应该采用的信息基础。在这一意义上,阿罗一般不可能性定理(Arrow's General Impossibility Theorem)明显是积极的,而不是消极的。

从本章对福利经济学发展史的回顾可知:由庇古的旧福利经济学中,经罗宾斯的批评后产生了新福利经济学的两个分支——补偿标准和社会福利函数,再到阿罗不可能定理的出现,基于功利主义的福利经济学经历了一个从诞生初期的兴盛,到转向后的中兴,最后终于陷入似乎难以摆脱的困境的过程。现将基于功利主义的福利经济学的几种主要理论各自的特点总结如表3-1所示。

表3-1 功利主义福利经济学核心理论的特点

主要理论	问题意识	信息基础	一般结论	政策含义	理论缺陷
Pigou 旧福利经济学	研究在实际现代社会中,对经济福利发生影响的某些重要原因	基数人际可比效用信息	1. 整个社会的福利是所有个人效用的简单加总 2. 效用概念基本上等于财富占有,这样的效用概念是客观的,可以度量且可以进行人际比较 3. 收入边际效用递减	同样一元钱带给穷人的效用要大于富人,因此经济政策向低收入阶层倾斜有利于社会总体福利水平的提高	1. 基数可比效用无实证基础 2. 可能导致过度的社会财富再分配,为政府扩大权力提供了理论依据

续表

主要理论	问题意识	信息基础	一般结论	政策含义	理论缺陷
新福利经济学1：Kaldor-Hicks补偿标准	克服帕累托标准在政策适用范围上的局限性，为政策实施和改革拓展空间	序数人际不可比效用信息	若存在某种方式对重新分配 X′，以使每个人相对于原始分配 X 都偏好重新对 X′ 进行的分配，则称 X′ 潜在帕累托优于 X。补偿标准仅要求 X′ 是对 X 的潜在帕累托改进	只要在理论上赢家能够补偿输家，即赢家能够让出足够的收益来保证每个人境况更好，则在补偿检验的意义下 X′ 就好于 X。如果事实上赢家真的补偿了输家，则所建议的项目能够被每个人所接受就似乎是合理的	1. 支付意愿与福利并不一定等价 2. 不清楚为什么仅仅因为赢家有补偿输家的"可能"，就认为 X′ 优于 X，所以仍无法解决公平问题 3. 补偿标准存在逻辑悖论
新福利经济学2：Bergson-Samulson社会福利函数	认为补偿原则言过其实。通过序数不可比效用推导出帕累托最优条件；或依赖基数可比效用求社会福利最优点	如未给出福利函数的形式，只需序数不可比效用；若给出福利函数形式，则需基数可比效用	1. 推导帕累托最优的必要条件时，个人序数效用函数作为 W 的变量是充分的 2. 从无数个帕累托最优点中选出一个唯一的最优点（这要求我们知道 W 的具体形式），却要求可进行人际效用的基数比较	即使个人间效用可比，价值判断仍然是不明确的。如果不承认个人间效用的可比性，那么社会福利函数就仅能处理帕累托最优的情况，在公共政策领域的价值就变得更加有限	1. 社会福利函数的社会最优选择并不是技术上有意义的命题或假说，因为最优点由预设的伦理观假设决定，这种假设是先验的 2. 社会福利函数无法由民主的集体选择程序产生

续表

主要理论	问题意识	信息基础	一般结论	政策含义	理论缺陷
Arrow 不可能定理	在民主政治体制下，就必须考虑如何将个人的利益偏好，加总为集体的利益偏好的问题	序数人际不可比效用信息	阿罗不可能定理证明了 Bergson–Samuelson 的个人主义社会福利函数不可能通过民主的投票过程产生，或者说宪法函数不存在，而并没有否定 SWF 作为一个显眼的伦理判断基础的合理性	任何公共政策都要在效率、尊重个性和自由这3个维度间进行权衡取舍	阿罗不可能定理产生的原因是其使用的信息基础过窄，序数不可比效用对于社会选择是远远不够的，不仅需要使用基数可比效用，而且允许广泛引入非效用信息

第四章 基于能力方法的福利经济学的理论框架

传统的福利经济学，不论是旧的还是新的，甚至是阿罗的不可能定理，都深刻地根源于"福利主义—结果论"（Welfarist – Consequentialism）的哲学方法。这种哲学方法意味着对于事态的良善的评估应该依据个人从这些事态中获得的效用。因此，它们都可以归为基于功利主义的福利经济学，属于功利主义的直接理论遗产。随着20世纪30年代罗宾斯的批判否定了人际间效用可比的可能性，功利主义的福利经济学开始拘囿于一种特殊的功利主义的狭隘的信息基础（Informational Basis）——序数人际不可比效用，福利经济学的学术合法性危机即源于此。因此，解决阿罗不可能定理、帕累托自由不可能定理等社会选择的逻辑悖论的必要条件是超越传统的"福利主义—结果论"的信息基础。

第一节 能力方法

能力方法与阿罗不可能定理所造成的福利经济学的困顿有莫大的干系。摆脱阿罗不可能定理的直觉反应是发展效用的人际间比较，这要求拓展信息基础。任何社会选择程序都会使用一些类似的信息，而忽略其他的——效用的序数且人际间不可比就是一个非常重大的信息排除，如果没有了这一限制，那么就会为社会选择理论开启很多建设性的可能。所以，彻底解决阿罗悖论必须引入非效用的信息，正如阿玛蒂亚·森的能力方法。

基于能力方法的福利经济学

一、能力方法的起源和特点

1. 能力方法的思想起源

能力方法始于阿玛蒂亚·森从20世纪70年代末至20世纪80年代初开始的对于福利经济学研究方法的创新。阿玛蒂亚·森创造了一系列的新概念来代替福利研究的传统方法。在1979年的Tanner讲座中，阿玛蒂亚·森提出了"什么的平等"（Equality of What）这一问题，他给出的回答是"基本能力平等"（Basic Capability Equality），这成为了最早阐述能力方法的文献。

随后，通过与政治哲学家Martha Nussbaum和发展经济学家Sudhir Anand和经济理论家James Foster的合作，森成功地使能力方法成为关于人类发展的政策争论的主导范式。能力方法激发了联合国开发计划署的"人类发展指数"的诞生。进一步地，随着"人类发展与能力协会"（阿玛蒂亚·森为第一任会长，Martha Nussbaum为第二任会长）在2004年的启动，能力方法越来越多地被政治理论家、哲学家和广大的社会科学工作者所理解、讨论和运用。随着由其衍生出来的HDI的受关注度的不断扩大，CA在公共政策领域的影响也越来越大。

从更加广泛的人类智识史的视角看，能力方法的思想渊源可以追溯到古希腊的哲学家亚里士多德。亚里士多德在《政治学》中讨论了政治制度安排中"善"的概念，在《尼各马科伦理学》中讨论了"善"（Good）和"好人"（Good Man）的概念，这都与能力方法有联系。亚里士多德反对关于生活的纯粹的享乐主义的观点，并且提出了关于美好的人类生活（Good Human Life）的不同定义。亚里士多德的定义强调了作为人类的本质特征的理性性质，以区别于动物性的要求。也就是说，要以人类的方式实现功能（Functioning in a Human Way），这体现为阿玛蒂亚·森曾经引述过的亚里士多德在《尼各马可伦理学》中的观点——"财富显然不是我们在寻求的善。因为，它只是获得某种其他事物的有用的手段"。

从经济学思想史的角度解读，CA在某种程度上是对亚当·斯密所特别提倡的对经济和社会发展采用一种综合性视角的回归。在分析决定生产可能性的因素时，斯密强调了教育及劳动分工、边干边学和技能形成的作用。发展人类能力使人们享受一种有价值的生活（以及具有更高的生产力），在

第四章 基于能力方法的福利经济学的理论框架

斯密的"国民财富"分析中具有中心的地位。

斯密对于生活必需品（Necessaries）的认识不仅在于维持人的基本生存，更强调在既定的文化背景和社会普遍生活标准下保障人能过上有尊严的生活，即商品被要求能满足生理属性的和社会属性的功能的需要，而且能够服务于合理性（Reason）与选择（Choice）。

由于继承或发展了斯密对于人的发展的关注，马克思和穆勒也可被列于发出了能力方法的先声的著名经济学家之列。

马克思早在《1844年经济学哲学手稿》中就批判了资本主义社会信奉"商品拜物教"（Commodity Fetishism）而忽视了本应该作为目的的人的发展，深刻地指出了资本主义的最大弊病在于其生产方式对人的异化（Alienation of Labor）。之后在《共产党宣言》中，马克思和恩格斯提出要实现人的真正的解放（Real Liberation），而共产主义社会就是一个"自由人的联合体"，是一个"以每个人的全面而自由的发展为基本原则的社会形式"。未来的新社会的本质特征就是"建立在个人的全面发展和他们共同的社会生产能力成为他们的社会财富这一基础上的自由个性"。对于马克思来说，人的自由全面发展是其根本学术归旨，更是其终身的奋斗目标。正如恩格斯所评价的：每个人的自由发展是一切人的自由发展的条件，除了这句话，没有什么能够更好地概括马克思的思想了。

更重要的是，马克思赞同实际自由（Actual Freedom），反对形式自由（Fomal Freedom），即古典自由者所持有的消极自由的观点。马克思认为单纯的形式上的自由是无意义的，是只有资产阶级才能享受到的自由，与最广大人民群众的利益无关。马克思的真实人类生活和真正的解放观点说明他的自由观显然与阿玛蒂亚·森的实质自由的观点有类似之处，显示了对森的理论发展的影响。

罗尔斯是当代对于阿玛蒂亚·森影响最大的政治哲学家，两人既是同事，也是朋友。两人在学术旨趣上，尤其是对于功利主义的批判态度上，有非常重要的相似之处。美国著名的马克思主义经济学家 Roemer（1996）指出了森与罗尔斯的4个相似性：①都是非福利主义的；②都是平等主义的；③都强调事前机会（Ex Ante Opportunity），反对传统福利经济学对于事后结果（Ex-post Outcomes）的单维度强调；④都采用了从实际可能达到的视角所定义的自由的概念，以便反对仅仅考虑对于个人行为的法律障碍的形式自由。

罗尔斯和阿玛蒂亚·森共同的学术敌人是功利主义。罗尔斯否定了按照个人效用的总和进行总量排序，否定了福利主义以效用指标作为社会判断的基础，对结果主义也提出了质疑，因为自由的优先地位可能与只用结果去判断所有的选择会发生冲突。罗尔斯批判了功利主义的信息基础，并且提出社会基本物品作为替代的信息基础。这些都是阿玛蒂亚·森所赞同和共享的。只不过，阿玛蒂亚·森使用能力的概念而不是基本物品的概念，并且批评罗尔斯的理论有"基本物品拜物教信徒"（Primary Good Fetishist）的嫌疑。

诺齐克是另一位对阿玛蒂亚·森有较大影响的当代哲学家，他也是森在哈佛大学哲学系的同事。诺齐克也是一位功利主义的反对者，注重义务论的权利（Right）概念的优先性，属于极端自由主义者（Libertarianism）。

对于诺齐克，权利是在先的东西，是确定不移的，是已有明确归属的东西，无论是他人、群体或国家都不能加以侵犯。关于正义的任何命题都必须建立在权利的基础之上，都必须纳入权利的话语体系。诺齐克认为，权利应该被优先考虑。根据分配正义的权利原理，只要人们是通过自愿转让、交换和合作性生产活动，亦即通过合法的方式得到财产的，他们就有权利持有其财产。游戏的乐趣就在于玩，而所有的规则不过是控制选出胜者的过程而不是胜者的最终状况。诺齐克甚至反对被阿罗不可能定理和整个主流经济学似乎当做了不可侵犯的圣物的帕累托原则，因为这一原则是结果主义的。诺齐克认为，经济的运行效率达到帕累托最优是否是一个值得向往的目标，完全取决于效率是否与权利的要求一致。

诺齐克对于阿玛蒂亚·森可能的最大启发在于他对程序正义的强调，这与森在自己的理论中强调"自由"由机会与程序两个方面组成的观点符合相契。实际上，阿玛蒂亚·森可以视为在福利经济学领域整合了哲学的义务论和目的论，并且扬弃了通行的功利主义观点，能力方法就是这种整合转换的成果。

2. 能力方法的方法论特点

从方法论视角看，CA 是一个广泛的规范性框架，用来评价和估计个人福利和社会安排，指导政策设计，为社会变革提供建议。CA 的主要特色是跨学科性质（Interdisciplinary Character）和多维度视角（Multidimentional Aspects）。这一特点的主要体现是，CA 按照对个人能力的影响评估政策，强调实质自由（能力）、结果（可实现的功能）等概念。

第四章 基于能力方法的福利经济学的理论框架

CA 的主要的反面参照物是传统的功利主义福利经济学。相比于 CA，如果福利经济学的目的是提高人类福利，那么功利主义作为其信息基础则太狭窄。能力方法是关于福利的替代性方法，改变了传统方法对于商品和需要的关注。考虑更多的信息并不是能力方法的突破，大量的工作在 20 世纪 60 年代就已经出现了。阿玛蒂亚·森的贡献体现在帮助聚焦、组织和理性化这方面的工作，将一种评估价值的替代性方法立基于一个精确的哲学视野之上。

在阿玛蒂亚·森看来，基于功利主义的福利经济学的方法论存在两个信息维度上的缺陷，一是只考虑序数不可比的效用信息；二是忽略了非效用信息。对于信息在进行公共政策的规范判断时的重要性，阿玛蒂亚·森指出，"一种正义理论真正的'切中要害之处'，在很大程度上，可以通过其信息基础来理解：哪些信息被认为——或者不是——直接切题的。各个理论学派走的方向不同，原因主要在于它们在评价不同社会状态的正义性和可接受性上，采用它们各自认为是核心的不同的信息。一般地，各种规范性理论的信息基础，尤其是各自正义理论的信息基础，具有决定性的意义，而且可以成为关于实际政策的许多辩论的真正焦点"。"信息的实际可得性（Availability）能够影响使用特定道德方法的可能性"。

虽然阿玛蒂亚·森的 CA 起源于要解决导致阿罗不可能定理——因只使用序数且人际不可比的效用信息所造成——的信息约束问题，但是森的思路并不是直觉性地回到古典功利主义，即仅靠引入基数且人际可比的效用信息。阿玛蒂亚·森认为，社会福利的判断还必须依赖非效用信息。也就是说，阿玛蒂亚·森扬弃了效用方法，采用能力方法来扩大了公共决策的信息基础，从而通过引入非效用信息来解决阿罗不可能定理引发的集体决策困境。批判性地使用更丰富的效用信息和实质性地使用关于事态的非效用信息，使得能力方法构成了一个混合信息的框架。所以，CA 必然要反对福利经济学家是如何使用效用框架进行经验分析的——经济学家在理论中使用效用作为关键变量，但在实际应用中将其转换为收入。CA 认为，对于比较个人福利，每个人在收入约束下成功获取的商品不能提供足够的信息，即功利主义方法是无效的。替代性地，必须考虑个人如何能够按照自己的方式将商品功能化。

3. 能力方法与帕累托自由不可能定理

能力方法的工作是要超越狭隘的效用信息，在福利经济学中引入更为丰富的非效用信息。之所以阿玛蒂亚·森如此重视福利判断和公共决策中的信息基础问题,除了阿罗不可能定理中的信息限制的刺激外,也与森自己发现的"帕累托自由不可能定理"中所暴露的信息问题有关。

帕累托自由的不可能性基于3个条件:无限制域、弱帕累托原则和最小自由(Minimal Librtty)条件。阿玛蒂亚·森的贡献在于证明了基于这3个条件,功利主义的帕累托原则和非功利主义的自由条件存在冲突(Sen, 1970)。阿玛蒂亚·森设计了卫道士和登徒子读《查泰莱夫人的情人》的例子说明了其中的悖论。

假定有两个读者甲(卫道士)和乙(登徒子),甲和乙是否读小说《查泰莱夫人的情人》可以有3种状态组合。

状态X:甲读而乙不读;状态Y:乙读而甲不读;状态Z:两个人都不读。

甲是一名卫道士:他希望最好谁也不读这本带有色情意味的书;但如果一定要有人读时,他宁愿自己读而乙不读,因为他坚信自己有足够的意志力以批判的眼光来读这本书;他最不能容忍的是只有乙读,他认为乙肯定会受书中内容的精神污染。因此,甲对这3种状态的偏好序是 Z > X > Y。

乙则是个登徒子:他希望像甲这样的卫道士读它,以便改造他的腐朽思想;要是实在无法让甲读,他其次会选择自己读;他最不愿意的是所有人都不被允许阅读该书。因此,乙的偏好顺序为 X > Y > Z。

先按照最小自由条件,对这3种状态进行比较。比较X和Z时,应该认为Z要优于X。状态X是想读的人读不成,不想读的人却偏要读,状态Z是两人都不读,根据自由原则,甲不喜欢读这本书的意愿属于被尊重的最小自由,他不应该被强迫阅读这本书,因此,社会评价应该认为状态Z要优于状态X。同时,可对状态Y和Z进行比较。状态Y是思想开放的乙先生读这本书,按照自由原则,乙先生读这本书是他的最小自由,既然他愿意读,别人就不该干涉。因此,社会评价是认为状态Y优于状态Z。所以,按照最小自由条件,社会对3种状态的评价可表达为 Y > Z > X,去掉中间状态Z,则 Y > X 也成立,其含义是把书交给乙。

但是如果遵循帕累托最优原则,结果恰恰相反。因为根据两个人对3种状态的偏好排序是,甲的偏好序是 Z > X > Y,乙的偏好序为 X > Y > Z,观察这两组个人偏好的顺序,可以看出,两个人都同意状态X优于状态Y。根据帕累托原则,社会的选择是 X > Y,其含义是把书交给甲。然而,这却与

第四章 基于能力方法的福利经济学的理论框架

根据最小自由条件得到的结论恰好相反。

与在阿罗不可能定理中不同，帕累托自由不可能定理的出现并不是源于信息的非充分性，而是因为信息使用中的前后非一致性。基于功利主义的帕累托原则坚持在社会决策的某一层面上排除非效用信息，而通过定义受保护的范围，基于非功利主义的最小自由原则坚持在社会决策的另一个层面上赋予非效用信息以关键角色。帕累托自由不可能定理说明，当关于事态的非效用信息被用于从事社会判断和选择时，可能引发理论的内在紧张。非效用信息对于自由条件来说扮演了一个重要的角色，帕累托自由不可能定理实质上是在不同原则上使用的信息类型的不一致导致了悖论。

从信息基础的角度来看，帕累托最优不可能定理给予能力方法的启示是，在对于公共决策的福利判断和集体选择中，单纯地放宽效用信息的使用限制（从序数人际不可比到基数人际可比）是不够的，甚至是不适用的，福利经济学的新研究纲领必须引入甚至是依赖非效用信息。

二、能力方法的基本框架

1. 能力方法的基本概念

Clark（2006）按照森的语言区分了 CA 的 4 个重要概念。

（1）功能：一项功能反映了个人的一项成就，个人设法去做到或成为什么。它反映了个人状态的一部分，即反映了一个人能用他/她所掌握的商品做成什么。

（2）能力：一个单数的能力反映了个人对于一项功能的可得性。单数的能力与功能的区别在于能力包括了实现功能的过程，即可选择性。例如，一个节食的富人，就摄取的食物或营养量而言，其实现的功能也许与一个因赤贫而不得不挨饿的人相等，但前者与后者具有不同的"能力"（前者可以选择吃得好并得到充足的营养，而后者无法做到）。

（3）功能的 n 元组合（Functioning n-Tuple）：一个功能的 n 元组合（或 n 元向量）描述了构成个人生活状态的功能的联合体。功能 n 元组源于对可得商品束的利用。每个功能 n 元组反映了一种可能的生活方式（Life-Style）。复数功能在森的语境下很多时候等价于功能的 n 元组合。

（4）能力集（Capability Set）：能力集反映了一个人能够实现的功能的 n 元组合或向量的集合。能力集通过对全部可得商品束的全部可行利用实现，它反映了个人的真实机会或者在可能的生活方式间进行选择的"自由"——可供这个人选择的各种相互替代的功能组合。复数能力（Capabilities）在森的语境下等价于能力集。单数的能力与能力集的差别在于，前者的选择限于是否要实现某项具体功能，而后者则是在由各个替代性的"功能的n元组合"所代表的不同生活方式之间进行选择。

在CA框架内，"能力"和"功能"，以及由二者衍生出的"能力集"和"功能的n元组合"是最核心的概念。森在1988的一次演讲中对这几个概念间的关系所做的澄清，在笔者看来最为清晰。"一个人所实现的生活可以看做一些'功能'或'所作所为'（Doings和Beings）的组合。给定n种不同类型的功能，功能的'n元组合'表示一个人在生活中所关注的各种属性，其中的n个成分中的每一个反映一种特殊功能得到实现的程度。一个人的'能力'可以用功能n元组合所组成的集合来表示，这个人可以从中选择任何一个n元组合；于是'能力集'就表示一个人实际上所享有的在他或她可能经历的各种生活之间进行选择的自由。"

可以以一种注意"反事实的"机会的"精练的"方式来描述功能，这样仍然可以保留福利成就与功能的n元组合相关联的特征，且不必丧失福利成就与那个人享有的选择自由之间的实质性联系。相应于功能x，一种"精炼的"功能（x/S）采取"通过从S集中选择它而具有功能x"的形式。这个观点与消费者理论中的一个典型的假定相反，"在消费者理论中，可得到的选择集合的贡献唯有依据其中可得到的最佳元素的值来判断。甚至排除一种可能有的集合（例如预算集）中的所有其他元素，只要被选择的最佳元素不被排除，根据这种理论，我们也并不认为有任何真正的损失，因为根据这种观点，选择自由并不重要"。

一个人所享有的每一功能的数量或水平可以由一个实数来表示，完成了这一步骤，一个人的实际成就可以由一个功能向量来表示。一个人的"能力集"是这个人可以选择的那些可相互替代的功能n维向量/n元组合的集合。因此，一个人的功能n元组合反映了此人实际达到的成就，而能力则反映此人有自由实现的自由——可供这个人选择的各种相互替代的功能组合。单数的功能、功能的n元组合和能力集之间最简单的集合关系如图4-1所示。

每种生活方式可以表示为一个"功能的n元组合"，每个功能的n元组合由n个"单项功能"组成，有价值的功能的种类很多，从很初级的要求，

第四章 基于能力方法的福利经济学的理论框架

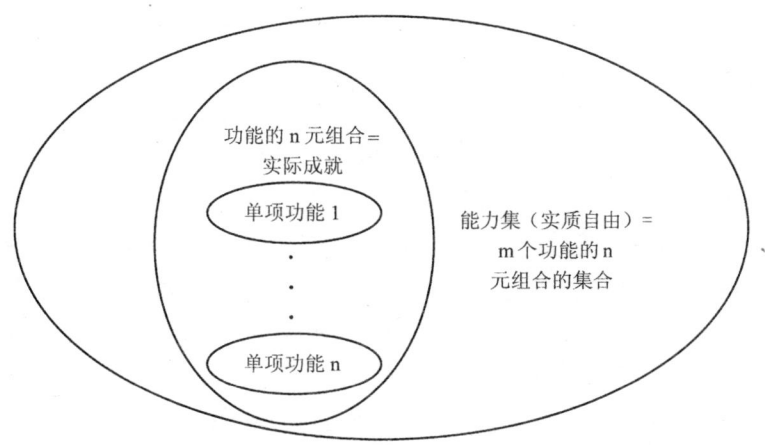

图4-1 能力集、功能的 n 元组合和单项功能之间的关系

如有足够的营养和不受可以避免的疾病之害，到非常复杂的活动或者个人的状态，如参入社区活动和拥有自尊。"能力"或者说按照能力定义的实质自由是全部 m 个功能的 n 元组合的集合。自由的多少取决于 m 个功能的 n 元组合的数量和质量。m 的个数越多，意味着可选择的机会越多，人的自由就越大；同时，自由也受功能的 n 元组合的质量的影响，如果仅有"坏的"生活水准和"更坏的"生活水准作为备选方案，那么可选生活方式的数量再多也是没有意义的。

2. 能力方法的完整框架

实际上，完整的 CA 框架远不止图 4-1 表示的那样简单，甚至这是一个有些不恰当的表示。一个完整的森的"能力—功能"框架可以用图 4-2 来表示。图 4-2 是 Robeyns（2005）的一个略加改动和拓展的版本。虚框内表示的是外在影响参数，实框表示的是内在参数或内部过程。

对于森来说，物品和服务并不必须被当做可交易的收入或货币，因为这会限制能力方法仅能去分析和测量市场基础上的经济，这不是森的本义。一件物品有利于个人的某种特性，这些特性形成了一项功能，如自行车可以使人移动得比步行更自由、更快捷，自行车的这项特性可以视为一项功能。进一步地，物品和服务并不是左右个人能力的唯一方式，如广义的社会情境（Context）。物质和非物质的条件都应该在能力评价中处于中心位置，它们塑造个人的机会集合，并且影响从能力集中做出的选择。因此，知道个人可拥有和使用什么对于了解他的实际选择的生活并不充分，还需要知道更多关于个人特征和生活环境的信息。并且，由于兼顾机会和过程，森的自由包括能力集和选择过程两部分。

一项物品和实现某种功能之间的关系受到3组转换因素（Conversion Factors）的影响。

第一，个人转换因素（如新陈代谢、身体状况、性别、阅读能力和智力）影响一个人怎样能够将商品的特性转换为一项功能。如果一个人有残疾，或者身体状况不佳，再或者没有学过如何骑车，他/她的移动的功能就会受到限制。

第二，社会转换因素（如公共政策，社会规范、歧视性行动、性别角色、社会阶级和权力关系）。

第三，环境转换因素（如气候、地理位置等）在从物品特性转换为个人功能的过程中产生影响。如果没有铺平的道路，或者一个政府或主导的社会习俗颁布一项社会或者法律的规范——妇女不得骑车，除非得到家庭中男性成员的同意，那么实现快速、自由移动的功能将变得更困难，甚至不可能。

因此，知道个人可拥有和使用什么对于了解他/她可实现的功能并不充分，还需要知道更多关于个人特征和他/她生活的环境的信息。"过不同生活的自由反映在个人的能力集合中。个人的能力依赖于各种因素，包括个人性特征和社会安排。"

图4-2对Robeyns（2005）的一个最重要的补充是强调了"未被选中的其余m-1项功能的n元组合"与"被选中的1项功能的n元组合"的集合构成了个人的能力集。这一拓展强调了CA框架内选择本身的价值，而传统的功利主义福利经济学忽略了这一点。

对于选择的价值，或者说备选方案的重要性，森（1999）表达得很清楚。

"既然一个能力集的价值并非一定要由最优的或实际采用的选择来反映，能力集所反映的自由也可以按其他方式来使用。可以这样认为，拥有那些并没有被选中的机会是重要的。如果使结果得以产生的过程自身具有意义，自然就会得出这样的结论。确实，'做选择'自身可以看做是一种可贵的功能，而且，可以合理地把在别无选择的情况下拥有X，与在还有很多其他可选事物的情况下拥有X区别开来。"比如，"节食与被迫挨饿不是一

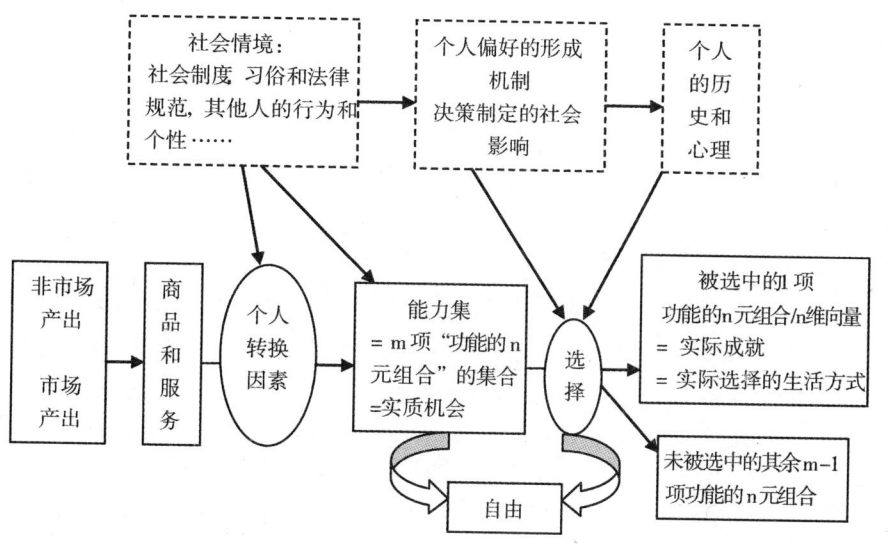

图 4-2 一个完整的森的"能力—功能"框架

回事。拥有'吃'这一选择使得节食成为节食，即在可以选择吃的情况下选择不吃"。兼顾结果和过程体现了森的能力框架和新古典经济学的功利主义最优化框架的不同（前者强调结果和过程要一并纳入评价体系）。

总之，CA 并不仅仅关注对于能力集的评估，而且坚持认为需要审查经济生产和社会联系发生的情景，以及个人选择机会集合的条件是否合法和正义。总之，福利的所有手段，例如商品可获得性、社会制度等是重要的，但是 CA 强调它们不是福利的最终目的。

3. 能力方法的形式化表述

Sen（1985）使用了商品可以转换为其特质的设定。如果 c 是将商品向量转换为特征向量的函数，个人 i 所消费的特征向量可以被表示为 $c(x_i)$。接下来，令 f_i 是个人 i 的私人利用率（Utilization）函数，其可以将特征转换为功能。假定在这一过程中 c 对于个人来说是外生的，那么实际上就可以将 f_i 视为一个函数，其可以直接将商品向量转换为功能。在阿玛蒂亚·森的模型中，f_i 部分地涉及个人 i 的选择问题。个人从可行的利用率函数的集合 F_i 中选择一个。

给定个人对于利用率函数（$f_i \in F_i$）的选择，功能是一个可以告诉人们个人 i 已经实现或成为了什么的函数，可以将其表示为

$$b_i = f_i [c(x_i)] \quad (4-1)$$

向量 b_i 代表一个人已经努力去实现了的状态,通过利用他拥有的商品从 f_i 中选择一个利用率函数。

接下来,定理 $P_i(x_i)$ 作为个人 i 的可行的功能向量的集合,可以表示为

$$P_i(x_i) = [b_i | b_i = f_i(c(x_i)), \text{ for some } f_i \in F_i] \quad (4-2)$$

假设个人 i 可以使用商品向量集合 X_i 的任何部分,那么 X_i 就是他的权利(Entitlements)。在能力方法的框架中,功能与商品(Commodities)有重大区分,功能居于效用之上,功能可以使一个人达到某一效用水平。

现在,可以定义一个人的有效自由,即用能力定义的自由。在能力方法中,一个人已达到的功能对于决定个人的整体生活质量(Quality of Life)或者福利可能是不充分的。还需要知道个人的"能力",即个人有可能达到的多种功能。给定个人对于商品的掌控和将商品特征转换为功能的个人可能,可得一个代表个人 i 的能力的集合,表示为

$$Q_i = [b_i | b_i = f_i(c(x_i)), \text{ for some } f_i \in F_i, \text{ and some } x_i \in X_i] \quad (4-3)$$

以上总结的是阿玛蒂亚·森自己的形式化方法,从商品经由功能,达到能力(Basu、Kaushik 和 Luis F. López - Calva, 2011)。可见,阿玛蒂亚·森所给出的只是一个初步的概念性的数学描述。这种简单的处理是阿玛蒂亚·森的有意为之。因为从能力方法的概念间的关系中就可以发现,整个能力方法的含义是具有灵活性和多元化特征的,而过度地追求数学上的精确性可能会牺牲在哲学上的丰富性。如果因此失去对于现实的敏感性而变成了"黑板经济学",那么显然就与阿玛蒂亚·森的学术宗旨和思考基点背道而驰了。

4. 阿玛蒂亚·森与纳斯鲍姆的能力方法的差异

纳斯鲍姆(Martha Nussbaum)是阿玛蒂亚·森之外最重要的 CA 研究者,证实她将能力方法的思想渊源追溯到了亚里士多德的时代。纳斯鲍姆版本的 CA 在很多方面不同于阿玛蒂亚·森的框架,最重要的差异是努力发展了一个确定性的"中心人类能力"(Central Human Capabilities)清单。如果要在实践中超越功利主义,既保持关注视角的多元性,判断信息的丰富性(单维度和局限于效用信息是功利标准在公共政策领域被指责最多之处),又不会因为标准模糊被指责,CA 就必须有一个具体的清单才能转化为可操作的指标。为了解决这一问题,Nussbaum(2000)把 CA 的基本原则

具体化为10项能力。她的观点是，真实机会基于个人和社会的环境。CA与将发展单纯地视为GDP增长、将贫困单纯地视为收入被剥夺的通常观点形成了对比。

Nussbaum（2000）坚持主张10项应该被任何民主国家所支持能力，它们分别如下：

（1）生命。能够活到人类正常寿命的终了，不会早夭，或人的寿命因糟糕的生活环境而大幅度下降。

（2）身体健康。身体健康状况良好，包括生殖健康；获得充足的营养；享有充分的庇护。

（3）身体需求的完满（Integrity）。能够在不同地区间自由迁移；免于暴力袭击，包括性侵犯和家庭暴力；有机会获得性满足，且在生育方面有选择权。

（4）心智、想象和思维。能够使用心智去想象、思维和推理，并且在做这些事情时是以作为"真正的人"的方式，这种方式通过教育（包括但并不仅限于识字、数学和科学训练）来传播和培养。在个人自己的选择、宗教、文学和音乐等经历和生产工作中能够使用想象和思维。在政治和艺术的演讲中有使用心智进行展示，和宗教活动的自由。能够有喜悦的经验和杜绝无益处的痛苦。

（5）情感（支持这种能力意味着支持人类交往的形式对他们/她们的发展至关重要）。能够依恋自我之外的事物和人；爱那些爱和关心我们的人，为他们/她们的离去而悲伤；一般而言，能够去爱，去经历悲伤，能够感激和合理地愤怒；不会因恐惧和焦虑而产生毁灭性的情绪发展。

（6）实践理性（这种能力的形成需要保护信仰和宗教仪式的自由）。能形成关于什么是善的概念，并且行使对于个体生活计划的批判性反馈。

（7）社会交往。

1）能够和他人一起生活，认可和关心他人，参与各种形式的社会合作；能够设想其他人的状况（保护这种能力意味着保护能构建和滋养那种能力的制度）。

2）拥有自尊和不受羞辱的社会基础；能够被作为与他人平等的有尊严的人类对待。这要求以人种、性别、性倾向、种族划分、种姓制度、宗教、国籍出身和物种方面的无歧视为基础。

（8）与其他物种和谐共处。能够共同生活和关心动物、植物和自然界。

（9）娱乐。能够欢笑、游戏并享受消遣活动。

（10）控制个人环境。

1）政治的。能够有效地参与控制个人生产的政治选择；有政治参与权，保护自由演讲和集会。

2）物质的。能够掌控财产（包括土地和动产），在与其他人同样公平的基础上拥有产权；在与其他人同样公平的基础上寻求被雇用；有免于无理搜查和查封的自由。在工作中，能够像人一样工作，运用实践理性，且参与有意义的关系——与其他/她工人彼此认可。

作为一个女性经济学家，Nussbaum（2000）特别表达了对繁衍行为、性别平等、家庭关系、心理健康，甚至爱护动植物等主题的关心，这些可能是男性学者们不容易考虑到的。

可以解释一下纳斯鲍姆建立能力清单（List）的动机和局限。在相似的情况下有一个能力清单以备选择，可以帮助个人辨明自己的能力集，且提醒可能已经被他们忽略的或不敢奢望的重要能力。但是，存在一个危险，那些来自一个特殊的种族、性别、家庭或政党的经济精英们会选择符合它们观点的能力，可能因此牺牲掉少数人的声音。换句话说，提出这样一个清单，应该尊重什么样的标准是一个很大的疑问。Nussbaum（2000）认为清单的基础在于跨文化伦理研究，一直强调她的清单囊括的是具有非常高的普遍性的能力，它应该也可以被当地居民进一步的特殊化，但是评论者却大都认为她的能力清单反映的是北美中产阶级的价值观。

相反，Sen（2004）越来越多地强调民主的建构性角色，以及公共参与和讨论的重要性。"如果在考察有关变量后，不同的人们会自动就如何将各种各样的状态排序完全达成一致，那当然会是一件很好的事情，但以自由看待发展的观点不需要这种一致性。事实上，对这些问题的争论（它们会导致重要的政治辩论），可以是作为发展的一个特征的民主参与过程的一部分。"这种开放式的观点显示了布坎南的公共选择理论对于阿玛蒂亚·森的影响，即布坎南批评阿罗的社会选择理论曲解或者说忽略了民主的政治过程的真正含义和价值——交易和对话。对于阿玛蒂亚·森，能力的选择是民主程序的任务。我们不能给出一个能力的最终清单，因为这些清单因不同目的而被使用，且每个目的可能需要自己的清单。但是，在阿玛蒂亚·森的框架内，公共理性和民众的程序是如何运转的并不是很清楚，并且也不清楚如何确定保证民主的结果能体现公平的最低条件。

第四章 基于能力方法的福利经济学的理论框架

因此,不同于纳斯鲍姆的 CA 的规定性和明确性,阿玛蒂亚·森的 CA 的主要特点是灵活性和内在的多元主义。

第一,阿玛蒂亚·森没有描述一个固定和明确的能力清单,而是认为能力的选择和权重依赖于个人的价值判断。

第二,阿玛蒂亚·森指明 CA 能够被运用于很多领域去评价个人情况。能力的焦点能够灵活地扩展。

当然,虽然在能量清单的问题上迥然而异,阿玛蒂亚·森和纳斯鲍姆的 CA 仍然有很多共通的特征,如扩大了评价的信息基础;重新聚焦于将人视为目的;认识到人的异质性和差异性;关注性别、种族、阶级、种姓和年龄等组间不平等;强调个人的能动性和参与;了解不同的个人、文化和社会可能有不同的价值观和期望。

本书的研究对象主要是阿玛蒂亚·森的 CA 框架,但在部分章节也会涉及纳斯鲍姆版本的 CA 内容。

三、布坎南对阿罗的批评和对阿玛蒂亚·森的影响

能力方法的直接缘起是对于阿罗不可能定理所引起的福利经济学的困境的反思,而 1986 年诺贝尔经济学奖获得者布坎南则提供了阿玛蒂亚·森一个思考公共决策问题的不同视角。在能力方法出现以前,布坎南的公共选择理论是对于阿罗不可能定理最主要的批评,并且提供了一个在公共决策领域对于社会选择理论的全面的替代方案。

1. 布坎南对于阿罗不可能定理的批评

虽然阿罗在 2007 年的一次访谈中仍自豪地说,就其本身的主张而言,阿罗不可能定理的理论从未被推翻过(霍恩,2012)。但是,布坎南在不可能定理刚刚诞生的 20 世纪 50 年代初期就做出了根本性的批评,并且今天仍然认为社会福利函数的概念没有任何意义。同样是在 2007 年的一次访谈中,布坎南指出:阿罗持有这样的观念,要是人们能够编制一个社会分类或福利函数该多好。实际上,事情完全搞反了。阿罗的理想是一种人们不想要的偏好结构。人们需要避免被统治,所以实际上想要的是一种循环(霍恩,2012)。

布坎南解释说,仅当循环事实上确实发生时,多数原则才可能是一个可行的政治控制和知识创造工具:它旨在确保竞争性方案可先被实验性和

基于能力方法的福利经济学

暂时性地采用，并且在一个成分不断变化的多数群体批准的基础上，被新的妥协性的方案所取代。这便是福利经济学和社会福利函数的民主选择过程，不论结果为何。由于布坎南把公共决策的理论置于一个动态的背景中，所以基于循环能够阻止对少数人"一贯"的剥削，并允许社会学习，民主投票程序是有价值的。因此，静态的社会集合体的偏好是否逻辑一致实际上并不重要。

与阿罗不同，在思想渊源上，布坎南更多的是走哈耶克的路子，谈论在政治领域要阻止对少数人的剥削，同时关心知识的生产。阿罗似乎关注的是如何加总个人偏好，布坎南的问题是关于社会各个成员在集体行动中能够形成、修正和表达各自什么样的偏好。布坎南认为，不存在所谓的可被独立定义的社会效用函数——按照类似个人效用函数的形式来定义的。社会福利函数实质上是（基于个人偏好的）个人效用函数的最优化微分方法在社会领域的应用。

布坎南的公共选择理论没有像阿罗的社会选择理论那样选择分析公共决策的结果，而是致力于讨论公共决策的程序和使用的规则。但是，这就存在一个问题——在关注结果的同时，规则也是结果，这是一个无限的回归。布坎南承认其中存在的困难："你根本跳不出去。你可以在一组既有的规则或制度内谈论政策。你可以假定这些规则和制度是'相对绝对的绝对之物'（Relatively Absolute Absolutes）——这在某种程度上是遁词——然后，在已知某些效率规范或价值标准的情况下，你就能够在比较各种政策观点时，说这个强于那个。当你转移到规则层面时，你就能够分析不同的规则组，设法判断有不同的规则组产生的有关结果组。最后，你还能转移到约翰·罗尔斯的层面，以便就产生规则的各种原则做出规范性的决定。就我这方面来说，我愿意——在这里与罗尔斯区别开来——在程序上打住，而他甚至想要明确界定依据程序所产生的东西。"

布坎南对于自身理论的深层哲学根据的这段自白起码提及了以下两个重要的问题：

第一，为了在现实生活中实现类似"无知之幕"设置下的中立性，要求有这样的人，他能够超越其直接私利，以自明的、文明的方式行事。所以，关于规则的理论是价值先行的，而作为根本判据的价值又是具有历史性的，因此必然体现了文化的本土相对性。这可能是为什么布坎南认为自己的理论只适用于美国的背景。

第四章 基于能力方法的福利经济学的理论框架

第二,作为长期的朋友和学术交流对象,布坎南的契约宪政理论和罗尔斯的契约正义理论是非常相似的。罗尔斯的"无知之幕"被布坎南和塔洛克(2000)称为"不确定性之幕"(The Veil of Uncertainty),其起作用靠的是减缓可辨识的立宪利益之间的冲突。但是,罗尔斯的幕布似乎设计得太"厚"了,布坎南倾向于使用更"薄"的幕布,以便在立宪阶段按照一致同意准则,这产生的不是具体的正义原则,而是可在后立宪阶段应用的规则。

2. 布坎南对于阿玛蒂亚·森的影响

阿罗所开创的社会选择理论和布坎南所奠基的公共选择理论的区别在于:

第一,社会选择理论并没有把政治化为复杂的交易,在其模型构建中,纳入新古典经济学的传统,即在政治领域也必然存在独特和可观察的最优化结果。这种建模理论直接来源于正统经济学的配置模式,社会福利最大化只不过是把标准的效率微积分扩展到整个经济而已。

第二,重要的区别是方法论上的国家有机主义和个人主义。前者把国家看做一个有机实体,该实体导致社会福利函数的确立,这一函数代表的是一国之中不同个人的总体愿望。后者把国家看做公民集体行为的总和,国家没有不同于个别成员目的的目的。对个人主义者来说,除非国家领导人感到他们代表的是公民的利益(在这种情况下,它变成一种专制政体),否则这种集体行为就不可能有社会福利函数。因此,"阿罗不可能定理"是布坎南本来要渴望达成的一种结果——个人意愿的不可能加总反而反映了自由社会的本质和优势。

从这两方面的区别来看,虽然阿罗和布坎南所关注都是公共决策和其背后的福利经济学含义,但是二者在理论诉求和问题意识上的差别可谓泾渭分明。

阿玛蒂亚·森的基于能力的福利经济学反映了对于阿罗和布坎南两种相反思路的整合。在阿玛蒂亚·森看来,公共选择理论正确地强调了公共讨论(民主的重要组成部分)在偏好形成上的作用。布坎南的民主本质的观点在这里与阿罗的处理方式存在重大差别,阿罗采取了保守而节制的做法,将个人价值观视为数据(Data),并且不会为决策过程本身的性质所影响;布坎南则采取更具包容性的立场,将"民主"定义为"通过讨论来治理"(Government by Discussion)。然而,公共选择理论坚持个人总是作为一

· 105 ·

基于能力方法的福利经济学

个经济人行事,而使自己过于狭隘。这种顽固的限制大大误解了社会关怀和价值观的本质。在这方面,社会选择理论相对更加宽容,阿罗允许社会价值对人们的选择的影响,按照这种观念,在面对公共事务时,个人偏好(Individual Preferences)反映了一般的"价值观"(Values),而在面对个人事务时反映的则是"趣味"(Taste)。

在公共决策的研究领域,布坎南的一个重大理论创新就是强调了"通过讨论来治理",这赋予了关于公共决策的经济研究一种动态演化的特征。按照阿罗的路径,对话可能会被视为一种促使偏好收敛的手段,因为如果投票者们的偏好趋于一致(至少保证单峰性),投票循环就不会出现。然而,按照布坎南的观点,对话不一定要使得偏好收敛,偏好的多样性体现了自由的本质,因而本身就是目的。

在2009年的新书《正义的观念》中,阿玛蒂亚·森认为多元的不同价值观的并存是必然的和合理的。并且,阿玛蒂亚·森以社会选择理论为分析工具,处理(基于排序的共享性和内在逻辑一致性而形成的)多元价值观的"交集"(Intersection),认为这已经足以完成在公共决策领域对于明显的非正义的审查。阿玛蒂亚·森晚年的这一理论发展,说明他的学术思想在起点处从阿罗的一端出发,而在接近终点处却越来越靠向布坎南的一端。

总之,基于对布坎南的公共选择理论的批判性继承和发展,阿玛蒂亚·森认为,公共决策的基础是政治自由。这就是说,每一社会成员必须拥有自由来表达自己的价值偏好,一个社会要通过公开讨论和公众参与,包括民主选举来形成被采纳的社会价值和公共决策。公共决策是一个过程,社会成员可以在此过程中学习,从而理解、体认与自己不同的价值观念,强调自己对某些要素所附的权重,乃至有可能改变自己的价值观念。社会价值标准在此过程中形成、改变、发展和提升。

当然,阿玛蒂亚·森对于布坎南的公共选择理论并不是没有提出合理的批评。在1995年美国经济协会的主席演讲中,阿玛蒂亚·森指出,"布坎南对社会偏好的质疑(以及当成排序来做出或解释社会选择)在社会决策机制问题上极其恰当,但在社会福利判断[①]上相对不那么确当"。[②] 这样看

[①] 布坎南和其领导的公共选择学派强调"正当的"制度,而不是"美好的"结果。森认为这样会忽视了结果对于(机会)自由的意义。
[②] [印] 阿玛蒂亚·森:《理性与自由》,李风华译,中国人民大学出版社2006年版,第263页。

第四章 基于能力方法的福利经济学的理论框架

的话,虽然社会选择理论试图构建可实践的社会福利函数的方法导致不可能定理,"但这一结论绝不可视为否定性判断,因为它直接提出了这一问题,即如何克服这些困难。在社会福利判断上,扩展这一问题的方法自然就是扩展其信息基础"。① 于是,按照"可行能力"定义的"自由"就代替了主流经济学中的主观效用标准成为了阿玛蒂亚·森所采用的衡量福利的尺度。

第二节 作为自由的发展

在英文中,自由对应两个不同的单词,Freedom 和 Liberty,它们被视为可以互相置换的术语。在日常英语表述中,自由通常意味着无强制和无阻碍。自由的概念播种于古希腊时代——梭伦改革通过分权达到了反对政治骚乱的效果,在经历了伯里克利时代之后,"每个人都有权利和手段保护自己的利益,这个原则为雅典宪法所用,这是民族进步的重要一步"。② 发展至今,"自由"已经成为政治哲学领域,乃至整个社会科学领域最复杂和多样化的概念之一。据统计,"自由"的含义有 200 多种(Craig, 2005),完全区分如此多的具体含义显然对经济学研究来说事倍功半,笔者的学力对此等重任也力有不逮。所以,本身将只在能力方法的框架下讨论与"作为自由的发展"联系最紧密的自由概念,这使得本论文所要讨论的自由概念实际上主要是一个福利经济学的概念。

一、自由的概念和其在经济学理论中的地位

在正式讨论能力方法对于自由的理解之前,需要梳理一下社会科学(尤其是经济学和政治学中自由的概念),明确自由概念在经济学理论中的地位,以便澄清按照能力定义的自由在人类智识史中的渊源和定位。对

---

① [印] 阿玛蒂亚·森:《理性与自由》,李风华译,中国人民大学出版社 2006 年版,第 263 页。
② [英] 约翰·阿克顿:《自由史论》,胡传胜、陈刚、李滨、胡发贵等译,译林出版社 2001 年版,第 11 页。

"自由"概念的讨论向来有3个层面的问题是最重要的。第一是分析自由本身,自由的概念和含义,乃至自由的种类,各种自由的地位和优先性;第二是自由的价值,即理解和证明自由对于人类社会的经济、政治和文化各领域的意义;第三是讨论捍卫自由的条件,自由的保障和实现,自由可能遭受的威胁。本节将从这3个层面讨论自由的概念和理论脉络问题,然后总结在经济学理论中自由概念所扮演的角色。

1. 自由的概念

当前所通常理解的自由,实际上是13世纪末文艺复兴和宗教改革之后出现的概念,这反映在贡斯当(Benjamin Constant, 1767 - 1830)对于现代自由与古典自由的区分上:"古代人的自由是在有共同祖国的公民中间分享政治权利:这就是他们所谓的自由。现代人的目标则是享受有保障的私人快乐,他们把对这些私人快乐的制度保障称为自由。"[①] 自由的古今之别正好体现了卢梭(Jean Jacques Rousseau, 1712 - 1778)的"无限自由——指向集体民主"与洛克(John Locke, 1632 - 1704)的"有限自由——强调个人权利"的区别,英国的启蒙思想家们的工作成为了现代自由理论的发展基础。

源自英伦传统的自由在 John Mill 的《论自由》(1859)一书中得到了总结:"唯一实称其名的自由,乃是按照我们自己的道路去追求我们自己的好处的自由,只要我们不试图剥夺他人的这种自由,不试图阻碍他们取得这种自由的努力。每个人是其自身健康的适当监护者,不论是身体的健康,或者是智力的健康,或者是精神的健康。人类若彼此容忍,各自按照自己所认为好的样子去生活,比强迫每人都照其余的人们所认为好的样子去生活,所获是较多的。"[②] 从 John Mill 对自由的定义可知,自由意味着个人可以选择自己的生活方式,同时获得更多的福利成就。

在第二次世界大战之后,几乎所有对自由相关主题的讨论都无法跳脱柏林(Isaiah Berlin, 1909 - 1997)对两种自由的划分。"消极(Negative)自由"回答:主体(一个人或人的群体)被允许或必须被允许不受别人干涉地做他有能力做的事、成为他愿意成为的人的那个领域是什么?哈耶克

---

① [法] 邦雅曼·贡斯当:《古代人的自由与现代人的自由》,阎克文、刘满贵译,商务印书馆1999年版,第33页。
② [英] 约翰·穆勒:《论自由》,许宝骙译,商务印书馆1959年版,第14页。

（Friedrich Hayek，1899 – 1992）对于"自由（Liberty or Freedom）的状态"定义——"一些人对另一些人所施加的强制（Coercion），在社会中被减至最小可能之限度"①——就属于消极自由之列。

"积极（Positive）自由"回答：什么东西或什么人，是决定某人做这个、成为这样而不是做那个、成为那样的那种控制或干涉的根源？"具体地说，消极自由包括在私域中的选择自由和个人隐私等；而积极自由代表了在不受限制的情况下个人能够实现其意志的能力，通常表述为个人发展或实现。"②

在英文中，消极自由和积极自由的划分通常被表述为"being free from something"和"being free to do something"的区分。实际上，在很多情况下，这种区分只是反映了一个问题的两个方面。要想自由地做出合理的选择，那么，第一，必须没有人限制你做出选择（这是消极自由所关心的）；第二，必须有能力做出选择（避免不知道如何选择和别无选择的情况，这是积极自由所关心的）。所以，自由的这两个方面的含义又被概括为一个简单的公式："X is free from Y to do or to be Z"（MacCallum，1991）。

"X is free from Y to do or to be Z"这个表述包含了对自由两个方面的理解：①当要做某件事情的时候，必须不受别人的强制或干涉；②当要做某件事情的时候，自己必须具备做这件事情的能力，否则就是没有意义的幻想。前者强调的是自由的条件，即"免予……"的自由；后者强调的是自由的能力，即"去做……"的自由。从前者的角度讲，我不自由，因为有人管制我；从后者的角度看，我不自由，因为虽然无人再管制我，但是我仍然无法实现自己的目标。

2. 自由的价值

自由的价值至少可以从两个方面来理解。

一是摆脱强制的方面，即 Berlin 所说的"自由的根本意义是摆脱枷锁、囚禁与他人奴役的自由。其余的意义都是这个意义的扩展或某种隐喻"。③ Hayek 认为"自由政策的使命必须是将强制或其恶果减少到最低限度，纵使不能将其完全消灭"。④ John Mill 也认为社会对个人的干涉应该受到自由原

---

① [英] 弗里德里希·冯·哈耶克：《自由秩序原理》，邓正来译，三联书店1997年版，第3页。
② 燕继荣：《政治学十五讲》，北京大学出版社2004年版，第77页。
③ [英] 以赛亚·柏林：《论自由》，胡传胜译，译林出版社2003年版，第54页。
④ [英] 弗里德里希·冯·哈耶克：《自由秩序原理》，邓正来译，三联书店1997年版，第4页。

则的限制,"任何人的行为,只有涉及他人的那部分才要对社会负责。在仅涉及本人的那部分,他的独立性在权利上则是绝对的。对于本人自己,对于他自己的身和心,个人乃是最高主权者"。① 阿玛蒂亚·森框架内的政治自由显然源于这一追求。

二是促进发展的自由。John Mill 认为,自由是人的发展和进步的基础。"进步的唯一可靠而永久的源泉还是自由,因为一有自由,有多少个人就可能有多少独立的进步中心。"② 自由和境地的多样化是人类发展的必要条件——"既然说当人类未臻完善时不同意见的存在是大有用处,同样在生活方面也可以说:生活应当有多种不同的试验;对于各式各样的性格只要对他人没有损害就应当给予自由发展的余地;不同生活方式的价值应当予以实践的证明,只要有人认为宜于一试。总之,在并非主要涉及他人的事情上,个性应当维持自己的权利,这是可取的。凡在不以本人自己的性格却以他人的传统或习俗为行为准则的地方,那里就缺少着人类幸福的主要因素之一,而所缺少的这个因素同时也是个人进步和社会进步中一个颇为主要的因素"。③

这种对自由和发展关系的认识与森的框架是不同的,John Mill 和大多数的古典自由研究中将自由视为促进个人个性和技能发展的手段,虽然这不同于功利主义者把物质财富的增加视为发展,但也不同于阿玛蒂亚·森把自由本身视为发展。Berlin 也指出应该防止一种混淆,将自由这个词所指范围扩展到包括一大堆其他可欲之物。通俗地说,从一般的古典自由概念看来,只有当你被人为地阻止达到某个目的的时候,才能说你缺乏自由。纯粹没有能力达到某个目的不能称为缺少自由。自由的人就是没带上镣铐、没被关进监狱、未像奴隶一样处于惩罚恐惧之中的人。不能像鹰那样飞翔、像鲸那样游泳并不是不自由。显然,阿玛蒂亚·森的基于能力的对自由的定义与自由的古典定义差异非常大。

3. 如何捍卫自由

在政府的触手可以深入到社会的每个角落的民族国家时代,自由如何

---

①[英] 弗里德里希·冯·哈耶克:《自由秩序原理》,邓正来译,三联书店 1997 年版,第 11 页。
②[英] 约翰·穆勒:《论自由》,许宝骙译,商务印书馆 1959 年版,第 83 页。
③同②,第 66 页。

第四章 基于能力方法的福利经济学的理论框架

捍卫的问题实际上就是如何处理个人自由与政府权力之间的关系。①

对于从政治经济学的视角看，为什么应该限制政府权力以维护自由，John Mill 做出了他那个时代最精密的总结。在笔者看来，这一总结的完善程度，即使是100年之后的 Milton Friedman 的工作也无法企及。

John Mill 认为反对政府干预的第一条主要理由是其对自由的限制。"使人不能做自己想做的事，或不能根据自己的意愿行事，不仅总是使人不痛快，而且还常常甚至会阻碍身心方面的某些感觉或行动机能的发展；如果个人的良心遭受法律的限制，不能自由发展，那它在或大或小的程度上就会陷入受奴役的状态。除非绝对必要，除非能被一般人所接受，除非一般人已经相信或能够使他们相信，所禁止的事情是他们应该痛恨的事情，否

---

① 行文至此，需要辨析一下在理解"自由"时可能混淆的几个意识形态概念。它们可能并不直接指涉作为自由的发展的理念，但也不是完全无关，尤其他们涉及对于政府作用的态度。对它们的介绍本书以产生的年代先后为序排列。

古典自由主义（Classical Liberalism）不同情国家，也不同情任何形式的政府干预。在它看来，最好的政府就是管制最少的政府。它认为，国家是一种"必要的恶"（Necessary Evil）。之所以说它是"必要的"，是因为它确保秩序和安全，保证协议能够执行。然而，它是一种"恶"，它使集体意志（Collective Will）凌驾于社会之上，限制了个人自由的发挥。因此，古典自由主义的理性在于建立一种最小的或所谓的"守夜人"（Nightwatchman）式的国家，其任务是保护公民不受他人侵犯。在经济领域，古典自由主义相信自由的市场机制，认为国家的最好状态就是政府不管的状态。因此，自由放任的资本主义被认为是保障繁荣、促进个人自由、保证社会正义的最好方式。古典自由主义者有洛克、斯密、贡斯当和阿克顿等。

现代自由主义（Morden Liberalism），有时也称为新自由主义（New Liberalism），以认同和支持国家干预为特点。它支持"大政府"（Big Government）模式。现代自由主义之所以出现这种观念上的变化，原因在于人们对工业资本主义产生了新的认识，认为它导致了不正义，并使大量的人口在反复无常的市场面前难以应对。所谓现代自由主义者，如格林（T. H. Green, 1836 - 1882）、霍布豪斯（L. T. Hobhouse, 1864 - 1929）和霍布森（J. A. Hobson, 1858 - 1940）拥护一种更加宽泛的积极自由观点。根据这种观点，自由并不意味着不干预，不干预的自由只能是带给人们饥饿的自由。自由意味着个人的自我实现，而要关心个人发展和个人繁荣，就不得不关心人们自我实现的能力。

新古典自由主义（Neoclassical Liberalism），有时也称为新保守主义（New Conservalism），产生于20世纪60年代之后，随着东欧的转型，成为了主流的意识形态。新古典自由主义是对古典自由主义的再发掘，也是对现代自由主义的反动，它的主要代表人物是弗里德曼、哈耶克、柏林和诺齐克等。新古典自由主义以"市场"和"个人主义"为核心支柱，目的是要击退对现代自由主义的依赖，特别是凯恩斯主义之后国家的进攻态势。它坚信不受干预的市场资本主义将带来效率、增长和普遍繁荣。国家和政府的干预将会窒息人的创造力，阻碍企业的发展。福利主义政策将造就一种依赖的文化。在具体政策方面，新古典自由主义反对福利国家，倡导私有化，主张解除经济管制和实行低税收政策。

则，不论能带来多大的好处，也没有理由颁布禁令。"①

"反对政府干预的第二条理由是，每增加一项政府职能，都会增加一部分政府的权力，无论是就政府的权威来说，还是就政府的影响来说，都是如此。""不必要地增加政府的权力，会有很大的祸患。在政府现有职能之外的每一增加，都足以更加扩大散布其对人们希望和恐惧心理的影响，都足以使得活跃而富有进取性的一部分公众越来越变成政府的依存者，或者变成旨在组成政府的某一党派的依存者。"②

"反对政府干预的第三条理由，依据的是分工原则。每增加一项政府职能，就会给已经责任过重的政府增加一项新的工作。其结果自然是，大多数事情都办得很糟；许多事情根本无人办，因为政府要办就得往后拖，而拖延也就等于不办，一些较为麻烦而不显眼的工作不是被拖延就是被忽略，而且总能为拖延找到理由，与此同时，行政领导的脑子里则一团糟地塞满了琐碎的小事，没有时间也没有精力来考虑国家的大事或考虑进行更大规模的社会改良。"③

第四条理由是，"个人要比政府更了解自己的事情和利益，并能更好地照顾自己的事情和利益"。④"尽管政府消息灵通，资金雄厚，能在市场上雇用到最有才干的人，但所有这些人却不足以抵消它的一个巨大弱点，即它不那么关心经营的结果。"⑤

第五条理由是，"反对扩大政府干预的一个最强有力的理由"。⑥"生活中的事物，乃是对人民进行实际教育的最主要的部分。"⑦"学校教育只是提高智力的必要手段之一，另一几乎同样必不可少的手段，就是积极运用自己的各种活动能力，如劳动能力、发明能力、判断能力和自制能力等，而对这些能力的自然刺激则是生活中的困难。"⑧ John Mill 的这些观点可以视为能力方法和以自由作为发展的概念的先声，"这些都不是自由问题，只是

---

① [英] 约翰·穆勒：《政治经济学原理——及其在社会哲学上的若干应用》（下卷），胡企林、朱泱译，商务印书馆1991年版，第532页。
② [英] 约翰·穆勒：《论自由》，许宝骙译，商务印书馆1959年版，第131页。
③④⑤ [英] 约翰·穆勒：《政治经济学原理——及其在社会哲学上的若干应用》（下卷），胡企林、朱泱译，商务印书馆1991年版，第536页。
⑥⑦同上书，第537页。
⑧ [英] 约翰·穆勒：《政治经济学原理——及其在社会哲学上的若干应用》（下卷），胡企林、朱泱译，商务印书馆1991年版，第539页。

第四章 基于能力方法的福利经济学的理论框架

在遥远的趋势上和自由问题有关,但它们乃是发展问题"。①

值得一提的是,作为也许是 19 世纪最著名的自由论题著作的作者,John Mill 并不反对政府适当地行使自己的职能,并认为政府的职能具有很广的范围,不胜枚举(其中重要的有制定竞争规则,提供纯公共物品,以及对教育进行补贴等)。但是,John Mill 坚决反对无限度地扩展政府的干预,认为其将给人类的自由、经济结果和能力发展带来威胁。"一般应实行自由放任原则,除非某种巨大利益要求违背这一原则,否则,违背这一原则必然会带来弊害。"② 约 100 年后,Milton Friedman 表达了非常类似的观点,"为了保护我们的自由,政府是必要的;通过政府这一工具我们可以行使我们的自由;然而,由于权力集中在当权者的手中,它也是自由的威胁。即使使用这权力的人们开始是出于良好的动机,即使他们没有被他们使用的权力所腐蚀,权力将吸引同时又形成不同的类型"。③

除了引用了许多新的经济学理论进展和更精确的经济学语言外,Milton Friedman 的工作在纯政治哲学层面也有其独特的重要性,即用更现代的视角更准确地总结了限制政府权力对自由的侵犯的原则。从政府的有利之处取得好处而同时又能回避对自由的威胁的方法在于美国宪法中体现的两大原则,"首先,政府的职责范围必须具有限度。其次,政府的权力必须分散"。④

在政府职责范围的限度上,Milton Friedman 和 John Mill 都更多地强调消极自由,而轻视和反对积极自由。"我们绝不可假定,由于对他人利益的伤害或者可能伤害这一点单独就能构成社会干涉的正当理由,所以没有什么时候不能把这种干涉解释成为正当。在许多事情中,个人在追求一个合法目标时,必不可免地因而也就合法地要引起他人的痛苦或损失,或者截去他人有理由希望得到的好处。"⑤ "社会对于那些失望的竞争者,并不承认他们在法律或道德方面享有免除这类痛苦的权利;社会也不感到有使命要予以干涉,只有在成功者使用了不能为普遍利益所容许的方法,如欺诈、背

---

① [英] 约翰·穆勒:《论自由》,许宝骙译,商务印书馆 1959 年版,第 130 页。
② [英] 约翰·穆勒:《政治经济学原理——及其在社会哲学上的若干应用》(下卷),胡企林、朱泱译,商务印书馆 1991 年版,第 537 页。
③④ [美] 米尔顿·弗里德曼:《资本主义与自由》,张瑞玉译,商务印书馆 2004 年版,第 5 页。
⑤ [英] 约翰·穆勒:《论自由》,许宝骙译,商务印书馆 1959 年版,第 112 页。

信和强力等方法的时候才是例外。"①

在政府分权方面,设定某些领域的个人否决权,避免多数人的暴政是 John Mill、Milton Friedman 和 James Buchanan 等自由主义者关注的焦点。因为"运用权力的'人民'与权力所施加的人民并不永远是同一的;而所说的'自治政府'亦非每人管治自己的政府,而是每人都被所有其余的人管治的政府。至于所谓人民意志,实际上只是最多的或者最活跃的一部分人民的意志,也即多数或者那些能使自己被承认为多数的人们的意志。于是结果是,人民会要压迫其自己数目中的一部分;而此种妄用权力之需加防止不亚于任何他种。在今天的政治思想中,一般已把'多数的暴虐'这一点列入社会所必须警防的诸种灾祸之内了"。②

对于阿玛蒂亚·森来说,自由被政治权力侵害或忽视也是必须被重视的问题,这在阿玛蒂亚·森研究贫困和饥荒问题时体现得尤其明显。权威主义统治者,他们自己是绝不会受到饥荒(或其他类的经济灾难)的影响的,通常缺少激励因素来采取及时的防范措施。与此相对照,民选政府需要赢得选举并面对公共批评,从而有强烈的激励因素来采取措施,防止饥荒或与他类似的灾难。

4. 经济学中的自由

从经济学的角度应该如何理解和总结自由概念呢?

经济学界研究中的自由概念很多时候源于所谓的"自由市场经济",1976 年诺贝尔经济学家得主弗里德曼(Milton Friedman,1912 – 2006)是按此方式理解自由的代表人物。Milton Friedman 在《资本主义与自由》一书中的主要论点为:"竞争的资本主义——通过在自由市场上发生作用的私有企业来执行我们的部分经济活动——是一个经济自由的制度,并且是政治自由的一个必要条件。"③ "经济安排在促进自由社会方面起着双重作用。首先,经济安排中的自由本身在广泛的意义上可以被理解为是自由的一个组成部分,所以经济自由本身是一个目的。其次,经济自由也是达成政治自由的一个必不可少的手段。"④ 在经济学中的这种处理相当于把自由市场经济当做资本主义和个人权利发展的必要条件和前提假设。从相似度上看,

---

① [英] 约翰·穆勒:《论自由》,许宝骙译,商务印书馆1959年版,第113页。
② 同①,第4页。
③ [美] 米尔顿·弗里德曼:《资本主义与自由》,张瑞玉译,商务印书馆2004年版,第7页。
④ 同③,第11页。

第四章 基于能力方法的福利经济学的理论框架

弗里德曼的理解类似于 Locke 和 Hayek 的古典自由传统（或者 Hayek 所说的老辉格党的传统）对自由的定义，以及 Berlin 的消极自由概念。不过，弗里德曼对自由的讨论一般是在经济层面上，这也是其作为经济学家的必然性，而 Locke、Hayek 和 Berlin 等人对自由的讨论则牵涉一切人类社会活动领域。

在经济学中理解自由的另一理论是将自由与发展相联系，阿玛蒂亚·森的基于能力的福利经济学框架就属于这一传统。阿玛蒂亚·森的自由概念不仅包括了"摆脱……的自由"，而且考虑到"做……的自由"，就是说，阿玛蒂亚·森的自由是 Berlin 的消极自由和积极自由的一种结合。同时，阿玛蒂亚·森的自由是在"实质的"（Substantive）意义上定义的，因此就不仅包括古典自由主义强调的程序和规则的自由，而且还兼容卡尔·马克思的面向结果和有物质保障的自由。需质疑的是，阿玛蒂亚·森把如此多的对自由几乎是针锋相对的理解放入同一个逻辑框架中，却几乎没有考虑过自由项之间的冲突问题，这可能会造成阿玛蒂亚·森的理论体系内部潜伏着某种紧张。

二、基于能力方法的福利经济学中的自由

1. 按照能力定义的自由

在基于能力的福利经济学框架中，依照能力定义的自由概念被当做（相对于功利主义的判据来说）更合理的判断人类发展和福利的根据。

阿玛蒂亚·森将自由概念和能力方法相联系的途径是用能力来定义自由的。阿玛蒂亚·森在《以自由看待发展》一书中明确地指出，作为其理论核心的"自由"概念是在"实质的"意义上定义的，即享受人们有理由珍视的那种生活的能力。"一个人的能力是指此人有可能实现的、各种可能的功能性活动组合。能力因此是一种自由，是实现各种可能的功能组合的实质自由。"[①] 更具体而言，自由不仅包括免受困苦这样的"基本能力"，还包括能够识字算数、享受政治参与等的自由。它是指人们在所处的社会条件下拥有多大的能力，去享受他们根据自身的理由而珍视的那种生活，包括人们免受与贫困相连的各种困苦（例如饥饿、营养不良、可避免的疾病

[①] [印] 阿玛蒂亚·森：《以自由看待发展》，任赜、于真译，中国人民大学出版社2002年版，第62页。

和过早的死亡等）的能力；同时也包括诸如有机会接受教育、发表言论、参与社会和政治活动等进一步的自由。阿玛蒂亚·森因此把它称为"实质自由"。自由是人们能够过自己愿意过的那种生活的（复数）"能力"。

或者换个角度说，"能力集"是享受不同的功能 n 元组合的自由。所以，可以把功能 n 元组合与机会自由相联系。正如一个富翁可以购买许多不同的商品组合一样，一个能力富裕的人可以在许多不同的功能 n 元组合间进行选择，并且追求可变的不同的生活路径。因此，能力集可以被想象为预算集。能力集被描述为向给定的人开放的真实和实际的可能的自由。

在总结既往的对于功利主义福利经济学的批判的基础上，对于为什么自由概念比功利主义的概念体系更为恰当和合理，阿玛蒂亚·森提炼的理由如下：

"第一，自由的机会与某个人的价值相关，而这可以包括个人的福利，但同时自由又不限于此。如果我们根据一个人所具有的获得它有理由重视的事物的机会来解释自由的机会方面，自由的概念就已实质性地超越了个人的福利。

第二，除了机会之外，过程对于自由来说也很重要，并且我们不能根据自由过程所提供的个人福利来判断自由的过程方面。当然，个人的福利也许——在不同的程度上——有赖于他对于过程是否公平的判断，但他对于过程的总结并不必局限于过程所影响的其个人利益或福利的范围。

第三，即使自由仅仅只是一个机会（而不是过程）的问题，并且机会也仅仅根据它对于个人利益的影响程度来判断（而不必涉及其他事物），自由这一概念仍然要超越于人民所取的福利水平之上。这是因为机会的估价不仅仅要考虑到一个人所取得的利益，还要考虑到可用的替代性选择。'福利自由'和'福利成就'之间的区别在道德和政治哲学中仍然相当重要。"①

2. 自由与发展

阿玛蒂亚·森在《以自由看待发展》一书中开宗明义地指出，"对发展的恰当定义，必须远远超越财富的积累和国民生产总值及其他与收入有关的变量的增长。这并非忽视经济增长的重要性，而是我们必须要超越它"。②

---

①［印］阿玛蒂亚·森：《理性与自由》，李风华译，中国人民大学出版社2006年版，第11页。
②同①，第10页。

第四章 基于能力方法的福利经济学的理论框架

阿玛蒂亚·森对发展的定义是,"发展可以看做是扩展人们享有的真实自由的一个过程"。① 阿玛蒂亚·森指出,"由于两个不同的原因,自由在发展过程中居于中心地位:①评价性原因:对进步的评判必须以人们拥有的自由是否得到增进为首要标准;②实效性原因:发展的实现全面地取决于人们的自由的主体地位"。② 也就是说,"自由不仅是发展的首要目的,也是发展的主要手段"。③

在《以自由看待发展》一书中,阿玛蒂亚·森则提出了这样一种思想,他认为发展究其本质是为了人,而人的本质在于自由,所以发展的最终目的在于拓展人的自由。建立在这种对人的全面的自由的关注的基础上,阿玛蒂亚·森否定了现代经济学狭隘的经济增长发展观,摒弃了单纯以效用、收入和财富为内容的片面自由,阐述了人的全面自由是发展的首要目的和重要手段的理论新框架——以自由作为发展。

阿玛蒂亚·森指出,"虽然丰裕和成就之间存在联系,这种联系也许是、也许并不是很强的,它也可能完全取决于其他条件"④。阿玛蒂亚·森认为物质财富的增加只具有手段和工具的价值,"国民生产总值或个人收入的增长,作为扩展社会成员所享有的自由的手段,可以是非常重要的。但是自由同时还依赖于其他决定因素,诸如社会的和经济的安排(例如教育和保健设施),以及政治的和公民的权利(例如参与医疗公共讨论和监督的自由)"。⑤

3. 自由的作用与分类

在阿玛蒂亚·森的理论框架里,"自由"在发展中首先具有建构性(Constitutive)作用:由于自由是以人的发展为代表的,因此自由是人们的价值标准与发展目标中自身固有的组成部分,它自身就是价值,因而不需要通过与别的有价值的事物的联系来表现其价值,也不需要通过对别的有价值事物起促进作用而显示其重要性。

同时,自由也发挥手段性作用。工具性自由可以归纳为5种值得特别强

---

① [印] 阿玛蒂亚·森:《理性与自由》,李风华译,中国人民大学出版社2006年版,第1页。
② 同①,第2页。
③ 同①,第7页。
④ 同①,第10页。
⑤ [印] 阿玛蒂亚·森:《以自由看待发展》,任赜、于真译,中国人民大学出版社2002年版,第1页。

调的不同类型的自由：①政治自由；②经济条件；③社会机会；④透明性保证；⑤防护性保障。

政治自由，广义而言（通常包括所称的公民权利），是指人们拥有的确定应该由什么人执政而且按什么原则来执政的机会，也包括监督并批评当局、拥有政治表达与出版言论不受审查的自由、能够选择不同政党的自由等的可能性。

经济条件是指个人分别享有的为了消费、生产和交换的目的而运用其经济资源的机会。

社会机会是指在社会教育、医疗保健及其他方面所实行的安排，它们影响个人赖以享受更好的生活的实质自由。

透明性保证所涉及的是满足人们对公开性的需求：在保证信息公开和明晰的条件下自由地进行交易。

防护性保障是指提供社会安全网，以防止受到影响的人遭受深重痛苦，甚至在某些情况下挨饿以致死亡。

在阿玛蒂亚·森所探讨的自由概念中，自由的主体在绝大多数情况下指的是个人自由，是某个具体人的自由。正如他所说："对发展的分析以个人的自由为基本要素。"① 但在具体使用自由概念时，也涉及了群体的范畴，比如"妇女的自由"或者"穷人的自由"等，这种情况下通常指被研究群体中个体自由的平均状况。在自由与发展相联系时，自由的主体则指全体人类。在明确自由主体的基础上，实质自由一方面由法律规定的各种自由权利来保证，另一方面又涉及在发展中要实现的、一个社会为其成员提供的各种"资格"。比如说，失业者有资格得到救济，收入在最低标准线以下的人有资格得到补助，每一个孩子都有资格上学受教育。

阿玛蒂亚·森对自由概念的理解呈现出了多元的特征，即自由是实质自由与形式自由、机会自由与过程自由，以及积极自由与消极自由的有机统一体。

从实质意义上看，自由包括："免受困苦——诸如饥饿、营养不良、可避免的疾病或过早死亡之类——基本的可行能力，以及能够识字算数、享

---

①［印］阿玛蒂亚·森：《以自由看待发展》，任赜、于真译，中国人民大学出版社2002年版，第13页。

受政治参与等的自由。"① 从形式意义上看，阿玛蒂亚·森以卡尔·马克思的思想为例，阐明了自己的观点，认为资本主义社会中的工人能够自由支配作为他唯一财产的劳动能力而选择不同的雇主，这种形式自由要远远优于前资本主义社会中工人的形式不自由，即工人因劳动能力隶属于某个奴隶主而不能支配它。

从过程和机会各自的意义上看，阿玛蒂亚·森的自由观涉及确保行动和决策自由的过程，以及人们在给定的个人与社会境况下所享有的机会。阿玛蒂亚·森认为，"过程和机会各具重要性，二者都关系到以自由来看待发展"②，自由的机会层面关注的是人们追求自身珍视的最终结果的实际能力，它不关心这个结果的实现过程。自由的过程层面则关注的是一个人能否自由地进行自我选择，是否在选择的过程中遭到了阻碍。以此为基础，阿玛蒂亚·森进一步认为，人不仅是实现自由的手段，更是自由的目的，而与之对应，机会自由与过程自由则分别表明人作为手段的主体成就的实现和人成为人的主体成就的实现。不自由可以通过不恰当的过程（诸如侵犯选举权或者其他的政治或公民权利）而产生，也可以通过缺乏适当的使人们能够达到他们所希望起码达到的最低状况的机会（包括缺乏诸如能避免过早死亡、染上可预防的疾病或被迫挨饿那样的基本机会）而产生。

从积极与消极意义上看，阿玛蒂亚·森认为自由既不是指单纯意义上的无人干涉的消极自由，也不是指人们依据理性做事的积极自由，而是包含了积极自由与消极自由的综合体，即全面的自由。这种全面自由意味着人的这样一种状态，即人能够不受干涉地依主观意愿行事，正是基于这种理解，阿玛蒂亚·森主张从能力角度来定义自由。"在探讨个人的福利方面时，可以把注意力正当地集中在个人的能力集而不仅仅是被选择的功能向量上。这样做的后果就是注意到了一个人具有的一般意义上的积极自由（'做这个'的自由，或'成为那个'的自由）。"③

4. 能力视角和功利视角下政策诉求的差异

在经济学的思想史中，一直存在着实证经济学和规范经济学两脉。前

---

① [印] 阿玛蒂亚·森：《以自由看待发展》，任赜、于真译，中国人民大学出版社2002年版，第13页。
② 同①，第12页。
③ [印] 阿玛蒂亚·森：《后果评价与实践理性》，应奇、刘训练译，东方出版社2006年版，第149页。

者不论在理论研究领域还是实际政策领域都是当前的主流。但是，后者也有着深远的传统，正义、同情和自由等概念可以追溯到斯密、穆勒和马克思等早期的经济学家；并且被以社会福利函数、阿罗不可能定理、帕累托自由不可能定理和人类发展指数等形式被现代经济学家们所继承。在依据经济学理论进行政策分析时，既不能把这二重性质混淆，更不能忽略其中任何一部分。作为科学的实证经济学仅在目的既定情况下解决手段的选择问题，而规范经济学则考虑目的的选择本身。

经济社会转型和发展的合法性和合理性既涉及实证因素，也涉及伦理因素。发展政策或公共政策必须是规范的或伦理的，才能基于价值判断澄清应该怎样行动。公共政策应该以促进经济增长为唯一目标吗？或者公共政策应该对提供健康服务，增进性别平等和保护生态环境给予平等的关注吗？回答这些问题要引入对于我们应该做什么的价值判断。但是，发展也要求从过去的经验和分析现有的数据中学习。这反映为研究发展的实证方法，即相关的经验研究、数据分析、假说检验，以及其他形式的描述和分析。虽然表面上截然相反，规范的和实证的方法实际上都彼此相关，在做出规范的伦理性价值评价的时候需要有实证的分析；反之亦然。例如，在描述一个国家贫困的严重性之前，需要一个规范的框架去定义什么是贫困——去选择变量和测量标准。在实证的分析贫困之前，需要做出关于贫困如何概念化的价值来判断。也就是说，规范方法是塑造发展政策的中心，虽然并不是产生发展政策的充分条件。总之，对于什么是发展和什么方式会改善发展的不同理解将导致不同的政策和结果。

经济学家与其在政策分析中遮遮掩掩地不愿承认存在价值判断，不如明确交代自己的价值选择和隐含的伦理假设，并以此作为参与公共政策问题讨论时的公开意见。基于能力方法的福利经济学就是一种直面价值冲突的理论，其在公共政策问题的研究中重视甚至倚重道义、伦理等价值因素。实际上，能力方法本身就是一种具有价值内涵的研究纲领了，强调经济学的焦点不应该仅是实现发展的手段，更应该关注发展的目的。

对福利经济学的实用性的兴趣一直依赖于其在对经济政策的争论中的深层基础的角色。能力方法（CA）和作为自由的发展强调在公共政策领域和研究范式中应该将人的发展和能力平等作为目的，这是对传统的功利主义福利经济学的一种反动，反映了阿玛蒂亚·森对于福利经济学的困境的反思。阿玛蒂亚·森指出，"阿罗不可能定理的确证明了在将个人偏好排序汇成一个总的社会福利判断上所存在的深刻困难。但这样结论绝不可视为否定性判断,因为它直接提出了这一问题,即如何克服这些困难。在社会福利判断上,解决这一问题的方法自然就是扩展其信息基础"。① 于是,CA和作为自由的发展是一种包含更直接也更丰富的信息基础的研究纲领,代表了阿玛蒂亚·森对于解决福利经济学的信息困境的理论努力。

在福利经济学领域,CA比功利主义更符合人的伦理直觉,更经得起理论的批判,而其学术合法性则在一次次的批判和反批判中不断巩固。主流经济学自然有其优势和不可替代之处,但是CA在福利经济学领域和发展观上的革命可以使得整个理论经济学的大厦更加完整和巩固,从而在一定程度上解决新古典福利经济学的学术合法性危机。经济学家们从而可以为实际问题提供更加直面真实现象的政策建议,而不是像黑板经济学家那样在政策应用上不着边际。

能力方法实际上批评的是功利主义方法和功利主义经济学对于手段和目的关系的头脚倒置,以及狭隘的信息基础。新古典福利经济学信息基础的狭隘源于其哲学根基的局限性,"功利主义并不像其创立者边沁自以为的真的对人那么感兴趣,在功利主义者眼中,一个人只被视为那种有价值的被称为幸福的东西发生的场所。这种幸福如何发生,发生的原因,伴随着什么,被许多人分项还是只有少数人攫取,最终都不重要。真正重要的只是这了不起的幸福的总量,或者愿望满足的总量。"②

能力方法(作为自由的发展)和功利主义在公共政策领域诉求的差异可用表4-1表示。

表4-1 公共政策诉求的能力方法视角和功利主义视角的比较

视角 维度	能力方法的视角	功利主义的视角
价值目标	以人类自由的扩展为目标	以最大化经济福利为目标
对自由的定义	将自由理解为人的能力	将(市场经济中的)自由理解为提高效用和满足偏好的手段

---

① [印] 阿玛蒂亚·森:《理性与自由》,李风华译,中国人民大学出版社2006年版,第263页。
② [印] 阿玛蒂亚·森:《资源、价值与发展》,杨茂林、郭婕译,吉林人民出版社2008年版,第218页。

续表

视角 维度	能力方法的视角	功利主义的视角
关心的权利范围	强调全部领域的人的权利	仅强调政治和公民权利
指导性价值判断	以对公平和正义的考虑为指导	以对经济效率的考虑为指导
对健康和教育的认识	健康和教育具有内在价值	将健康和教育视为投资
对政府的态度	重视发挥政府的作用	要求最小政府
手段和目的	人是目的和考虑问题的中心，经济增长仅仅是实现这一目的的手段	人是手段，市场和经济增长是考虑问题的中心
对贫困的定义	贫困被定义为多维度的剥夺	贫困被定义为低于收入线
研究范式	多学科综合和实用主义	正统经济学[①]和教条主义
数据可得性和质量	非货币和非经济中心导致弱的数据可得性和质量	高可得性和高质量的数据，但是否定非经济问题

---

① 这种经济学的集中代表是所谓的"华盛顿共识"，其代表了对市场力量的拜物教式的崇拜和对人与经济增长之间关系的扭曲。遗憾的是，这种经济学在政策实践领域被大量应用于苏东各国的转轨进程，导致了经济滑坡和人的发展的后退；在学术上，其被命名为新自由主义经济学，这显然是对自由概念的滥用，至少是一种矮化的解释，称其为庸俗功利主义经济学也许更为合适。这一派的经济学观点顶多只能算是强调了作为工具的自由主义，而以自由作为发展的理念则同时包括了原则（作为目的的）自由主义和工具自由主义。

第五章 基于能力方法的福利经济学的科学哲学解读

第一节 福利经济学贫困化的科学哲学背景

一、讨论能力方法的科学哲学背景的重要性

经济学的发展与伦理学有着千丝万缕的联系,经济学的鼻祖亚当·斯密的教职就是道德哲学教授。直到19世纪末,经过马歇尔的不懈努力,经济学才开始以一个独立学科的面貌出现。1891年,马歇尔的同事和好友约翰·内维尔·凯恩斯(John Neville Keynes, 1852-1949)[①] 写成《政治经济学的范围与方法》一书,将政治经济学明确地分为实证的(Positive)、规范的(Normative) 和 "应用经济学"(Art of Economics),经济学中事实性内容与价值性内容的差别开始被明确化[②](凯恩斯,2001)。20世纪30年代之

---

① 此人是人们更加熟悉的宏观经济学之父约翰·梅纳德·凯恩斯(John Maynard Keynes, 1883-1946) 的父亲。
② 由于应用经济学的存在,约翰·内维尔·凯恩斯的意见不能被引用来支持后学莱昂内尔·罗宾斯的 "在政策领域经济学分析应该拒绝伦理学" 的观点,或者说老凯恩斯并不赞同经济学和伦理学的完全二分。实际上,约翰·内维尔·凯恩斯支持在政策领域中经济学和伦理学的结合而不是分割,从概念上说,应用经济学可以被看做是应用伦理学的一个分支,或者也许可以称为政治经济学的伦理学。在应用经济学领域,经济学家和伦理学家的作用被结合起来了,社会道德的一般原理在其经济活动的特别意义上得到了考虑。

后，由于罗宾斯强调只有序数且人际不可比效用才具有科学性，规范性质的伦理内容被隔离在了经济学的研究范围之外。

以功利主义的特殊变种——序数且人际不可比效用为哲学基础的传统的福利经济学的贫困化本质上反映了科学哲学观的缺陷。当代主流经济学的科学哲学观自20世纪30年代以来一直以逻辑实证主义为核心。逻辑实证主义者们强调"实证原则"和"唯科学主义"导致了形形色色的形而上学的二分法，讽刺的是，逻辑实证主义源于并且始终旗帜鲜明地反形而上学。逻辑实证主义在经济学中的遗产是经济学和伦理学的二分，反映为数理和计量之类的工程学方法在经济研究中的流行，以及对于价值判断的贬斥。

经济研究中逻辑实证主义的霸权始终受到哲学家和经济学家的关注和质疑。在这些怀疑者中，阿玛蒂亚·森和著名哲学家，森的哈佛大学同事希拉里·普特南（Hilary Putnam）是当代的代表人物。自21世纪以来，他们在经济学，尤其是福利经济学的哲学观问题上展开了良性互动的对话，从各自学科的角度对逻辑实证主义残余——"事实—价值二分"——所导致的"经济学—伦理学二分"进行了激烈而有效的批判。

这场对话始于普特南2002年的著作《事实与价值二分法的崩溃》，得到了Sen（2005）的积极回应，以及Putnam等的再响应（Putnam，2008；Putnam和Walsh，2009）。由于普特南和森在各自领域的崇高地位，他们的这场对话也吸引来了Walsh（2003，2007）、Nussbaum（2003）和Gram（2003）等的参与。还爆发了以Putnam等（Putnam和Walsh，2007）为一方，Dasgupta（2005、2007）为另一方的争论。Dasgupta从主流的观点出发对于Putnam等人的工作给予了回应，从而体现了既从属于主流，但也对价值问题感兴趣的学者们的看法。然而，误解和混淆仍然在增长，因为主流的代表们仍然坚持如下信念：含有价值内容的福利经济学明显不同于纯粹的预测（Predictive）经济学或分析（Analytic）经济学。Putnam等人对于Dasgupta的观点做出了全面的回应，认为误解仍然存在，即使是主流经济学家也没有理解自己的工作的实质，Dasgupta以往的工作就含有很多价值相关的内容。可以说，经济学、科学哲学与伦理学之间的这场跨学科对话正方兴未艾。

通过这场对话，普特南和阿玛蒂亚·森彻底清算了导致福利经济学贫困化的逻辑实证主义"事实和价值二分法"的谬误，提出了福利经济学下一步发展的科学哲学基础，捍卫了解决福利经济学贫困化的新研究纲领。

遗憾的是，国内不论是哲学界还是经济学界对于这场对话都知之甚少。科学哲学界的情况稍好，但对于这场对话的介绍和分析还仅仅停留在对普特南《事实与价值二分法的崩溃》（The Collapse of Fact/Value Dichotomy，2002）一书内容的介绍上，缺乏深入的学脉梳理、全面的比较分析和对于后续发展的追踪；而国内经济学界的情况更糟，几乎集体失声。考虑到这场对话对于福利经济学未来发展方向的意义，本书有必要对其进行细致的梳理。

二、"经济学—伦理学二分"的哲学根源及其后果

1. 罗宾斯批判与逻辑实证主义

由第三章的介绍可知，庇古所开创的福利经济学以基数人际可比效用理论为前提。这一前提的可靠性随着莱昂内尔·罗宾斯在1932年的批判而被深刻质疑。

从方法论的层面看，罗宾斯的观点是当时开始流行的逻辑实证主义在经济学界的一种反映。虽然1932年的著作并不是对逻辑实证主义的直接反映，但在基本观点上却惊人的一致，这也是为什么"罗宾斯在1935年受到逻辑实证主义的影响"之后，开始越来越倾向于用逻辑实证主义的原则解释自身的观点：罗宾斯在1938年的文章中进一步强调，之所以坚持经济学和伦理学的二分，是因为政策领域中"每个人具有相同的获得满足的能力的假设，其实质是一种价值判断，而非事实判断"。晚年的罗宾斯在1981年的文章中更坚称："虽然我们每天都在对不同人的满足程度进行比较。但这仅是我们的估计，不存在拥有说服力的客观测量。"因此，分析罗宾斯提出的"经济学—伦理学二分"的观点就必须思考其提出的科学哲学背景。

逻辑实证主义诞生于20世纪20年代的维也纳，从20世纪30年代开始对英伦的学术界产生影响，该学派最显著的特点体现为"实证原则"：一个句子，当且仅当它所表达的命题或者是分析的，或者是经验上可以证实的，这个句子才是字面上有意义的。逻辑实证主义者认为能否运用实证原则是判断一个学科是否属于科学的依据，所以（除逻辑和数学之外）科学只能研究经验可证的事实；由于不可证实，当讨论价值判断问题时，就已经超过了科学的领域。据豪斯曼和麦克弗森（2006）概括，对于事实和价值的逻辑实证主义的夸张二分如表5-1所示。

基于能力方法的福利经济学

表5-1 对于事实和价值的逻辑实证主义的夸张二分

差异 \ 类别	事实观念	价值判断观念
同类观念间分歧的程度	相对较小的分歧	相对较少的意见一致
同类观念间解决分歧的可能性	一般认为可通过证据来解决分歧	一般认为没有好的办法解决分歧
异类观念间的关系	独立于价值判断	依赖于事实描述
特征和性质	客观的描述性质：说明事情是怎样的	主观的规范性质：说明事情应该怎样
可能起到的作用	帮助实现目标	帮助决定目标

正是在实证原则问题上，旧福利经济学的基数人际可比效用理论被罗宾斯提出了严厉的质疑。罗宾斯认为，效用是个人的主观感受，不存在共通的基数度量单位，所以"说甲的偏好比乙的偏好重要……含有习惯的估价因素在内，因而从本质上说是规范的，在纯科学中是没有其位置的"。①

效用是否可比在极大程度上限定了经济学与伦理学的关系，如果不允许进行人际比较，就不可能有符合实证原则要求的可接受的伦理观点。由于迷信实证原则，致力于成为科学的经济学就必须坚守逻辑实证主义"事实—价值二分"的教条，从而"经济学—伦理学二分"就成为了逻辑实证主义反映在经济学中的新的教条。

2. "经济学—伦理学二分"与"福利经济学贫困化"

罗宾斯教会经济学家从逻辑实证主义者那里得到了一项断言：价值在科学中没有位置。此后，主流经济学在20世纪30年代之后的工作于是几乎完全在按照罗宾斯设定的路径进行，福利经济学研究要么被抛弃，要么就找到一种刻画经济领域"最优"的价值中立（Value Free）的标准。

帕累托标准的盛行表明经济学家显然采取了第二种方案。在20世纪三四十年代，包括"柏格森—萨缪尔森社会福利函数"在内的"新"（New）福利经济学的大量工作都是以不涉及人际比较的帕累托最优为基础。然而在1951年，"阿罗不可能定理"证明社会福利函数存在逻辑悖论。

---

① [英] 莱昂内尔·罗宾斯：《经济科学的性质和意义》，朱泱译，商务印书馆2000年版，第114页。

第五章　基于能力方法的福利经济学的科学哲学解读

阿玛蒂亚·森在20世纪60年代末意识到阿罗不可能定理的产生源于"经济学—伦理学二分",进而在20世纪70年代末开始构建福利经济学新研究纲领。实际上,早在1970年,阿玛蒂亚·森就意识到"经济学—伦理学二分"背后隐含着"事实—价值二分"这一更深重的病灶:"隐含在虚无主义争论推理中的价值和事实之间的两分法似乎是值得怀疑的。它基于一个对价值判断本质的极为有限的认识。事实上,因为对价值判断本质认识的不足,福利经济学中的争论常常是无结果的。"①

阿玛蒂亚·森在1987年出版的《伦理学与经济学》(On Ethics and Economics)中把这一后果称为"福利经济学贫困化"(Impoverishment of Welfare Economics):既有的福利经济学由于受不合理的哲学观的影响,把研究范围和方法限制在了一个不合理的狭隘框架中;"由经济学与伦理学分离所造成的福利经济学的贫困化",使得福利经济学使用着"不充分的评价准则";② 未来的福利经济学需要重建哲学上明智的评价准则,新的研究纲领需要可以经受住严格而有根据的挑战。也就是说,经济学家需要通过与科学哲学家、伦理学家及政治学家的合作来构建福利经济学的新研究纲领。

但是,阿玛蒂亚·森等经济学家的反思和创新并不足以撼动主流经济学界对于逻辑实证主义和"经济学—伦理学二分"原教旨主义似的迷信。与此相反,第二次世界大战后,随着奎因(Willard Quine)对两个教条的批判和库恩(Thomas Kuhn)的历史学派的兴起,主流的哲学走出了狭隘逻辑实证主义的陷阱。显然,科学哲学的潮流倾向于反科学实在论。后现代的科学哲学强调科学研究中方法论的多元化,认可逻辑和历史的统一,实证原则不再是唯一的评价标准。

遗憾的是,尽管哲学家们对逻辑实证主义的主张已经进行了长期的批判,但这一主张仍然受到经济学家的广泛青睐。主流经济学长期以来依赖于名誉扫地的逻辑实证主义哲学,以至于误认为福利经济学中无法根除的价值判断是其污点,经济学成为了逻辑实证主义的狭隘科学观的蹩脚的模仿者。可以说,福利经济学的贫困化本质上反映了主流经济学的哲学观的缺陷。经济学和科学哲学的互动史同经济学家们开了一个巨大的玩笑,逻

---

① [印] 阿玛蒂亚·森:《集体选择与社会福利》,胡的的、胡毓达译,上海科学技术出版社2004年版,第62页。
② [印] 阿玛蒂亚·森:《伦理学与经济学》,王宇、王文玉译,商务印书馆2000年版,第53页。

辑实证主义的形而上学影响了经济学的主流——新古典经济学家们，而正是他们在经济学家中最热衷于反形而上学。

第二节 福利经济学新研究纲领的科学哲学基础

一、对于"事实与价值二分"的批判

逻辑实证主义者坚持在事实（科学的领域）和价值之间有绝对的二分。人际间的效用比较是价值判断，因此并不属于逻辑实证主义所规定的科学的范围。由于受罗宾斯的影响而片面遵循实证原则，致力于成为科学的经济学就必须坚守逻辑实证主义"事实与价值二分"的教条，从而"经济学与伦理学二分"就成为了逻辑实证主义反映在经济学中的新教条。因此，为基于能力方法的福利经济学构建科学哲学基础，就必须打破经济学与伦理学的二分法，而这一二分法的基础则是逻辑实证主义的"事实与价值二分"。所以，批判"事实与价值二分"是在构建新基础之前必须进行的工作。

1. 事实与价值二分的本质

在哲学领域首先给逻辑实证主义以致命打击的是奎因。Quine（1951）指出逻辑实证主义存在两个教条，打破了该学派在科学哲学领域的统治地位。奎因的直接攻击对象是逻辑实证主义的分析/综合二分，指出理论与观察到的事实是缠结的。普特南则证明了"可以用实证原则表述的事实"与"无法用实证原则表述的价值"，即事实与价值的二分同样是逻辑实证主义的教条。

"事实与价值的二分法并不是一种区分，而是一个论题（Thesis），即'伦理学'与'事实内容'无关的论题。"① 经济学指向的对象是事实，所以经济学和伦理学必须二分。逻辑实证主义者的目标是"把伦理学驱除出

---

① [美] 希拉里·普特南：《事实与价值二分法的崩溃》，应奇译，东方出版社2006年版，第21页。

第五章 基于能力方法的福利经济学的科学哲学解读

知识领域，而不是重建它。但是逻辑实证主义者对于他们能把伦理学而驱除出合理性讨论的领域的信心部分来自于他们手里，分析与综合的和事实与价值的二元论彼此加强的方式。根据实证主义者的看法，伦理学句子要成为知识，就必须要么是分析的——它们显然不是——要么是'事实的'。他们对于它们不可能是事实的信心……来自于他们对于他们确切地知道何为事实的信心"。①

实际上，逻辑实证主义者的这种信心完全是一种无根据的虚妄。在休谟看来，事实仅仅是某种可感觉的印象，不能被感觉到的东西都不是任何特定的事实。但是，在科学理论中，并不是每一项事实都可以转化为观察术语。以致后来的实证主义者虽然对实证原则一再进行修改，但也不得不承认，像"电子"、"电荷"和"引力场"这类麻烦术语不是通过定义或还原进入物理学的，它们仅仅作为"原初（Primitive）物质"而被接受。由于"逻辑实证主义的事实与价值二分法是根据对于什么是'事实'的狭窄的科学图像得到辩护的"，② 后期的逻辑实证主义者被迫承认：在科学地对实体的陈述和可感知的经验之间并不存在一对一的对应关系。逻辑实证主义在事实概念上的被迫退缩和奎因对分析/综合二分的批判使得经典的事实与价值的二分法的整个论证都瓦解了。

2. 对于实证检验原则的批判

福利经济学的贫困化起始于盲从"事实/价值二分"所导致的经济学去伦理化。所以，讨论解决福利经济学贫困化的哲学可能就必须先推翻"事实/价值二分"，而"事实/价值二分"的根源是逻辑实证主义的"实证原则"。因此，只有打破狭隘的实证检验原则，福利经济学贫困化的解决在哲学上才有初步的可能。

实证检验原则存在3个问题：科学理论并不一定具有强的可检验性；即使可以进行经验检验，检验的结论也具有不完全决定性；判断理论的好坏还有很多非经验的标准。

（1）逻辑实证主义的实证原则最需要被批判的地方在于，它要求每个孤立的含有科学意义的陈述都必须具备验证方法，但这显然与实际情况相

---

① [美] 希拉里·普特南：《事实与价值二分法的崩溃》，应奇译，东方出版社2006年版，第22页。
② 同①，第27页。

去甚远。大多数的纯粹科学理论创新,在开始阶段都是大胆假设的产物,不可能首先考虑实证的可能性和结果,相应地,"实验性检验方法和证明手段是在理论进入成熟阶段的过程中逐渐形成的"。① 在纯粹科学研究中有很多这样的例子:爱因斯坦的相对论在创始阶段只在纯理论层面被接受,直到天文技术得到大发展后,广义相对论所预言的引力透镜和黑洞才得到了验证;霍金的宇宙大爆炸学说极度依赖于大量无法进行实证检验的条件和假设,但显然不能否认该理论的重要性。如果按照逻辑实证主义的标准——若一项陈述就其本身内涵来说根本不具备验证方法,那么这个句子就是毫无意义的——则大多数科学理论都是毫无意义的。

(2) 即使科学理论的命题可以进行经验检验,检验的结论也具有不完全决定性,是因为"迪昂—奎因论题"(Duhem - Quine Thesis)。该论题指出,如果从一系列前提中推断出的推测被证明是错的,那么情境逻辑允许人们得出的全部结论就是,这些前提中至少有一个是假的,但它并不能使人们辨别出错误的前提。也许,这个接受检验的理论是错误的,但也可能正相反,应对错误负责的是某个辅助性假设或者对初始条件的描述。因为无法排除,所以一个理论无法被定论性地证实或证伪。该论题认为,没有哪个科学假说能在任何时候被彻底地证实或证伪,因为人们绝不可能找到错误的根源。

(3) 普特南通过对自然科学史(主要是爱因斯坦的引力理论)的梳理认识到,实际上,许多理论并不是基于经验检验的根据而被拒斥的,"各种不同的表象、各种不同的语言和各种不同的理论完全有可能在某些情境之下是同等的好的"。② 这种观点和逻辑实证主义的区别在于,前者拒绝事先限制人类将可以拥有什么样的证实手段;而逻辑实证主义把证实手段的范围局限于数学演绎加上科学实验。

无独有偶,科学哲学历史学派的创始人托马斯·库恩提出评价科学理论的"五种价值":第一,理论应当精确。也就是说,在这一理论的范围内从理论导出的结论应表明同现有观察实验的结果相符。第二,理论应当一致,不仅内部自我一致,而且与现有适合自然界一定方面的公认理论一致。

---

① Putnam, Hilary, "The Corroboration of Theories", in P. A. Schilpp ed., The Philosophy of Karl Popper, LaSalle: Open Court Press, 1974, p. 57.
② *Putnam, Hilary, Words and Life*, Cambridge: Harvard University Press, 1995, p. 16.

第五章 基于能力方法的福利经济学的科学哲学解读

第三，理论应有广阔的视野，特别是一种理论的结论应远远超出它最初所要解释的特殊观察、定律或分支理论。第四，与此密切联系，理论应当简单，给现象以秩序，否则现象就成了各自孤立的、一团混乱的。第五，尽管不那么标准，但对于实际的科学判定却特别重要——理论应当产生大量新的研究成果。也就是说，应揭示新的现象或已知现象之间前所未知的关系。这5个特征——精确性、一致性、广泛性、简单性和有效性——都是评价一种理论是否充分的标准准则。这样科学就成为"以价值为基础的事业"，① 对理论的检验可以不必以实证为唯一标准。于是，价值判断和伦理学由于不能进行实证检验而必须与事实和经济学严格区别的观点破产了。

不仅是科学哲学家认为科学中存在非经验的标准，从事实际研究的科学家也持同样的观点。著名物理学家霍金（Stephen Hawking）在其2010年的新著《大设计》（The Grand Design）中提出了一个好模型应该符合的4个标准：第一，它是优雅的（Elegant）；第二，它包含很少任意或者可调整的元素；第三，它和全部已有的观测一致并能解释之；第四，它对将来的观察做详细的预言，如果这些预言不成立，观测就能证伪（Falsify）这个模型。其中"优雅是指理论的形式，但它与缺少可调整元素密切相关，由于一个充满了修补的因素的理论不很优雅"。② 显然，第一个和第二个标准都是关于认知（Epistemic）价值的内容。

在经济学领域，认知价值标准也大量存在，并且对于理论的创立和选择至关重要。2001年诺贝尔经济学奖获得者斯蒂格利茨（Joseph Stiglitz）从一个"实践工作者"的角度提供了经济学领域评估不同理论的标准。斯蒂格利茨把这些标准分为两组：内部的和外部的。外部标准与逻辑实证主义对科学研究的要求类似，包括可检验性（或可证伪性）、外部一致性、外部完全性、特定性、预测力和一致性等。内部标准接近于认知价值，包括内部一致性、简单性、完全性和强健性等。③

---

① [美] 托马斯·库恩：《必要的张力》，纪树立等译，福建人民出版社1981年版，第328页。
② [美] 史蒂芬·霍金、列纳德·蒙洛迪诺：《大设计》，吴忠超译，湖南科学技术出版社2011年版，第43页。
③ [美] 约瑟夫·斯蒂格利茨：《斯蒂格利茨经济学文集》第六卷（上），纪沫、仝冰、海荣译，中国金融出版社2007年版，第11页。

二、经济学与伦理学的缠结

1. 缠结的含义

学术研究不能止于批判,更应该重视建设,旧观点的破产引申出了学科发展的新的基本问题。"解决福利经济学贫困化"所要面对的基本哲学问题可以设定为:既然"事实—价值二分"和作为其结果的"经济学—伦理学二分"赖以成立的逻辑实证主义的哲学观已经被推翻,那么又该以一种什么样的替代性视角来理解事实与价值,经济学和伦理学的关系呢?之所以称其为基本问题,是因为只有提出一种超越逻辑实证主义的阐释,经济学才有可能彻底摆脱逻辑实证主义不良成分的萦绕,解决福利经济学贫困化在哲学上才有完全的可能性。

对于这一新的研究纲领的关注,正是普特南和阿玛蒂亚·森的学术汇集点,他们的工作由于创造或实际使用"缠结"(Entanglement)概念来解析"事实与价值"及"经济学和伦理学"之间的关系而彼此缠结。"缠结"是普特南借用自量子物理学的概念,量子缠结是量子整体论的一种表现,即相互缠结的量子成员组成的复合系统的量子态,并不仅仅是其各个组成部分的量子态之和。换句话说,离开了对于关联性的认识,单独考察各个组成部分是没有意义的。普特南和森用此概念意指:事实理解依赖于价值,价值判断也无法摆脱事实;经济学和伦理学可以通过再次融合而彼此受益。

普特南对"缠结"的认识来自于实用主义哲学的思想遗产。普特南(2008)在阿玛蒂亚·森等1993年编辑的文集中曾撰文指出:事实与价值的"缠结"是实用主义,尤其是杜威哲学的一贯主题,但却在杜威去世后被盎格鲁—美利坚哲学界所忽视。普特南指出,缠结既存在于私人领域,也体现在公共领域,具有不同价值观的个人和团体不可能"在事实上达成一致"。按照实用主义传统,"真实的问题需要一个语境和一个主题。这一点就像适用于伦理问题一样也适用于科学问题"。[1]

在普特南的哲学框架内,"缠结"的含义是双重的,价值判断既存在认

---

[1] [美]希拉里·普特南:《客观性和科学—伦理学的区分》,转引自[印]阿玛蒂亚·森、[美]玛莎·努斯鲍姆:《生活质量》,龚群、聂敏里、王文东、肖美、唐震烜译,社会科学文献出版社2008年版,第155页。

第五章 基于能力方法的福利经济学的科学哲学解读

识论上的用途,也有伦理上的意义。当"缠结"被借用来指称事实和认知价值之间的关系时,其争议相对较小。为了证明事实与价值的缠结并不仅存在于逻辑实证主义者所承认的事实与认知价值之间,在 2002 年的《事实与价值的二分法的崩溃》中,普特南用"厚伦理概念"(Thick Ethical Concepts)来解释事实和伦理价值间的"缠结"(正是这种缠结使得经济学和伦理学的二分法不再有哲学依据)。普特南的"厚伦理概念"并不是突然提出的,而是普特南在学术生涯相当长的时间里磨砺而出的结果。

普特南(2006)认为自己对事实与价值关系的当前模式的理解开始于 1981 年出版的《理性、真理与历史》,此后便"一直沿着价值术语既是概念上不可或缺的又是不能还原成纯粹描述术语的这一思路进行论证"。① 在该书中,普特南明确引用了 Iris Murdoch 的观点,强调"粗心"、"冒失"和"固执"等词,相比最抽象价值词,如"善"、"恶"等,在事实道德评价中有特殊的重要性。当对某人的"粗心"、"冒失"和"固执"等事实的描述合取时,几乎没有必要再说某人是"恶"的,从而"在事实本身处于……这样的层次上时坚持价值独立于事实就困难得多了"。②

在 1992 年出版的《重建哲学》中,普特南除 Murdoch 外,还引用了 John McDowell 的观点,"一个词必须与某一组'评价旨趣'相联系,以便像这个厚的伦理词语起作用的方式那样起作用,同时说话者必须意识到那些兴趣,并且能够富有想象力地认同它们,以便像该语言的老练的说话者那样把该词应用于新的事例或境况"③(普特南,2008)。在此书中,普特南正式从 Bernard Williams 那里借用了"薄伦理概念"和"厚伦理概念"的区分:"薄"(Thin)伦理概念即"抽象的伦理概念",诸如"善"和"对";"厚"(Thick)伦理概念即"较多描述性、较少抽象的概念",如"残忍"、"鲁莽"和"贞洁"等。

值得一提的是,"厚伦理概念"在含义上非常近似于森在剑桥大学时的导师 Maurice Dobb(1973)所提出的"丰富描述"(Rich Description)观念。"丰富描述"意指人们不可能忽略一些重要的事实,因为这种丰富和有效的

---

① [美] 希拉里·普特南:《事实与价值二分法的崩溃》,应奇译,东方出版社 2006 年版,第 148 页。
② [美] 希拉里·普特南:《理性、历史与真理》,童世骏、李光程译,上海译文出版社 2005 年版,第 157 页。
③ [美] 希拉里·普特南:《重建哲学》,杨玉武译,上海译文出版社 2008 年版,第 86 页。

描述能够引发人们的道德判断。森在为 Dobb 所写的传记和其他文章中多次引述了"丰富描述"的观念。森（2006）对"基本价值判断"和"非基本价值判断"的区分——"一个价值判断对一个人是'基本的'，若此价值判断在所有可能想象得出的情况下都适用，否则是'非基本的'"①——明显受到了 Dobb 的影响。普特南认为，他的厚伦理概念大致相当于森的非基本价值判断。

2. 对于厚伦理概念的辩护

"厚伦理概念"从其诞生之初就遭到了各方面的攻击。在《事实与价值的二分法的崩溃》中，普特南以归谬的形式证明了非认知主义者反对"厚伦理概念"的两类错误反应：①厚伦理概念只是普通的事实概念，不存在伦理含义；②厚伦理概念可以截然地区分为描述成分和价值判断成分（普特南，2006）。

在经济学中有大量可以用"厚伦理概念"解释的存在缠结性质的语词概念。因此，可以用经济学的例子再次证明非认知主义者的两类错误。比如，对于通货膨胀的经济学描述就可以按照"厚伦理概念"来理解。

先是对第一类错误的证明。

在理论上存在这种可能：人们能够说某种东西 X 是有价值的，但某种其他的东西 Y 也有价值，且更重要。比如，高通货膨胀肯定具有负面价值，但是与高失业率比起来，也许更倾向于较高的通货膨胀率（假设按照凯恩斯主义的观点，通货膨胀率和失业率是反向替代的）。此时，管理或影响宏观调控的政府官员和经济学家就可以为自己扩张流动性的行为辩护：我承认通货膨胀对百姓的福利有负面影响，但是我之所以不加以控制，是因为否则就要面临极高的失业率，这对于福利的影响更大。这种辩护显然意味着"一定条件下适度的较高通货膨胀率"是对的。正因为"以通货膨胀替代失业"具有价值评价的性质，才使得"一定条件下适度的较高通货膨胀率"有时候是对的，这种评论在逻辑上成立。

再是更重要的对第二类错误的证明。

一方面，"通货膨胀"这个词对于很多经济学家和大多数的普通人来说显然具有价值评价的用法，例如，乙问甲，A 国在目前后金融危机时代的宏

---

① [印] 阿玛蒂亚·森：《后果评价与实践理性》，应奇、刘训练译，东方出版社 2006 年版，第 63 页。

第五章　基于能力方法的福利经济学的科学哲学解读

观经济状况如何，而甲的回答是，"当前正经历着超过4%的高通货膨胀率"。如果4%在A国大多数人（当然甲和乙也都享有这种共识）看来是衡量通货膨胀率的重要心理关卡的话，这意味着甲对A国目前经济状况的不满和低水平评价。甲不必再补充说，"所以经济状况很差"。当然，甲可能说，"若不是这么高的通货膨胀率，经济状况看起来就还算不错"。但是，甲不可能说，"通货膨胀率很高，且经济状况很好"，这在逻辑上是矛盾的。另一方面，"通货膨胀"这个词也能被纯粹描述性地使用，例如，一位经济史学家会说，"1923年的德国通货膨胀达到数万亿倍"，虽然"数万亿"这一数字听起来很有震撼性，但是这句话中的高通货膨胀率却只是描述了一项事实。

经济学家在面对"一定条件下适度的较高通货膨胀率"和经济学中大量类似词汇时，实际上早已默认了有时将其用做价值评价，有时又用做描述性术语。森（2004）明确指出，只有在作为特例的唯一的情况下，即"如果伦理学仅论述基本判断"，① 罗宾斯所认为的经济学和伦理学研究对象——事实和价值——的区别是存在的。

回到"解决福利经济学贫困化"所要面对的基本问题。缠结概念暴露了人们在经济学中遇到的对于事实和价值的形而上学的二分至少存在的两个问题：第一，形而上学的二分并不是一种区分，而是一个无法证明的论点：事实和价值判断不会互相包含和影响；第二，事实、价值二分的论点对于事实和价值概念的理解都存在致命的错误。正如普特南证明了的：事实不是纯客观的，价值（不论伦理价值还是认知价值）也不是纯主观的，它们之间没有绝对的界限，从而宣告了事实与价值二分法的崩溃。在福利经济学领域，即使是帕累托最优这种所谓的价值中立标准，也有隐含的价值判断——每个人实现他的效用最大化的权利与任何其他人的该项权利一样重要，故而也是一个厚伦理的缠结概念。所以，缠结概念是普特南继承实用主义传统、超越逻辑实证主义的学术结晶，是理解事实和价值、经济学和伦理学关系的可靠的替代范式。福利经济学贫困化的解决在哲学上不仅是可能的，更是必需的。

---

① [印] 阿玛蒂亚·森：《集体选择与社会福利》，胡的的、胡毓达译，上海科学技术出版社2004年版，第65页。

三、在经济理论中隔绝伦理学的不可能性

普特南的工作并不是孤立的。无独有偶，阿玛蒂亚·森在20世纪60年代就认识到，福利经济学和公共政策分析离不开价值判断，而价值判断在很多时候是与事实相互缠结的。

1. 基本和非基本的价值判断

阿玛蒂亚·森在20世纪60年代的工作就意识到，在进行公共政策分析时，人们的价值判断依赖于对事实的理解。即使在否认能够根据逻辑从"是"中推论出"应该"方面休谟是对的，这也不能否定"应该"受到"是"的有力影响，并且人们的价值观几乎总是依赖于整个一系列的事实。在对有争议的价值判断进行理性争论时，"我们虚拟一种不同的事实情况并且问道，如果这些情况流行的话，你是否情愿放弃你的判断"。①

顺着这个方向想，人们就被带到"基本的"和"非基本的"价值判断之间的区分。如果没有对于事实假设的可理解的修正能够使一个人修正一个价值判断，那么这个价值判断对这个人来说就可被称为是"基本的"。如果这种修正能够发生，这个判断在他的价值系统中就是"非基本的"。

例如，有人也许会做出这样的判断：按年度物价衡量的国民收入的提高表明了一种更好的经济形式。那么可以询问他是否在所有事实性的情况下都坚持这个判断，并进而追问，如果国民收入的提高伴随着穷人更穷、富人更富的情况，是否还这样认为。"如果结果表明他将在某些事实性情境下修正这个判断，那么可以认为这个判断在他的价值体系中是非基本的。另外，如果没有这样一种事实性情境，某时某个人将把杀人当做是可辩护的，那么在他的系统中，不得杀人就是一个基本的价值判断"。②

当且仅当被表达的判断在表达它的那个人的价值体系中刚好是"基本的"，才能肯定不可能有驳斥这种价值判断的事实方法。如果某个人只接受基本的价值判断而不接受别的，他就能够回答无须知道任何事实就能回答的每一个道德问题。但实际上，在任何人的价值体系中，并非所有的价值

---

① [英] 马克·布劳格：《经济学方法论》，黎明星、陈一民、季勇译，商务印书馆1992年版，第174页。
② Sen, Amartya, "The Nature and Classes of Prescriptive Judgment", Philosophical Quarterly, Vol. 17, No. 66, 1967, p. 56.

判断都是基本的。

例如，一个人怎样才能够确信，对教育市场化是否道德的分歧必定是一种基于"基本的"价值判断的分歧呢？可以通过分析3种事实性情境来说明这问题：①教育是个人对自身能力的一种投资，于是，在百姓普遍富裕的事实性情境下，教育可以市场化并按照商品供求价格进行收费，政府不必干预——这在道德上无可指摘；②教育具有准公共物品性质，或者说具有较高的社会外部性，在单纯个人付费可能导致教育的私人支出低于社会最优支出的事实性情境下，教育的市场化可能代表了政府放弃了部分社会责任——这在道德上存有疑问；③教育是加强社会阶层流动性和缓和贫富差距的重要途径，在社会贫富差距较大的事实性情境下，教育市场化将阻碍贫苦阶层的青少年改变自身命运和提升技能的通路，政府放任教育的高收费违背了人类的基本伦理直觉——这在道德上肯定是不合法的。

只要价值判断是非基本的或不纯的，对价值判断的争论就可以采取求助于事实的方式，并且这是最好的方式，因为关于事实方面的争论比关于价值方面的争论更可能找到共识。在日常语言中，尽管"非常糟"、"不好"、"好"和"更好"这样的词汇确实是价值判断术语，但它们却和人们看到的许多事实密切相关。人们不但在使用这些词汇的时候基本没有歧义，而且他们也非常清楚为什么能在这些议题上达成共识——这些规则与人们的经验和偏好选择有关，而经验和偏好的形成则依赖于事实情境。

阿玛蒂亚·森事实上论证了任何价值判断都是非基本的这一点是无法保证的。于是对于森来说，价值判断依赖于事实情境。森的研究的启示是：当人们处理任何重要的价值分歧时，不能形而上学地"假定事实是不相干的。没有一个有说服力的逻辑上的理由可以被赋予事实之于价值判断的逻辑上的不相干，即使接受实证主义的'事实'概念也是如此"。①

在对经济学和伦理学的关系进行重构的过程中，阿玛蒂亚·森对于基本价值判断和非基本价值判断的区分可为科学家（经济学家）的作用范围重新划线。

如果两个人对某一价值判断看法不一，唯一可能的科学（符合事实的、逻辑的）的解决方法是，其中一人证明这一判断并非另一人的基本价值判

---

① [美] 希拉里·普特南：《事实与价值二分法的崩溃》，应奇译，东方出版社2006年版，第96页。

断。如果分歧存在于对事实的判断或非基本价值判断，仅靠科学辩论就足以解决这一分歧。如果它确实是另一人的基本价值判断，就没有科学论证的余地了。其中一人当然可以试图说服另一人来改变其基本价值判断。但这仅仅是一个伦理上的辩论，而不是科学辩论。但这并不是说科学家不应从事伦理辩论。像其他人一样，他也有权利从事伦理辩论，但他不能将科学辩论与伦理辩论混为一谈。作为普通人，科学家（经济学家）在做基本价值判断上并非高人一筹。但在非基本价值判断，尤其是对事实的判断上却有所不同。如果相信某一学科是有用的，就应当承认，从事该学科研究的科学家比凡夫俗子更有资格对相关领域的事实做出主观判断。如果不分青红皂白地把所有的价值判断不加区分，排斥科学家（经济学家）在非基本价值判断方面的作用，其后果是将使科学在服务社会和改造世界的职能上出现倒退。因此，无须再像罗宾斯所坚持的那样，认为经济学家对于伦理学的关心完全是没有意义的。经济学家的研究范围和话语权范围可以比罗宾斯设定的大为延展，这不是对于经济学帝国主义潮流的迎合，而是对于古典政治经济学传统养分和科学哲学新发展的吸收和借鉴。

2. 在经济理论中事实与价值缠结的4种情况

罗宾斯认为，经济学家不能做出任何政策建议，除非他们不再作为经济学家，而是进入到伦理领域进行评论。但是，即使忽略逻辑实证主义的哲学大厦业已崩溃的事实，罗宾斯对于经济研究和经济学家们的期望——在研究过程中不考虑伦理和价值问题，只研究价值中立的纯事实问题——也是不可能的。遵循罗宾斯道路的主流经济学只是掩耳盗铃般地不讨论伦理问题，而实际上，在经济科学的研究过程中无法也不应该回避伦理价值判断。因为，经济学家在被征询达成某些公共政策目标的"纯技术"的建议时，很少会得到一个纯技术的答案，往往都要涉及价值判断。这种缠结分为4类情况。

（1）经济学家的道德责任感常常引导着新的研究路线。认同社会主义理想的经济学家会做出一个剥削模型，崇拜市场的经济学家会研究产权的划分如何使市场自身解决外部性等问题。如果经济学家拒绝关注伦理问题，那么他们将不会知道应该提出什么问题。正如韦森（2007）所指出的，以新古典主义为主流的所谓"科学主义"的经济学，并非没有伦理判断和伦理判断。其伦理基础恰恰是认为，只有完全竞争的市场才是"最道德的"。因为，新古典经济学家们相信，只有在完全竞争的市场中才能达到"帕累托

第五章 基于能力方法的福利经济学的科学哲学解读

最优",才会消灭所谓的"社会福利净损失"。

（2）实证经济学的范围实际上和规范问题是交叉的。实证工作常常不得不考虑道德问题，因为道德义务是影响人们经济行为的原因之一。经济学和伦理学二分的鼓吹者 Robbins 实际上也支持这种因果联系，与社会科学相关的，不是个人的价值判断在最终的哲学意义上是否正确，而是个人是否做了价值判断，价值判断是不是因果解释链条上必不可少的环节。

（3）经济学家应当知道关于道德的事情，以把握政策问题当中概念的确切含义。在提供政策建议时，经济学家需要知道政策制定者的各项目标，以及他在各种目标之间如何权衡。要做到这一点，除了了解"效用—偏好满足"的传统福利指标外，经济学家还要了解公平、自由、权利及免受剥削等伦理概念的意义。

（4）经济学家对于事实判断和价值判断显然具有不同的发言权，对于后者，科学家并不比普通人更加高明。但是，问题在于如何定义和分类价值判断，如果价值判断中含有可以通过科学分析解释和澄清的成分，那么经济学家此时的发言权自然要比普通人大得多。

罗宾斯的经济学和伦理学相分离的观点给致力于解决公共政策问题的福利经济学的发展带来了深远的影响，因为这门学科的性质决定了它必须要跨越经济学和伦理学。如果确实有福利经济学这样一门学科，而且具体来说，如果福利经济学是处理贫困和其他形式的剥夺问题的，那么它就不能回避实质性的伦理问题。换句话说，如果福利经济学想为公共政策服务，那么基于在经济科学的研究过程中无法也不应该回避伦理价值判断的命题，福利经济学在实际政策领域无法也不应该回避伦理价值判断。

在主流经济学的逻辑实证主义色彩浓厚的个人主义（个人是自己的满意程度的最佳判断者，由此决定了效用的人际间不可比）立场上，福利经济学只能采用帕累托最优的原则。然而，帕累托最优是评价社会经济状况的一个非常薄弱的标准。帕累托标准不允许任何人效用降低的条件有时过于苛刻。例如，1945 年击败纳粹德国不能说是帕累托最优的，因为至少阿道夫·希特勒的效用水平下降了。帕累托最优标准同样不能用来反对导致绝大多数人都效用下降的行动：昏聩的罗马皇帝尼禄烧掉了罗马城。这一行动使得所有人的效用都下降，唯有他本人的效用提高，但就是因为存在由于不合理偏好带来的效应上升，帕累托标准显现出无力的一面。而且，如果支持把帕累托最优作为标准的理由是人们赞成每个人把他的效用最大化的权利是与任何其他人的权利一样重要的这一潜在的价值判断,那么帕累托最优并不是一个价值中立的标准。

所以显然,帕累托原则必须被更加严格的价值判断加以补充,各种类型的社会必须以其自身富有特色的方式形成这些价值判断。也就是说,单纯依赖帕累托最优原则进行公共政策的价值选择是不充分的,经济学可能确立的任何结论都必须建立在关于经济制度的哲学和意识形态讨论的一套基本规则基础上(索洛,2007)。福利经济学不可能是不带价值的,因为它所要得出的建议本身就是价值判断。

第三节 对于福利经济学新研究纲领的科学哲学解读

一、作为一个缠结概念的能力方法

1. 能力方法的缠结性质

罗宾斯提出和证明了作为福利评价指标的效用具有人际不可比的性质,这意味着对于庇古如下观点的智力合法性的挑战:收入的再分配会增加社会福利。福利经济学恰恰要求人们对收入分配的道德做出有意义的讨论和精确的声明,涉及适用或不适用人均收入作为唯一的福利测量的道德性,涉及对教育、减少疾病和减少营养不良等承载着价值的问题的安排。所以,1932年之后,福利经济学的贫困使得其无法评估经济福利。

反之,阿玛蒂亚·森要解决福利经济学的贫困化,就需要用寻求替代(效用)的福利评价指标,将经济学与伦理学重新结合到福利经济学中。在构建福利评价指标问题上,阿玛蒂亚·森的思路并不是回到古典功利主义,即仅靠引入基数且人际可比的效用信息。在阿玛蒂亚·森的研究纲领中,能力方法是一个广泛的框架,用来评价和估计个人福利和社会安排、指导政策设计,为社会变革提供建议。

第五章 基于能力方法的福利经济学的科学哲学解读

按照最简单的定义,"能力"是行使"有价值的功能"。① 因此,"能力"显然是一个混合的概念,无法轻易区分描述(Descriptive)部分和评估(Evaluative)部分,"有价值"意味着"能力方法"引入了明确的价值判断,要对个人的偏好域进行限制,即个人不能随意妄为。因为一些人实际的偏好倾向是反社会的,所以要把一些代价高昂的偏好(如暴发户对奢侈品的过度偏好)和明显对他人有害的偏好(比如周幽王和尼禄)排除掉。"有价值"正是承认给定人与人之间意见的不统一,需要进行一些价值观方面的社会选择。

在阿玛蒂亚·森构建的福利经济学的新研究纲领中,他和能力方法的追随者所"使用的几乎每一个术语——'有价值的功能'、'一个人有理由珍视的功能'、'良好的营养'、'过早的死亡'、'自尊'和'能够参与共同体的生活'——都是缠结的概念"。② 这自然会对普特南产生强烈的吸引力,也解释了普特南为何会以森的工作作为其哲学观的重要例证;同时,"普特南的这一做法产生了一种交互的效果,即普特南付出的巨大努力保护了森的工作的侧翼",③ 夯实了阿玛蒂亚·森的工作的哲学基础。

2. 阿玛蒂亚·森的三重缠结概念

普特南和阿玛蒂亚·森的对话的成果之一是:阿玛蒂亚·森不仅接受了普特南以缠结概念对其福利经济学新研究纲领的解读,并且拓展了缠结的概念本身。与普特南一样,阿玛蒂亚·森也把祛除事实与价值二分迷信的早期工作追溯到 Ludwig Wittgenstein。但阿玛蒂亚·森的贡献在于指出 Wittgenstein 的哲学转向很大程度上源于当时同在剑桥大学的著名经济学家 Piero Sraffa 的影响——这为证明哲学和其他社会科学之间存在一种良性活动提供了新的证据——Wittgenstein 承认 Sraffa 教给了他一种看待哲学问题的"人类学方法"(Anthropological Way)。④ 追寻这一人类学的智识路径,阿玛蒂亚·森指出,缠结是社会生活中的一般性问题,并不仅是经济学和哲学的特殊关注。这种包罗万象的联系影响人们的思想、理解和交流,事实和价值的连结点是习俗,人们在交际习俗(Conventions of Communication)的

---

① [印]阿玛蒂亚·森:《后果评价与实践理性》,应奇、刘训练译,东方出版社2006年版,第214页。
② Walsh, Vivian, "Sen after Putnam", *Review of Political Economy*, Vol. 15, No. 3, July 2003, p. 381.
③ Walsh, Vivian, "Sen after Putnam", *Review of Political Economy*, Vol. 15, No. 3, July 2003, p. 383.
④ Sen, Amartya, *The Idea of Justice*, London: Penguin Books, 2009, p. 120.

帮助下，经常会从观测性的描述中得出包含价值判断的结论。因而，"事实和价值的缠结只是一种方便的简写形式"，① 典型的经常遇到的是三重缠结：事实、习俗和价值（阿玛蒂亚·森从 Walsh 那里借用了这一说法，并且承认普特南已清晰地达出了这种含义）。

在阿玛蒂亚·森看来，借助习俗而形成的对于合理的价值伴随事实的共同理解，使得人们可以正常和有效的交流的，不仅在日常生活中，而且在实际收入、贫困和不平等之类的理论概念上。虽然"糟糕"、"好"和"更好"显然是价值判断性的词语，但并不难理解为什么它们和人们看到的许多事实密切相关。人们不仅在使用这些词语时不会发生歧义，而且不难理解为什么可以达成这种一致。习俗和人们的经验与优先偏好有关，考虑到人类一致的生理和心智的构造，它们很容易被共同接受。比如，理性正常的人不可能真的认为有暴雨的日子是一个"好"天气，暴风雪是一个"更好"的天气，显然，它们都是"糟糕"的。虽然没有明确的规定，但人们对于何种天气能够形容为好却有默会的共识，这显然是习俗在事实和价值之间起到了搭桥的作用。如果非要有人不承认关于这种默会知识上的共识，那么他大可争辩因为好天气是价值判断，所以暴雨雷鸣也是一种好天气，至少他个人认为好。但是，这种强词夺理的争辩只能进一步暴露逻辑实证主义的事实与价值二分法的荒谬。就连把伦理学从经济学中剥离的始作俑者罗宾斯也承认，"习俗具有巨大的重要性"。②

普特南和阿玛蒂亚·森的对话的另一项成果是对阿玛蒂亚·森的福利经济学的新研究纲领的发展产生了巨大的影响：阿玛蒂亚·森在处理正义和非正义这样的政治哲学根本问题时，开始越发注意问题的缠结性质。

得益于和普特南等人的广泛讨论，阿玛蒂亚·森逐渐认识到，罗宾斯关于价值观和事实二元对立的基本命题其实有着极其广泛的含义：即使人们借用效用以外的其他实证信息（例如能力）来进行社会的伦理判断，罗宾斯所强调的伦理判断和可测度的实证信息之间的鸿沟，依然不能被彻底填平。比如，社会和他人帮助一个人增加能力（如让他接受更好的教育）是否应有限度和考虑成本，因为教育是有成本的，一个人天赋越低，达到

---

① Sen, Amartya, "Walsh on Sen after Putnam", *Review of Political Economy*, Vol. 17, No. 1, January 2005, p. 111.
② Robbins, Lionel, "Robertson on Utility and Scope", *Economica*, New Series, Vol. 20, No. 78, May 1953, p. 106.

第五章 基于能力方法的福利经济学的科学哲学解读

同样教育程度的社会成本就越高，于是付出高昂的成本来增加人的一点能力可能会变得不合理。

阿玛蒂亚·森把这种政治哲学的难题交与公共讨论解决，因为对于森来说，能力的选择是协商民主的任务。① 因为森认为，人们不能给出一个能力的最终清单，这项工作太繁杂了，这些清单因不同目的而被使用，且每个目的可能需要自己的清单。既然公共理性的运行（Public Reasoning）及其争论是追求正义时的中心，缠结就是正义观研究的重要概念，因为公共理性的运行及其争论过程中的可交流性依赖于参与者"思维和行动的共享模式"（Shared Mode of Thinking and Acting）。②

于是，在公共协商和讨论中的缠结表现为一种双重任务的属性："通过遵循规则让语言和想象实现顺利有效的交流，同时也用这种语言来表达与传统规则不一致的地方。目的是表述和讨论新的事物，而这一事物又必须通过旧有的表达方式来被人们理解。"③ 这实际上是对于后期 Wittgenstein 在哲学上的语言游戏（Language Games）观点的当代政治哲学回应。

二、能力方法与经济学古典传统的复兴

1. 更多综合方法的福利经济学

在经济学的方法史中，经济学/伦理学二分的产生和延续代表了经济研究的"分离"（Seperation）的思路。与"分离"相对应的另一项重要的研究思路是"综合"（Intgegration），后者的基本动机不难理解，它的作用是把独立分析得到的各个部分图景组合成整体。强调"分离"有两个重要的

---

①普特南近年来也愈发关注公共讨论对于价值批判的含义，进而与哈贝马斯的"协商理论"多有交集。不过与森的思想资源多来自社会选择和公共选择的早期理论不同，普特南继承的是实用主义哲学，尤其是杜威的自由和民主理论的学脉渊源——"对杜威来说，理智的公共探究行为是民主的全部所向"。普特南指出，民主化的理智的"探究要在最后取得成功，就既要求实验，又要求对那种实验的结果的公开讨论，这个发现并不是某种先天的东西，而是我们从具有指导探究的不同模式的观察和实验者学到的东西：从诸如顽固的方法，权威的方法和诉诸所谓先天理性的方法的失败中学到的东西"。参见［美］希拉里·普特南：《重建哲学》，杨玉武译，上海译文出版社2008年版，第205页。亦参见［美］希拉里·普特南：《事实与价值二分法的崩溃》，应奇译，东方出版社2006年版，第131页。
②Sen, Amartya, *The Idea of Justice*, London: Penguin Books, 2009, p. 121.
③Sen, Amartya, *The Idea of Justice*, London: Penguin Books, 2009, p. 122.

动机：其一是为了认识上的清晰，① 当各种事物混杂在一起的时候，有必要分而治之；其二是为了研究的便利，② 同时考察所有的问题会让研究过程变得过分复杂，而更为详尽地分离出整体中的某个部分则更容易得到回报。在处理有用的抽象和基本的现实之间的关系时，需要"分离"和"综合"两种思考方法长期并行。很不幸，经济学似乎在"分离"的研究方向上已经前进得太远，把"综合"的方法完全抛在了脑后，经济学和伦理学的二分就是这种倾向的集中代表。然而，一意孤行的"分离"性理论研究也服从边际产出递减规律：理论研究的目的无外乎两类，"为理论而理论"和"为实践而理论"，在经济学领域，前者意味着解释和分析人类的行为，后者则是对人类的行为做出预测。经济学与伦理学的分离导致的经济学的贫困，既影响了福利经济学（使其研究范围变得狭窄，并使其分析缺乏说服力），也影响了预测经济学（削弱了它的行为基础）。虽然伦理学在性质上无法实证，但却可以通过与经济学的结合，增强了经济学内在的理解力和外在的预测准确性。

"如果确实有福利经济学这样一门学科，而且具体来说，如果福利经济学是处理贫困和其他形式的剥夺问题的，那么它就不能回避实质性的伦理问题。"③ 在这一意义上，在基于能力方法的福利经济学新研究纲领的构建过程中，应该更多采用综合而非分离的方法。也就是说，更加合理的研究纲领要求经济学家们不再像他们自罗宾斯在1932年击败旧福利经济学后一直做的那样，把经济学和伦理学分成各自独立的部分，而是回到对于社会福利的一种人道的和涵盖更广泛的信息基础的评价，经济学的鼻祖亚当·斯密把这种评价视为经济学理应承担的根本任务。

2. 古典理论的第二阶段

普特南和阿玛蒂亚·森的合作和对话的意义在于：一方面，"缠结"及

---

① 在某些人眼中非常清楚的逻辑在其他人看来可能十分混沌，所以有必要把双方的观点拿来进行详细讨论，从而引发了经济学领域若干二分的存在，经济学、伦理学二分就是其中一例。
② 研究的便利是指利用"分离"的研究方法，人们发展出大量的纯经济理论。例如在涉及经济模型的时候，为了"分离"处理的需要，把现实中的某些复杂性排除掉；或者是在考察有关变量的相互关系时，使用相对抽象的推导，把其他变量的影响忽略掉。经济学理论家在研究工作中都会使用某种形式的"分离"，这一目的的"分离"源于斯密（斯密同时也是"综合"研究思路的奠基人），在李嘉图那里得到极大的发展，并且一直延续至今。
③ [美] 希拉里·普特南：《事实与价值二分法的崩溃》，应奇译，东方出版社2006年版，第9页。

第五章 基于能力方法的福利经济学的科学哲学解读

其附属的"厚伦理概念"、"基本价值判断"的概念体系的产生和应用从科学哲学的高度澄清了经济学和伦理学关系的实质,彻底打破了福利经济学乃至整个经济学研究中的迷思;另一方面,作为社会科学皇冠上的明珠,福利经济学的新研究纲领的发展也证明了缠结概念适合作为哲学社会科学领域中跨学科研究的方法论基础。

阿玛蒂亚·森的研究纲领被称为"古典理论的第二阶段",① 第二阶段的任务是恢复经济学对伦理学的问题和概念的关注,同时能够继承第一阶段所创造的严密分析工具。这一评价可谓恰如其分,第二阶段的研究纲领需要抛弃逻辑实证主义残余对于经济学思想的混淆,没有纯的预测经济学,也没有一种特殊的经济学可以被装进贴着福利标签的隔离的盒子里。"所谓事实和价值二元对立的崩溃,不是说我们无法对事实和价值观进行区分,而是针对是否存在不同的思考方法。具体来说就是,它们之间的对立被共同的'缠结'大大减弱了"。②

现代主流的新古典经济学排斥伦理的特征,与其作为伦理学的一个分支的学脉渊源相悖,经济学的鼻祖亚当·斯密的教职就是道德哲学教授。因此,"如果确实有福利经济学这样一门学科,而且具体来说,如果福利经济学是处理贫困和其他形式的剥夺问题的,那么它就不能回避实质性的伦理问题"。③ 更加合理的研究纲领要求经济学家们不再像他们自罗宾斯在1932年击败旧福利经济学后一直做的那样,把经济学和伦理学分成各自独立的部分,而是回到对于社会福利的一种人道的和涵盖更广泛的信息基础的评价,经济学的鼻祖亚当·斯密把这种评价视为经济学理应承担的根本任务。普特南与阿玛蒂亚·森的对话与合作也许指出了恢复经济学的古典传统最有可能的一条路径。

---

① Walsh, Vivian, "Smith after Sen", *Review of Political Economy*, Vol. 12, No. 1, January 2000, p. 20.
② [印] 阿玛蒂亚·森:《关于经济学的研究方法》,余江译,载吴敬琏《比较》,中信出版社2008年版,第三十七辑,第45页。
③ [美] 希拉里·普特南:《事实与价值二分法的崩溃》,应奇译,东方出版社2006年版,第69页。

第六章 基于能力方法的福利经济学的政治哲学含义

第一节 阿玛蒂亚·森对于罗尔斯的正义理论的批判

一、研究阿玛蒂亚·森对于罗尔斯的批判的意义

1. 阿玛蒂亚·森与罗尔斯的思想渊源

罗尔斯无疑是第二次世界大战后最伟大的哲学家之一，如果把范围缩小到政治哲学领域，甚至不必再加上"之一"的谦词。自1971年《正义论》（A Theory of Justice）出版以来，罗尔斯的影响可谓长盛不衰，以致被略带夸张地形容为"罗尔斯产业"（Rawls' Industry）。罗尔斯的重要性在于其划定了当代理解正义的路径，并且将继续在正义理论的发展中扮演着一个重要的构建性角色。但罗尔斯的正义思考模式并不是理解正义的唯一路径，正义问题的研究不应该陷入智力上的静止。

罗尔斯的"作为公平的正义"的思想自诞生以来一直受到多个研究领域的大量引用和批判。这些批判有的属于自由主义者的家族内部争论，如诺齐克（Robert Nozick）的自由至上的观点、哈特（H. L. A. Hart）对基本自由优先的质疑以及哈贝马斯（Jurgen Habermas）对交往理性的呼吁等；有的源于非自由主义的政治哲学家，如麦金太尔（Alasdair MacIntyre）、桑德尔（Michael Sandel）等社群主义者批评《正义论》忽视了社群中的文化传

统对道德养成和社会正义的影响；还有的批评来自哲学领域之外，尤其是经济学领域，阿罗、哈萨尼（John Harsanyi）等诺贝尔奖获得者都对罗尔斯在证明正义二原则时所使用的最大最小准则（Maximin Criterion）提出了严厉的批判。

罗尔斯是一个有着全面知识的学者，在他的众多著作，尤其是《正义论》中，他实际采用的是一种跨学科的研究方法，综合地运用了政治哲学、道德哲学和经济学①等多方面的知识。对于罗尔斯的批评者来说，受自身学科背景的限制，批判基本上都是仅对罗尔斯的整个宏大体系中的某一具体问题展开。批评者们认为罗尔斯的体系存在问题，但是却无法提出一个更有说服力的替代体系。② 所以，如果承认批评者们的观点的合理性，因而罗尔斯的方法不可能是正义研究的唯一进路，那么对罗尔斯体系的全面批判和重塑必须要由一位与罗尔斯有相近的跨学科背景，并且同样对正义问题有持续兴趣的学者来完成。

作为哈佛大学的哲学和经济学双料教授，罗尔斯的同事和朋友，阿玛蒂亚·森也许是最有资格承担这一重任的学者。在 2009 年出版的《正义的观念》中，他以跨学科的批判视角打开了一扇思考正义问题的新窗口。③ 成书后，阿玛蒂亚·森受邀先后在伦敦政治经济学院、哈佛大学和牛津大学等著名学府宣传自己的正义理论。影响所及尽显思想巨匠之风采，吸引了大批哲学家、经济学家和其他人文社会科学领域的学者虚心聆听。普特南在该书封面上直言，这是"自罗尔斯的《正义论》以来在这个主题上最重要的贡献"；格雷（John Gray）更认为该书标志着"当代思想的重大进展"。

阿玛蒂亚·森与罗尔斯的关系可谓亦师亦友。他们的第一次亲密接触

---

①罗尔斯在 20 世纪 50 年代初在普林斯顿大学参加了由著名经济学家 William Bammol 开设的一个研讨班和一个非正式的学习小组，其间阅读了大量的经济学著作。罗尔斯的原初状态的设计受到了经济学的芝加哥学派创始人 Frank Knight 在 1935 年的一篇文章的影响。
②诺齐克的工作可以说是半个例外。之所以是半个，是因为一方面《无政府、国家和乌托邦》一书试图全面挑战罗尔斯的理论，但是另一方面该书是为了论战而写的急就章，其理论体系上缺乏完整性。更遗憾的是，诺齐克在成书后马上就转换了研究方向，并且他的兴趣此后再也没有完全回归这一主题。
③森把自己对正义的研究理解为一种特殊的正义理论，因此他更愿意称自己的理解为关于正义问题的观点，从而区别于正统的正义理论。之所以用"观念"（Idea）代替了"理论"（Theory），是因为前者更强调正义的直觉和情感层面，而不似后者建立在纯粹理性的基础上。

第六章 基于能力方法的福利经济学的政治哲学含义

是1968-1969年在哈佛大学，阿玛蒂亚·森作为访问教授和罗尔斯及阿罗①一起主持了一个涉及政治哲学、伦理学和经济性的研究生讨论班。作为朋友和同事，阿玛蒂亚·森从罗尔斯的评论、批评和建议中受益良多，甚至在思维方式上都受到了罗尔斯的影响。在2009年出版的《正义的观念》这本充满了对于罗尔斯理论的批判②的著作中，阿玛蒂亚·森仍然强调其写作的目的是为了纪念罗尔斯。

2. 《正义的观念》对于福利经济学新研究纲领的意义

在《正义的观念》中，阿玛蒂亚·森老骥伏枥，对自己多年来各个领域的研究做了一次彻底的整合，把社会选择、贫困和饥荒、经济不平等，以及能力方法等熟悉的主题都归并在"非正义"这一研究框架之下；同时，阿玛蒂亚·森还涉及了自己之前较少涉猎的领域，如斯密的同情心理论、共和主义的自由观和全球正义等；在整合与创新中，阿玛蒂亚·森不落窠臼，对自己最主要的研究方向——社会选择理论——做出了理论含义和应用领域方面的新颖解读。考虑到作者的年龄和作品的主题，《正义的观念》可以算是阿玛蒂亚·森的毕生集大成之作，在一定程度上反映了阿玛蒂亚·森晚年学术思想的转向。

对于基于能力方法的福利经济学新研究纲领来说，阿玛蒂亚·森对于罗尔斯的批判是非常重要的。正如以上几章所表明的，福利经济学是关于价值判断的经济学研究，而在公共政策领域，首要的价值判断的主题就是正义。因而，阿玛蒂亚·森提出的（相对于罗尔斯的视角）替代性的理解正义的方式，实际上是回答了基于能力方法的福利经济学新研究纲领在政治哲学高度上的根本问题，是丰富能力方法的理论内涵和扩展能力方法的适用范围的一种重要尝试。

一个理论的性质通常取决于问题意识的差别，阿玛蒂亚·森和罗尔斯的理论分歧的直接原因正是提问方式的分歧，一个要回答的是"怎样才能促进正义"，另一个要回答的是"什么是完美的正义制度"。这种分歧具有双重效果：第一，采用比较或先验的研究方法。第二，在研究对象上聚焦

---

① 阿罗是另一位对于森的思想产生了巨大影响的学者，这种影响不仅源于多年的学术讨论，更是因为森所主要使用的分析工具——"社会选择理论"就是由阿罗创立的。

② 森的批判对象是中青年时期的罗尔斯的理论。森也意识到，罗尔斯晚年的观点已有变化，他先后出版的《政治自由主义》和《万民法》更直接地面对残酷现实，放弃原来抽象的理论进路，在原有的立场上有所后撤。

于社会的现实或聚焦于制度。对于罗尔斯来说，"正义是社会制度的首要德性"。① 他在正义研究中的核心关注是确立一致同意的正义原则，再用获得的原则作为依据来规定什么是完美的正义制度。在阿玛蒂亚·森看来，正义理论应该聚焦于人的行为和现实的非正义，对完美的正义制度的诉求顶多只具有工具性的意义。

问题意识的差别背后隐藏着深刻的哲学背景差异，阿玛蒂亚·森和罗尔斯所代表的政治哲学传统的不同决定了各自的理论进路。阿玛蒂亚·森把罗尔斯的研究方法和对象概况为所谓的"先验制度主义"（Transcendental Institutionalism），与之相对的则是"现实聚焦比较"（Realization - focused Comparison）。二者分属于西方政治哲学史上的"契约"（Contractarian）传统和"比较"（Comparative）传统。

"先验制度主义"即契约论的传统发端于17世纪霍布斯的哲学贡献，随后被洛克、卢梭和康德等哲学家所发展。"先验制度主义"能成为今日政治哲学的主流显然要归功于罗尔斯的《正义论》所产生的影响，它使得完美正义的制度特征成为了当代政治哲学的焦点论题。诺齐克、德沃金（Ronald, Dworkin）等重要的政治哲学家都可以在广义上归入这个传统。

不同于"先验制度主义"的抽象化和制度导向，斯密、孔多塞、边沁、马克思和穆勒等哲学家通过"现实聚焦比较"来讨论正义问题。这类理论关注对业已存在或者真实可达的社会状态的比较，拒绝在关于正义的分析中先验地推导完美正义及其制度体现。森对正义的研究继承的正是政治哲学中的"现实聚焦比较"传统。在哲学史上，每当先验哲学的逻辑演绎达到一个新的极致，亲近日常生活的哲学观便会起到纠偏的作用，呼吁哲学思考回归常识。

所谓的"先验制度主义"，实际上由"先验"和"制度主义"两部分组成，所有的具体理论分歧在本源上都可归因于"先验与比较"之间和"制度主义与现实"之间的方法论鸿沟。

基于"先验与比较"和"制度主义与现实"这两对彼此对应（互替和/或互补）的关于正义的研究取向，本书将尝试讨论：阿玛蒂亚·森与罗尔

---

①[美]约翰·罗尔斯：《正义论（修订版）》，何怀宏、何包钢、廖申白译，中国社会科学出版社2009年版，第3页。

第六章　基于能力方法的福利经济学的政治哲学含义

斯在表面的理论分歧背后的哲学实质，是为阿玛蒂亚·森对于罗尔斯的批判；① 阿玛蒂亚·森的正义理论的新范式也有尚待解决的难题，解决这些疑难需要开发阿玛蒂亚·森与罗尔斯之间的理论互补性，是为对批判的批判。

二、先验与比较：批判的第一个层面

1. 先验方法的概念和问题

先验方法是指从（很可能是非常牵强的）假设出发，通过抽象演绎获得关于什么是完美正义的一般性概念。先验方法的特征是：只在乎完美正义的确认，忽略非正义问题。它仅仅关注理想化的正义的抽象含义，而不涉及对非理想化的现实社会状况的比较。

先验方法存在两个问题，足以使其无法成为分析正义的可行方法。第一，即使在保持严格的中立性，并且存在对与正义社会的性质的开明审查情况下，也可能无法达成关于正义的合理的协议，这是找到正义的先验解决方案的可行性（Feasibility）问题。第二，当涉及实际的备选方案时，需要一个可代表实践理由的正义的比较框架，以便在可行方案之间进行选择，确认一个先验的最优状态无法实现这一目标：这意味着寻找一个先验解决方案的努力的冗余性（Redundancy）。

---

①森的批判对象主要是前期的罗尔斯的理论。森也意识到，罗尔斯的后期观点已有变化，在原有的立场上有所后撤。所以，还要提一下罗尔斯本身理论观点的变化，因为这涉及森的批评是否只适用于罗尔斯的《正义论》。罗尔斯的观点在《正义论》和《政治自由主义》之间发生了戏剧性的转变：在前者中捍卫的正义原则在后者中被视为其反对的统合性自由学说的（Comprehensive Liberal Doctrine）一种。之所以发生了这种变化，是因为罗尔斯日益意识到在民主社会中合理的多元主义是不可避免的：公民们享有各种冲突的合理的统合性学说。契约主义的正义力量的对手并不只有功利主义。罗尔斯的目标转为去证明，在这样一个多元化的社会中，一个关于社会基本结构中的正义原则的协议如何可能达成。对于两个正义原则的证明摆脱了形而上学，而成为了一种致力于实现美好生活（Good Life）的民主社会的政治诉求——一种政治正义。然而，即使罗尔斯做出了在政治哲学野心上的让步，其使用的仍然是先验性质的证明路径，依旧试图先验地推导出正义原则（只不过现在这些原则的适用范围比之前要窄）。罗尔斯仍然相信：虽然公民们可能对于宗教信仰和如何构建美好生活有不同的看法，但他们在深思熟虑后趋于达成一致——应该如何看待成员间的多样性，并且达成一个对于整个组群都公平的正义原则的集合。这导致了罗尔斯仍然执着于对假说性的理想化理论的探索，而把许多非制度的与正义相关的主题排除在其工作范围之外。所以，森的批判对于罗尔斯的后期理论仍然有很强的针对性。当然，不可否认，后期的罗尔斯已经注意到了合理的多元化，这与森在《正义的观念》中对价值和理由的多元性的强调是一致的。

先验方法的可行性问题源于价值和理由的多元性（Plurality）。美国本土的实用主义哲学传统一直以来的一个重要特征就是拒绝普遍性原则（Universal Principles）。有趣的是，罗尔斯这样一个地道的美国人对非本土的普遍性原则毫不犹豫地加以使用和发挥，反而是身为印度人的阿玛蒂亚·森却倾向于实用主义，提倡在不同情境下价值和理由的多元性。阿玛蒂亚·森的价值多元性的观点还受到英国哲学家柏林（Lsaiah Berlin）和威廉姆斯（Bernard Williams）的影响，尤其是后者曾与阿玛蒂亚·森一起编辑过批判功利主义的文集 Utilitarianism 和 Beyond（1982）。多元正义的观念的另一个思想渊源是反映了哲学的语言转向后的真理观——不可能存在统一的终极真理，只有对话所增进的理解。维特根斯坦（Ludwig Wittgenstein）是语言转向的领军人，他坦承当时同在剑桥大学的经济学家斯拉法（Piero Sraffa）教给了他一种看待哲学问题的"人类学方式"，于是才有了后期维特根斯坦的哲学转向，而阿玛蒂亚·森正是受斯拉法影响的剑桥毕业生之一（Sen，2003）。

对于阿玛蒂亚·森来说，考虑正义问题要参照具体的情境，而不是一个假想的真空状态，这种事实、价值与习俗（Conventions）的三重缠结的观点受近年来皈依实用主义哲学的普特南的启发（Putnam 和 Walsh，2011）。所以阿玛蒂亚·森举了一个具体的例子来说明价值观的多元性是如何摧毁先验方法的可行性的。3个小孩为一把笛子的归属展开争论：Anne 说她是唯一会吹笛子的人；Bob 说他是唯一没有任何玩具的人；Carla 指出是她花费了几个月时间制作了这把笛子。三方的理由显然都有其合理性，那谁应该得到笛子呢？功利主义者会支持 Anne，平等的理由会把笛子给予 Bob，而自由至上主义者则认为 Carla 保有笛子是理所当然的。因此，任何正义理论必须首先承认这些多元的冲突原则的存在，而不是如先验方法只承认唯一的正义原则。实际上，从不同的假设出发可以先验地推导出不同的正义原则，它们可能支持完全相反的立场，如哈萨尼就完成了对功利主义原则的先验公理化证明。所以，通过提升先验证明的公理化水平（这是罗尔斯在《正义论》中试图做到的）并不可能消除实际情景下的价值多元性。

先验方法的冗余性问题可分为充分性和必要性两个因素。首先是充分性，即使存在超验的完美正义的概念，也无法把任意两个实际的状况与之进行比较，从而形成对二者的排序。因为对社会状况的描述必然是多维度的，现实和理想之间的距离需要在多维度上进行测量，这时价值的多元性

第六章 基于能力方法的福利经济学的政治哲学含义

问题就会出现。其次是必要性,在对备选对象进行排序,比如判断一项政策方案 x 是否优于另一项政策方案 y 时,没有必要了解在所有备选项中哪一项是最优的,或者用描述正义状态的术语来说是"绝对善"(Absolutely Right)的。阿玛蒂亚·森还是用他擅长的举例法来说明冗余性问题:知道"蒙娜丽莎的微笑"是世界上最完美的绘画,对于决定 Dali 和 Picasso 这两位画家谁更为优秀并不是充分条件;同时,当面对这两个选项时,也根本没有必要知道什么才是世界上最完美的绘画。所以,确立完美正义对于进行选择既不充分也不必要,甚至没有任何帮助。

2. 比较方法的分析工具:对于社会选择理论的新理解

如果先验方法对于研究正义并不适用,那么比较方法又是否可以作为一种可行的研究进路呢。或者说,既然森证明了什么是完美正义社会的问题对于一个有用的正义理论来说不是一个好的起点。那么,替代性的,需要一个公共推理(Public Reasoning)的程序,它能够为可实现的备选方案排序——这就是社会选择理论的方法。①阿玛蒂亚·森正是因为对社会选择理论的发展而获得了诺贝尔经济学奖。

Rawls(1963)就指出其把契约论视为一种"分析构架"(Analytic Construction),而由于《正义论》的巨大影响,契约论成为了正义研究的主流分析工具。为了进一步维护比较方法的学术合法性,祛除契约论作为分析工具——其最现代的形式是罗尔斯的"无知之幕"(Veil of Ignorance)——的影响,阿玛蒂亚·森必须证明:社会选择理论是处理聚焦于现实的非正义概念的更合适的工具。为了完成这项证明,森阐述了社会选择理论如何契合于比较方法的 3 个特征:社会选择的结果表现为对不同的现实备选方案,以涉及者的评估(关注实际生活)为基准进行排序,不要求必须产生一元的最优方案(承认价值多元和利用局部排序)。

罗尔斯所代表的先验契约主义方法致力于为分配判断寻找一项完全排序,这些理论家们根本不关注局部非完全排序在正义分析中的价值。反之,对于聚焦于现实的非正义的比较方法来说,中心问题是通过比较获得适当的指导。因此,比较方法只要求存在局部排序就可以解决大部分正义问题。

比较方法的特征之一是承认多元化的彼此冲突的价值原则的存在性和合理性,而价值原则的多元化的结果是不同的优先性(Priorities)生成不同

---

①Sen, Amartya, *The Idea of Justice*, London: Penguin Books, 2009, p. 17.

的排序，这些排序中交叉或共享的部分会产生一个局部序。这种局部序虽然不能处理全部的备选方案对（Pairs of Alternatives），但是对于部分备选方案却能做出清晰和内在一致的选择。没有任何必要去寻求必须在每一种情况下都不容置疑的最优或正确的选择。人们并没有生活在一个"全是或全非"（All or Nothing）的世界中。

通过鉴别出备项中存在的明显的非正义选项，比较方法的第一个特征，即"局部序"可以通过社会选择理论给人们很大的指导。情形一：定位一个选项 x 于 y 和 z 之上（y 和 z 都存在明显的非正义），而不需要排序 y 和 z，据此就可以追求 x，并且不必考虑 y 和 z。情形二：如果对正义的理由的审视没有产生一个 x 和 y 之间的排序，但确定了 x 和 y 都优于 z（只有 z 属于明显的非正义），那么没有一个仅源于正义考虑的特定选择。不过，正义的理由会指导人们拒绝和删除选项 z，因为它明显劣于 x 和 y。① 森认为，人们没有理由低估从局部序中得到的帮助，虽然它对于部分选择只能保持沉默，但在很多情况下却具有很高的清晰性。

社会选择理论是比较方法的基本分析工具，而先验方法所要求的最优选项在大多数情况下却不可能通过社会选择理论来获得，这部分源于比较方法的第二个特征——价值的多元性。唯一的例外是，当存在良序（Well-ordering）排列时——对于一个有限集合的完全和可传递的序——成对比较的集合一定能够确定一个最优方案。然而，不完全性是否决这种良序的可能存在的最重要的理由，"信息鸿沟和信息完全时对同一问题完全不同的理解"② 都会导致不完全性。即使假设每个人对于可能的社会安排有一个完全序，由于罗尔斯式的契约论的正义理论要求不同人之间达成协议，先验方法渴望的最优选项很可能在个人偏好集合为集体选择的过程中破灭。因为，虽然可以通过无知之幕之类的设置把个人的既得利益和私人优先性屏蔽掉，但是在社会优先性上仍然会有冲突。比如 3 个孩子对于横笛使用的争论。由于个人评估的不完全和人际间评估的不一致，持续的不完全性可能是社会正义判断的一个重要特征。这使得对一个完美正义社会的确定疑问重重，也使得先验结论难以推导。这进一步证明了比较方法是一个独立范式，而不是为先验方法服务的工具。

---

①Sen, Amartya, *The Idea of Justice*, London: Penguin Books, 2009, p. 399.
②Sen, Amartya, *The Idea of Justice*, London: Penguin Books, 2009, p. 103.

第六章 基于能力方法的福利经济学的政治哲学含义

遵循比较方法的第三个特征，社会选择理论聚焦于现实的视角会使得人们更容易理解阻止真实世界存在的明显的非正义的重要性，而非寻求完美正义。正义的实现并不仅仅是判断制度和规则，更包括判断社会本身。正义的主题并不仅仅关于试图达到，或者梦想达到的完美的正义社会或制度，更涉及阻止明显的严重的非正义。当生活在奴隶制的现实环境中时，奴隶制所导致的无法忍受的非正义使得取消这种制度具有压倒性的优先性（即在全部的备选方案集合中排除明显的非正义选项，从而大大提高面向现实进行公共政策选择时的清晰性），而这并不要求对于什么是完美正义社会问题达成一致同意。

阿玛蒂亚·森对于社会选择理论的新的解释和应用反映了该理论与罗尔斯的无知之幕的设置的相异性。

即使通过无知之幕之类的设置在客观层面把个人的既得利益过滤掉，但是在主观层面价值观仍然会有冲突，比如笛子所引起的争论。由于合理的价值的多元性，持续的不完备（Incomplete）可能是正义研究的必然宿命。所以先验方法所主张的获得"完备排序"（Complete Ordering），至少是确认最优选项的研究路径，并不在所有逻辑可能的研究方案的集合之中，又由于所有现实可能的研究方案的集合是所有逻辑可能的研究方案的集合的一个极小的子集，故而"完备排序"在关注现实的正义研究中是不可行的。

相反，比较方法以相互抵触的多元化价值为思考前提，承认多元化的存在和合理性。在社会选择中，各个相关方持有不同的价值观，价值的多元性意味着不同的优先性主张，每种主张会对全部备选项生成不同的排序。但是，"虽然所有相关方都有一套完备的且不一致的关于正义的排序，这些排序的'交集'，即相关各方共享的信念，仍然可以借由某种程度上的排序相似性而出现"。①

基于排序的共享性和内在逻辑一致性，这种以交集为基础的局部序虽然（因为不完备）不能处理全部的备选项，但是对于关键的共识部分的备选项却能做出清晰和一致同意的选择。所以，没有必要寻求所谓的普遍原则，即对于每一种情况都有唯一的最优选择。以交集为基础的"局部非完备排序"（Partial Incomplete Ordering）是阿玛蒂亚·森在社会选择理论上的

---

① Sen, Amartya, *The Idea of Justice*, London: Penguin Books, 2009, p. 104.

基于能力方法的福利经济学

一个新突破，拓宽了社会选择理论的理论含义和应用可能，使其可以处理很多关于正义的具体选择问题。当以社会选择理论作为正义问题的分析工具时，人们完全没有必要低估局部序在正义分析中的功用，尤其是当关注焦点集中于非正义时。① 进一步说，价值和理由的多元性也许正是政治哲学存在的原因所在：如果价值是唯一的，那么一个社会就会只具有同一个声音，受一个统一的追求所驱动。那么，此时存在的将只是目的和手段之间的关系，即如何以最优的手段实现既定的目的。这种讨论是技术性的，是科学家的任务，所涉及的只是工程学的知识，而与政治哲学无关。

因此，使用局部序就可以完成比较性的正义研究。在分析现实的非正义时，局部排序节约信息和增加选择的清晰性的优势会得到凸显。对于大多数实际的促进正义的公共行动，人们需了解的必要信息只涉及什么是绝对应该被立即消灭的明显的非正义，人们可能不知道也不需要知道什么是完美的正义，但通过局部排序就可以消除在所有社会状况的可能性集合中的最差选项。比如，只要人们都认同大面积的饥荒是明显的非正义，公共政策就应该采取行动。

3. 中立性：封闭的与开放的

在研究阿玛蒂亚·森对罗尔斯的制度主义的批判之前，还要讨论一个与先验和比较方法有关的重要的哲学问题，就是基于两种方法的正义理论在"中立性"（Impartiality）问题上的不同。中立性问题之所以重要，是因为获得中立性的方式和产生的中立性的性质直接决定了一种正义理论的说服力和适用范围。

在罗尔斯看来，公平是正义的前提。什么是公平（Fairness）这个基础的观念可以用各种方式来刻画，但是它的中心必须是阻止人们的价值偏见，同时关注他人的兴趣和关心，并且特别要注意避免被各自的既得利益所影响。这可以被广泛地看做是对于中立性的需要。罗尔斯的理论的中立性源于他的原初状态的构建，该构建是作为公平的正义理论的中心。"在假想的原初状态中对于正义原则的确定需要满足中立性，这是公平所必须的。"②

---

① 情形一：已知选项 x 优于 y 和 z 之上（y 和 z 都存在明显的非正义），不需要排序 y 和 z，据此就可以追求 x。情形二：如果只确定了 x 和 y 都优于 z（只有 z 属于明显的非正义），而无法对 x 和 y 排序，那么不能做出符合正义的唯一选择，但显然可以为了正义的理由毫不犹豫地删除选项 z。
② Sen, Amartya, *The Idea of Justice*, London：Penguin Books, 2009, p.54.

第六章 基于能力方法的福利经济学的政治哲学含义

罗尔斯发展了契约主义的传统，在"原初状态"（Original Position）中创造性地嵌入了"无知之幕"的设计。利用无知之幕所设定的"约束条件（Constraints）体现了对社会合作的公平条件所施加的限制"① ——在原初状态中理性的（Rational）和相互冷淡的（Mutually Disinterested）各方除了有关社会理论的一般知识外，不知道任何有关个人和所处社会的特殊信息。② 罗尔斯规定立约者（"代表性个体"）必须在幕后进行选择，其目的在于利用这一代表设置（Device of Representation）屏蔽所有关于立约者既得利益的信息。通过幕布的信息屏蔽功能，罗尔构建了一个公平的仲裁模式，从而实现在原初状态下参与者的选择的"中立性"，即"无人可以设计有利于他的特殊情况的原则"。③

由于把功利主义当做了契约主义唯一值得重视的对手，罗尔斯没有以借鉴的态度注意二者之外其他实现"中立性"的方法，比如斯密（Adam Smith）的"中立观察者"（Impartial Spectator）的设计。罗尔斯在《正义论》等著作中过度关注了休谟，却忽视了斯密（正是后者丰富和拓展了中立观察者模型）。于是，罗尔斯在斯密和古典功利主义的关系上做出了误

---

① [美] 约翰·罗尔斯：《正义论（修订版）》，何怀宏、何包钢、廖申白译，中国社会科学出版社 2009 年版，第 17 页。
② 在此意义上，无知之幕可以有广泛的应用，甚至是用于证明功利主义的观点。例如，1994 年诺贝尔经济学奖获得者 John Harsanyi 运用本质上几乎与罗尔斯一样的设定，证明了下述重要定理：假定社会偏好与个人偏好一样满足 von Neumann – Morgenstern 的理性条件，并且如果全体个人的无差异意味着社会无差异，那么社会福利必定是全部的个人效用的加权和。若再附上匿名性（Anonymity）的要求（Harsanyi, 1953, 1955）。Harsanyi 的社会福利的含义可以归结为全体个人效用的未加权总和，也就是古典的功利主义。森（2002）对 Harsanyi 的理论的评价是："Harsanyi 通过考察'假设'选择的状况，其中想象一个人确实考虑变成另一个人，来拓展效用的定义，以进行人际比较。确实，Harsanyi 的效用主义福利经济学学派的基础是，就每个人拥有相等的机会变成社会中任何一个人的情况，来评价一种社会安排。这是一个极其有益的思想实验，而且它细致地给出了对于公平的一个一般性方法的一个精确形式。但是这种假设的选择不容易在实践中运用来做实际的比较，因此这个学派的主要优点是纯粹概念性的"（参见 [印] 阿玛蒂亚·森：《以自由看待发展》，任赜、于真译，中国人民大学出版社 2002 年版，第 74 页）。也就是说，Harsanyi 为边沁式功利主义所进行的辩护在公共政策领域并没有太大的实际价值，其仍然没有包含任何的非效用信息。森认为人们应该在尊重个人权利的基础上构建社会福利函数。当个体偏好 A 甚于 B，并且对于 A 或 B 的选择属于其私域，因此其选择应该被尊重时，社会就应该偏好 A 甚于 B。Buchanan、Nozick 等也认为，在事关财产权等相关权力问题时，政府并没有合理的权力去干涉个体自己选择的权利；在考虑公共政策时，这些权利应该被视为不可由功利考虑替代的。
③ 同①，第 10 页。

判，继而错误地理解了中立观察者模型。罗尔斯把休谟和斯密所提出的中立观察者理解为：或者是"理想（Ideal）观察者"方法的一个特例，从而可以"用契约论的观点来补充中立观察者的定义"；①或者是推导古典功利原则的一种方式。实际上，中立观察者方法对正义的判断也是基于对公平的需要，它既不是一个社会契约模型，也不是效用最大化（或其他任何代表善诉求的指数的最大化）模型。②

针对罗尔斯对中立观察者模型的误读，阿玛蒂亚·森区分了两种不同性质的中立性："封闭的中立性"（Closed Impartiality）和"开放的中立性"（Opened Impartiality）。罗尔斯的中立性属于前者，而斯密的中立性属于后者。

之所以称罗尔斯的理论代表了封闭的中立性，是因为原初状态"缺少对地域性（Local）的因而可能是狭隘的价值观的开放审视"。虽然通过对信息的屏蔽，无知之幕有效地消除了焦点组（Focal Group）内的既得利益和不同的私人倾向性的影响。但是以互利（Mutual Benefit）为特征的论证把正义的视野和中立性的范围限制在了可实现对称性和相互性的焦点组内。无知之幕无法超越以焦点组为界限的身份管制，激发从他人视角的审察。在这方面，作为公平的正义中的封闭的中立性只能被视为一种狭隘（Parochial）的建构。在原初状态中，没有系统的方式启动基于他人视角对地域性价值观的审查。于是，罗尔斯的代表设置未能注意非立约参与者的声音，考虑他们的利益，从而阻止陷入宗派主义狭隘性的陷阱。例如，在国家间关系领域，封闭的原初状态就无法给以下事实以充分的权重：一个国家的行动可能严重影响在其他社会中生活的人们，因此在判断正义和非正义时必须考虑这种外溢的影响。

封闭的中立性源于罗尔斯采用的先验的哲学证明方式。不论在《正义论》原版还是修订版中，罗尔斯都认为"正义论是理性选择理论（The The-

---

① [美] 约翰·罗尔斯：《正义论（修订版）》，何怀宏、何包钢、廖申白译，中国社会科学出版社2009年版，第185页。
② 休谟的确具有功利主义倾向，但斯密（与经济学家们的一般认识恰恰相反）明确反对道德的效用解释。

ory of Rational Choice)① 的一部分，也许是它最有意义的一部分"。② 并且，罗尔斯还坚持"对理性这样一个概念必须尽可能在狭隘的意义上理解，即经济理论中通行的那种意义：采取最有效的手段来达到既定的目的"。③ 于是，罗尔斯就把对正义原则的主体间的现实讨论变成了原子式个体在一定的约束条件下求最优解的数学问题——理性的个体在进行私人利益最大化的计算时当然不会考虑与切身利害无关的外部效应，所以中立性即使存在，也只能是在焦点组内封闭式的。

相反，斯密的模型坚持要求在实现中立性的过程中必须充分知情（Fully Informed），因而中立性是开放的（而非地域性的封闭的），可以立足于他者的视角来相互感受彼此的情感。借用"中立观察者"的代表设置，可以不仅关注罗尔斯所考虑的屏蔽焦点组内的既得利益，而且还关注罗尔斯所忽略的超越焦点组范围的地域性狭隘价值观问题。中立观察者的作用是创造空间来倾听更多的声音，不论其距离的远近，不仅是来自做决策的组织内部，也不光是涉及利益相关者。听到他人观点可以帮助人们实现一个更完整和更公平（Fairer）的正义判断。通过中立观察者的设置，阿玛蒂亚·森可以在正义问题上推进到全球正义（Global Justice）领域，而无知之幕设置只能回答国家内部的正义问题。④

森—斯密的"中立观察者"模型能够达成开放的中立性与其使用的比较方法有关。斯密在进行道德推理时，中立性——并不需要（如罗尔斯那样）采用与相互获益的合作相联系的形式，并且也能够容纳我们认可的非对等的责任和义务——源于人类特有的"同情"天性。

作为对《正义的观念》的补充，阿玛蒂亚·森（2010）指出：与通常的理解相反，斯密并没有简单地认为仅凭纯粹的市场机制就可以达成社会

---

① 森区分了"理性"（Rationality）和"合理"（Reasonableness）："对于理性来说，残留的自我中心的观点和见解在自己参与的审查中居于中心；人们要非常注意，在带领人们超越理性进入一个与其他人相联系的合理的行为时，从他人的视角的决定性的审查扮演了一个重要的角色。"（See Sen, Amartya, The Idea of Justice, London: Penguin Books, 2009, p. 197.）
②③［美］约翰·罗尔斯：《正义论（修订版）》，何怀宏、何包钢、廖申白译，中国社会科学出版社2009年版，第13页。
④ 罗尔斯的晚年著作《万民法》试图把自己的正义理论推广到国际领域。除了无知之幕的设置所固有的狭隘性外，罗尔斯的方法是以国家和其代表为分析主体，而不是以个人为主体，这在方法论的合法性上是非常可疑的，不仅违背了《正义论》中隐含的方法论个人主义的预设，而且忽略了个人选择集结成社会选择的复杂过程。

的美好状态，他更没有认为自利乃至谨慎（Prudence）就可以自动实现社会繁荣与和谐（即使谨慎对于个人来说是最有用的），而是反复强调了那些有利于他人的社会美德和动机的重要性。越是到自己生命的后期，在见识了不加限制的资本主义和自利追求所造成的礼坏乐崩之后，斯密就愈发意识到了在市场过程中道德情操的重要性，而不耐其烦地修订《道德情操论》的早期版本中可能被误解之处。① 2008年金融危机中所暴露的华尔街的贪婪是对斯密观点的当代回应。将斯密的复杂思想人为地矮化为鼓吹个人的自利，这实在是思想史的一大悲剧。

在斯密看来，同情心是每个普通人类都具有的基本情感，其是指"关心别人的命运，把别人的幸福看成是自己的事情"。② 同情天赋意味着人类在进行正义判断时具有情境想象的能力，可以在各种特定的情境间进行转换，这使得人们能够换位思考人们要施以正义判断的他者所处的特殊情境，从而在相当大的程度上了解该名对象的感受。只有通过这种想象力，才能"设身处地地想到自己忍受着所有同样的痛苦"，③ 从而使自身的感情与他者所感受到的情绪产生共鸣。显然，同情产生意味着可以比较不同人的现实状况，而情境想象力和代入式的同情感构成了在森—斯密的"中立观察者"体系中运用比较方法的心理学基础。

不同于罗尔斯的原初状态的代表设置只能消解客观的既得利益，而无法解决主观的价值理念冲突，④ 斯密的中立观察者模型的优点是乐于正视不同的中立性观点的合理多元化。虽然公开和充分知情的对话会使得不同的中立性观点——只考虑小范围参与者或者考虑到遥远的个体的呼声——之间有相当程度的收敛，但是由于价值和理由的多元化的天性，仍然只能产生非完备的社会排序，想实现对正义的完备的评估以便可以解决每一个待

---

① 斯密在生前共对《道德情操论》修订了6次，出了7版，对《国富论》修订了4次，出了5版。斯密晚年在对《道德情操论》的修订中显然投入了更多的精力。1789年，《道德情操论》出了最后的修订版，斯密在同年去世。在后来的修订版本中，斯密对于自发的资本主义和放任的个人自利的态度越来越悲观。
②［英］亚当·斯密：《道德情操论》，蒋自强、钦北愚、朱钟棣、沈凯璋译，商务印书馆1997年版，第5页。
③ 同②，第6页。
④ 这也是为什么后期罗尔斯要退守到政治生活领域：在罗尔斯看来，公民可能对于宗教信仰和如何构建美好生活有不同的看法，但在政治领域，他们在深思熟虑后趋于一致同意应该如何看待成员间的多样性，并且能就一个对于整个组群都公平的正义原则的集合达成协议。

第六章 基于能力方法的福利经济学的政治哲学含义

决定的问题是没有希望的。不过这并不是比较现实的框架的一个弱点或空白点,而是价值和理由的多元化的一个值得庆祝的逻辑推论(反映了真正意义上的民主的本质)。斯密的中立观察者当然是一种服务于关键审察和公共讨论的设置,它因此不需要一致同意的普遍性。相反,罗尔斯正义理论却因在完美政治上的拘囿而有那种需要。庆幸的是,对于公共行动来说,就特定的促进正义的方向达成合理的协议就足够的。由于不能期望就一个完美正义社会的原则达成一致,因此,更关键的焦点应该是现实中的明显的非正义,比如取消奴隶制,消灭剥削,消除两极分化。于是,合理价值的多元性宣告了先验方法的破产:每一种学说都提出了直接的正义的解决方案,但是它们显然彼此迥异,不可能存在任何可确认的关于完美正义社会的一致同意。

三、制度主义与现实:批判的第二个层面

1. 扮演工具性角色的制度

先验方法通常表现为对制度的排他性关切。① 罗尔斯的"作为公平的正义"的思路所产生的正义原则唯一关注的是正义的制度(构建社会的基本结构),同时要求人们的行为完全与制度发挥适当作用所需要的条件一致。由于社会的性质除了源于任何给定的制度集合外,也依赖于非制度的特征,例如人们的实际行为和他们的社会联系。在详细阐述制度的可能结果时,如果一个先验的制度主义者的理论想要对此做出评论,一些特定的行为假设会被提出以帮助选择制度。可见,先验方法完全忽略了不同具体情境的差异,把人的行为处理成同质的特设性假设,继而证明制度的可行性服务。这种对正义研究对象的设定——正义应该按照组织性的制度安排的方式来概念化(包括制度、规制和行为规则)——被称为"聚焦于制度安排"(Arrangement-Focused)。

与罗尔斯相反,阿玛蒂亚·森认为制度在追求正义时只能扮演工具性角色——服务于个人和社会的行为的决定。所以,对森来说,所需要的理

---

① 先验方法和制度之间通过唯一的最优解所形成的联系是不稳定的。由于从不同的公理化体系中可以推导出迥异的正义原则,契约主义的理论无法告诉人们,在一个相互竞争的多元性的正义原则集合的基础上,一个特有的制度集合是怎样被选择出来的。一旦放弃了罗尔斯式正义原则的特定性,制度设计显然会产生严重的不确定性。

论不应该局限于对制度的选择,或者辨识什么是理想的制度安排。人们需要一个基于现实可行基础上的对于正义的理解,它强调正义不能隔绝于人们的实际生活。制度和规则当然很重要,且它们也是真实世界的一部分,但是现实生活中的事实远远超出了可组织化的图景。"聚焦于现实"(Realization - Focused)的视角的优势在于使得人们更容易理解消除世上的明显的非正义的重要性,而非寻求完美正义。正义的实现并不仅仅是判断制度和规则,更包括判断社会本身,尤其是作为目的而非手段的人的状况。

2. 正义理论的信息基础:能力方法与基本物品

一旦把关注的焦点集中于现实社会中人的真实状况,那么一个问题就显得很重要——如何选择正义的合适测量测度,即所谓的信息基础(Informantional Bases)。在森看来,"不同正义理论真正的切中要害之处,在很大程度上可以通过其信息基础来理解:哪些信息被认为是——或者不是——直接切题的"。①

阿玛蒂亚·森承认,在信息基础方面,罗尔斯的正义理论有一个替代功利主义的重要理论贡献:通过使用"基本物品"的概念来测度福利——意味着追求个人的复合性目标——罗尔斯对于自由的重要性给出了间接的承认。但是,由于将制度作为正义的主题,对于人类自由的关注只能是间接且不完整的。结果是,基本物品对于罗尔斯来说"是与社会基本结构相联系的,它们是社会的善:自由束(Liberties)和机会是由主要制度的规范确定的,收入和财富的分配也是由它们调节的"。②

相反,对于阿玛蒂亚·森来说,制度的重要性仅仅在于作为实现自由的工具,它本身并不是目的。所以,正义需要关注人们的实际生活,其在信息基础上应该按照"按照能力定义的自由"来衡量。阿玛蒂亚·森认为,"一个建立在公平基础上的正义理论必须深深地和直接地关注每个不同的人所享有的实际自由——不论人们是否带着不同追求——以使得他们所拥有的不同的生活都有理由去珍惜"。③

"按照能力定义的自由"可以处理一些基本物品概念无法应对的现实正

---

① [印] 阿玛蒂亚·森:《以自由看待发展》,任赜、于真译,中国人民大学出版社 2002 年版,第 62 页。
② [美] 约翰·罗尔斯:《正义论(修订版)》,何怀宏、何包钢、廖申白译,中国社会科学出版社 2009 年版,第 71 页。
③ Sen, Amartya, "Justice: Means versus Freedoms", *Philosophy & Public Affairs*, Vol. 19, No. 2, 1990.

第六章 基于能力方法的福利经济学的政治哲学含义

义问题。

在个人的目的和手段之间有两个差异的来源。一个可能是彼此的目的不同,人们持有不同的善观念(Conceptions of the Good)。另一个是个人将资源转化为自由,即以手段实现特定目的时转换率(Convert Ability)的差异。①

在《政治自由主义》等后期著作中,罗尔斯对于第一种差异表现出极度的敏感性,并且渴望保留对这种多样性的尊重。但是罗尔斯认为不同的统合性的善观念要求大致相同的基本物品,且可服务于所有的不同目的,而没有考虑一些人的目的很难依靠基本物品来实现。森不仅关注第一种差异,而且还关注第二种差异,即在把作为资源的基本物品(手段)转化为自由(目的)时不同个体的转换率的差异。

由于关注的焦点只局限于第一种差异,罗尔斯的原初状态中的代表性个体无法兼容(不论是暂时或永久,物理或心理的)残疾者。罗尔斯假设在原初状态中的每个当事人的物理和心理状态大致平等,并且都在正常范围之内。所以,罗尔斯把残疾者搁置到基本的正义原则已经被确立之后再考虑,残疾者的需求在设计基本物品清单和任何其他关于正义原则的事情时都不会被考虑。这意味着残疾者为了获得同样水平的(以能力定义的)自由的不同需要,无法包括在罗尔斯的理论中。以基本物品为信息基础意味着在进行人际比较时聚焦于代表一般性手段的资源,并且寻求按照手段而非人们能从手段中获得什么的方式来回答正义的问题。

阿玛蒂亚·森批评罗尔斯忽视了人的转换率的不同,故而差别原则(Difference Principle)不能为对残疾人的基于不同转换率的再分配辩护。对此,罗尔斯在其 2001 年的最后一本著作《作为公平的正义:正义新论》中回应是,应该将这种极端情况搁置到立法阶段(第二阶段),直到已经建立了一个稳健而有说服力的正常情况下的正义理论。

但是,基本物品的转换率的问题并不是只存在于少数极端情况,人际间在把基本物品变为他们想过的生活时的转换率的差异实际上无处无时不在,至少存在 3 类会影响商品等资源投入转换为个人的以能力定义的自由的因素(Robeyns,2008):个人转换因素,如新陈代谢、生理状况、性别、阅

---

① 效用含有一个基本物品所不具备的个人化的尺度。在这一点上,能力方法与效用理论达成了一致,而基本物品却忽略了这个问题。

读技巧和智力；社会转换因素，如公共政策、社会和宗教规范、性别分工、社会层级，以及权力关系；环境转换因素，如气候和基础设施。

由于从基本物品或资源到可选择和实现的特别的生活的转换在人与人之间各不相同，有可能产生一种吊诡的情形：与基本物品或资源的平等持有相伴的是实际自由的严重的不平等。对于能力基础上的正义评估来说，这显然代表着明显的非正义。因为基于能力的评估并不依据个人已经占有的基本物品或资源，而是根据他们实际享受的自由。如果任何一个基本物品的清单使得一些人的目的很好地实现而对另一些人的目的服务极少，那么"中立性"这一重要正义准则就会消失，继而整个的作为公平的正义的推理线索被严重破坏。因此，以能力定义的自由可以视为在非拜物教的方向上对罗尔斯的方法的一个基础性拓展。这一拓展体现了以自由而非基本物品作为评价正义的信息基础的一个优势，可以处理不同个体在把手段变为目的时转换率上的差异，不论是极端情况下的残疾者，还是个人在正常情况下所无时无刻不在面对的影响因素。

以基于能力定义的自由作为信息基础还有另一个优势，能力方法和以能动性为中心（Agency - Centred）的方法之间存在重叠。于是，能力方法可以内生地分析正义理论中的个人责任和自主问题，而作为公平的正义除了外生地补充两种道德力量（Moral Powers）外对此无话可说。按照能力与能动性结合的视角，"选择我们的生活的自由可以对我们福利做出重大贡献，同时超越了福利的视角，自由本身有其内在的重要性"。①

为了说明这一问题，阿玛蒂亚·森区分了4个概念（能力的4种理解方式）：福利成就、能动性成就（Agency Achiervment）、福利自由和能动性自由（Agency Freedom）。

首先，以能力定义的自由不同于实际的生活，即成就。能力的价值并不需要从代表任何特定的统合性学说（Comprehensive Doctrine）所要求的特别的生活方式中推导出来。特别的生活方式意味着成就，而能力所定义的是自由。关注自由会使人们对自己所做的事负责，因为自由是人们实际过的生活加上自主选择的过程。

其次，能动性成就不同于福利成就，每个人如何达成意愿的目标要取决于其自主的选择。"一个人可能有和他人一样的能力，但是会依据个人的

---

① Sen, Amartya, *The Idea of Justice*, London: Penguin Books, 2009, p. 18.

特别目标选择不同的功能束。进一步说，两个有相同的实际能力甚至是相同目标的人可能以不同的结果终结，由于他们在实践他们的自由时所遵循的策略有差异"。这种差异体现了能动性的影响。能动性成就和福利成就之间的差异对于公共政策有特别的启示——在提供充分的机会的同时尊重个人的自主性。例如，政府为了杜绝饥饿的出现，可以在灾害情况下提供给人民充足的食物，但是政府不应该干预人民喜欢吃什么和如何吃。

最后，也是最颠覆性的，将能力描述为能动性自由是对将能力描述为福利自由的扬弃。福利自由体现的是促进个体的福利的自由。能动性自由则反映了促进个人有理由去珍视的目标和价值的自由，它不再把人视为福利的容器，而是要重视人的自主判断和优先权，这反映了能动性的主题。能动性自由的首要兴趣在于个人对于价值的感知：如果一个人认为一些目标或者行为规则比福利更为重要，他恰恰体现了所谓能动性。于是，能动性自由的突破在于，它反思对个人福利的单向度追求，或者换句话说，扬弃福利自由。如果能动性的目标不是最大化个人福利，那么被描述为能动性自由的能力就会偏离福利成就和福利自由的视角。由于能动性意味着个人目标和优先性能够超越个人福利的狭隘界限，能动性自由即支持合理的价值多元化的观点，也证明了罗尔斯的基于互利的证明肯定不是正义理论的完整图景。

四、阿玛蒂亚·森与罗尔斯在正义理论上的主要差异

从阿玛蒂亚·森对罗尔斯的先验方法和制度聚焦的批判可以看出，在罗尔斯的《正义论》和森的《正义的观念》之间发生了关于正义的研究范式的转变，因此，罗尔斯与森的正义理论存在着根本性和全面的差异，如表6-1所示。

表 6-1　罗尔斯与阿玛蒂亚·森的主要理论分歧

人物 内容	罗尔斯	阿玛蒂亚·森
继承的哲学传统	契约传统	比较传统
基本方法论	先验方法——反思均衡	比较方法——社会选择理论
核心关注	理想化的制度	已存在或可能发生的现实状况
中立性的性质	封闭的	开放的
代表设置	基于互利的原初状态（无知之幕）	基于同情的中立观察者
多元化的表现	早期忽视了多元化，后期只注意了目的的多元化	不仅注重目的的多元化，而且关注转换率的多元化
测度正义的信息基础	基本物品	以能力定义的自由
正义理论的目的	求解完美正义的概念，并描述和构建其制度体现	纠正人的行为和现实的明显的非正义

综观《正义的观念》一书，阿玛蒂亚·森试图全面批判和用一个新的范式替代罗尔斯所代表的正统理论。但是，由于罗尔斯和阿玛蒂亚·森之间多年以来的相互影响，他们彼此的学术观点间有一种天然的连接：一方面，罗尔斯的思想在后期已经有所让步，对阿玛蒂亚·森的"能力方法"有了更多的亲近；另一方面，罗尔斯完全塑造了阿玛蒂亚·森对于正义这一主题的兴趣，甚至影响了他的思考方式。再就理论本身而言，罗尔斯的方法擅长于宏观正义理论大厦的整体构建，而阿玛蒂亚·森的方法则专注于对微观的具体正义问题的细致考察，两种方法必须结合起来才能构成正义讨论的完整图像。所以，《正义的观念》和《正义论》之间不可能只有互替性，它们之间的潜在互补性是巨大的，可以促进彼此的完善，甚至有机会融合成一个更全面的正义理论。遗憾的是，阿玛蒂亚·森并没有完全意识到这种互补的潜力，使得他更关注对罗尔斯的批判而不是吸收。于是，他对罗尔斯的先验层面和制度层面的批判具有必然的片面性，反而催生了自身被批判的空间，是为对批判的批判。

第六章 基于能力方法的福利经济学的政治哲学含义

第二节 对于阿玛蒂亚·森的批判

一、先验方法与比较方法的互补性

1. 作为基准参照系的先验方法

阿玛蒂亚·森反对使用先验方法是因为该方法脱离了社会现实,具有典型的"模型柏拉图主义"(Model-Platonism)的性质。从认识论的角度看,阿玛蒂亚·森对于先验的批判的重要性在于唤醒人们回归常识,承认在理解正义问题时理智(Reason)和情感(Emotion)之间的复杂关系,把对于正义问题的认识部分地拉回到了休谟的传统。但是,阿玛蒂亚·森似乎过分贬低了康德式的先验理性建构在认识正义问题时的意义,这导致了阿玛蒂亚·森正义理论的过度的不确定性。

先验方法对于研究正义问题最大的认识论价值可能在于作为基准参照系。基准参照系是指在假设的理想状态下的先验模型所推导出的关于正义的唯一的理想结果。参照系是一把标尺,可以让人看清各种真实状况与理想状态之间的差距。

虽然作为基准点的完美状态在推导过程中可能使用了许多与现实不符的假设,但是这并不意味着先验模型就是无用的,因为它可用做分析现实状态的参照系。地球仪是对真实情况的简单抽象,但是这正是它的认识论价值所在,完全一比一仿真的地球仪是最真实的,但这对于增加人们的理解毫无意义。关键在于对不同的任务使用适当的模型,或是地球仪,或是卫星地图,或是实地考察。完美状态的重要性并不取决于是否临摹似地反映了现实的所有细节,而在于形成了一个可让人们更好地理解现实的基准。这种方法论取向可以追溯到古希腊时代,苏格拉底在回答格劳孔时说:"我们当初研究正义本身是什么,不正义本身是什么,以及一个绝对的正义的人和一个绝对的不正义的人是什么样,是为了给予我们一个模板。看着这些模板,是为了我们可以按照它们所体现的标准,判断我们的幸福或者不幸,以及其程度。我们的目的并不是要表明哪样的模板能成为现实上存在

基于能力方法的福利经济学

的东西。"①

比如说毛主席号召"每一个共产党员,一定要学习白求恩同志的这种真正共产主义者的精神"。这实际上就是树立一个基准,一个榜样。这个基准的重要性并不在于所有共产党员都要做到和白求恩一样,"毫无利己的动机,把中国人民的解放事业当做他自己的事业",这实际上也不可能。基准参照系的目的并非直接解释和推测现实,因为我们都不是白求恩,如果是,也没必要学习了;即使学习了,结果如何也尚未可知。树立榜样的目的就是建立一个基准,让大家知道差距有多大,差在哪,怎样追赶。同样,通过与完美正义概念比较,就可以了解不同的现实社会状况在正义的程度上与理想的状态有多大差距,差距体现在哪些方面,可以通过何种调整加以改善。

阿玛蒂亚·森否定先验方法对于正义研究的意义的理由是其可行性和冗余性,而造成这两个问题的原因则在于合理的价值的多元化。如果是对不同的关于正义的价值选项进行排序,那么森对于先验方法的可行性和冗余性的怀疑确实很有说服力。但是,如果先验方法是要来提供基准参照系,那么先验方法对于讨论正义问题是否可行则取决于如何界定正义理论的适用范围。如果是把正义理论视为要提供一个统合性的哲学体系,那么答案是否定的,因为任何一个统合性的基准必然要受到其他合理的价值学说的挑战,多元的价值学说的每一个都会提出专属的特定基准参照系。但是,如果把正义理论的问题安置在政治生活的范围内,那么先验方法提供的基准就具有了可行性和有用性。

2. 重叠共识与人类中心能力

在对不同的关于正义的价值选项进行排序时,阿玛蒂亚·森否定了先验方法所要求的完备序的可行性,而是主张通过局部序就可以完成比较性的正义研究。所谓局部序是指,各种多元性学说所代表的优先性主张会生成特定的完全序,不同的特定完全序中"交叉或共享的部分构成了局部序"。② 显然,这种局部序的定义非常类似于罗尔斯的"重叠共识"(Overlapping Consensus)的概念——信仰不同的统合性学说的人们就政治生活的

---

① Plato, *The Republic*, Books 1-5 (Loeb Classical Library, No. 237), trans. Paul Shorey, Cambridge, MA: Harvard University Press, 1930, p. 472.
② Sen, Amartya, *The Idea of Justice*, London: Penguin Books, 2009, p. 397.

第六章　基于能力方法的福利经济学的政治哲学含义

形式达成协议，且这种协议仅能实现在政治正义的领域。

这实际上正体现了阿玛蒂亚·森与罗尔斯，尤其是罗尔斯的后期理论的互补可能：可以保留森的现实视角，关注人的实际自由而不是空想的完美状态，但同时通过先验方法为现实的比较提供一个基准参照系。

这方面的初步工作是由纳斯鲍姆（Martha Nussabaum）完成的，尤其体现在她提出的"人类中心能力"清单。罗尔斯首先考虑的是一个理想（Ideal）理论，而 Nussbaum 对于罗尔斯的重视可能已经使得她的研究向理想理论靠近，如理想的能力清单。

纳斯鲍姆的清单包括10项中心能力，① 这些能力代表了内在于最低限度的社会正义观念中的基础性权利，或者一种配得上人类尊严的生活。纳斯鲍姆吸收了罗尔斯的统合性学说的多元性观点，仅希望可以在政治目的和适用于所有公民的意义上认同关于（以能力定义的）自由的这份简单清单。她明确指出，"中心能力是一种重叠共识，代表了人们建立政府的目的所在"，② 而从能力清单出发的思考"为我们提供了一个基准，让我们思考如何真正的保护特定个体的权利"。③ 这就明确了能力清单与罗尔斯的先验方法是互补的，并且先验方法可以提供一个现实比较的基准参照系。

虽然彼此是长期学术合作者，都主张社会正义评价应该依据能力而非资源。但是，在是否应该提出一个能力清单的问题上，森和纳斯鲍姆存在根本性的分歧。森反对一个确定性的清单的理由是：如何理解不同能力的各自重要性，以及公共行动对于公民的可实现的能力的责任，应该取决于公共讨论和对话的过程，而不应该是一个先验给定的结果。这反映了森在公共政策领域始终信奉的"基于讨论的治理"（Government by Disscusion）④ 的主张。

但是，公共对话有效和合理地发挥作用在现实中会受到重重限制。"一种限制可称为动机上的约束，即对话参与者必须付出的费用造成参与者意

---

① "10项中心能力"包括"生命"、"身体健康"、"身体需求的完满"、"心智、想象和思维"、"情感"、"实践理性"、"社会关系"、"与其他物种和谐共处"、"娱乐"和"控制个人环境"。具体内容参见第四章第一节。

② Nussbaum, Martha, "Capabilities, Entitlements, Rights: Supplementation and Critique", *Journal of Human Development and Capabilities*, Vol. 12, No. 1, 2011, p. 21.

③ Nussbaum, Martha, "Capabilities, Entitlements, Rights: Supplementation and Critique", *Journal of Human Development and Capabilities*, Vol. 12, No. 1, 2011, p. 30.

④ Sen, Amartya, 2009, *The Idea of Justice*, London: Penguin Books, p. 43.

愿的限制。另外一种是认知的限制，即对话参与者是否有可靠的认知能力来分辨和预见备选方案的一般运作结果。"① 此外还有对话中权利不平等的制约，如果讨论变成一种争吵，一种强化个人地位和利益的竞争，那么对话就不再是对真理的辩论，而是变成了一种迫于（学术权威、官僚层级、文化传统和宗教教规等形式的）权力的压服。

即使假设这些限制因素都能够被克服，能否通过对话达成合理的集体决策仍然存疑。因为，除非赋予对话参与者很强的道德敏感性假设（而这又是森所指出的先验制度主义的牵强性之一），否则也许可以通过对话辩倒对手，却很难说服既有的异见者。

重要的公共讨论通常会存在激进的道德陈述和支持这些陈述的观点，这些陈述早就可以并且理应在对话前被否定。比如对于妇女和有色人种的歧视在很多国家和民族中仍然根深蒂固，且被认为是理所当然和符合道德的。所以，很多人类问题太过重要而不能留给妄想和任性，或者甚至是文化传统的指令——许多关于社会正义和基本权利的传统观念都把妇女和有色人种当做二等公民，且将之当做是符合正义的做法。显然，阿玛蒂亚·森的非完备的社会排序反映了民主本质的解释无法兼容激进的道德陈述，因为向激进观点的任何收敛甚至让步都会导致非正义，激进观点甚至会包括对民主本身的反对。

实际上，阿玛蒂亚·森自己也意识到，"激进的种族主义者和性别论者因为公共讨论而有所改变的希望是非常渺茫的"。② 但是，阿玛蒂亚·森把希望寄托在其他人可以通过对话而达成合理的可持续的判断，从而诡异地把激进者从公共对话的场域中删除了（类似于阿玛蒂亚·森认为在社会选择中的逻辑一致性要求对不合理的个人偏好加以限制）。这种处理不是解决了问题，而是取消了问题；不是消灭了冲突，而是掩盖了冲突；社会的和谐并没有建立在最广泛的对话的基础之上，通过把持激进意见者排斥在公共讨论之外，社会"被和谐"了。所以，阿玛蒂亚·森对于对话过程和结果的无为而治的态度在处理激进观点时可能导致危险的后果。

即是说，如果对话民主的结果是一个没有预先底线的空箱，那么它在

---

① [德] 维克多·范伯格：《经济学中的规则和选择》，史世伟、钟诚译，山西人民出版社2011年版，第240页。
② Sen, Amartya, *The Idea of Justice*, London: Penguin Books, 2009, p. 385.

第六章 基于能力方法的福利经济学的政治哲学含义

为多元化预留了空间的同时也隐含着极大的不确定性,始终潜伏着无法达成合理的集体同意的危险,在极端情况下甚至可能发生多数人的暴政或者少数人的操控。通过民主协商(Democratic Deliberation)确定能力的具体形式及其相应的公共行动,必须先要保证对话的权利作为一项优先的自由。在极端情况下,就连这一权利也可能被压抑、扭曲、剥夺甚或主动放弃。要在坚持对话的同时杜绝这种风险,就要假设存在哈贝马斯所设计的"理想的对话情境"(Ideal Speech Situation)。但这违背了阿玛蒂亚·森主张对话的初衷:阿玛蒂亚·森分享了哈贝马斯的程序性方法,却认为哈贝马斯的理想对话情境的设置与罗尔斯并无不同,都有太多的不现实的附属性假设。

所以,对于阿玛蒂亚·森的正义理论来说,补充一个如中心能力清单之类的具有先验色彩的基准参照系是必要的,其意义在于:"人类中心能力"的清单代表了底线正义,标明了正义的最低标准,有利于规避民主对话的结果不确定性所造成的威胁。

也就是说,对话本身是可欲的和重要的,它表达了民主的本质和民主的作用可以达到的范围,但是应该为对话的结果设置有指导性底线作用的基准参照系。这种要求可以通过设定中心能力清单来实现,因为"清单是一个基本权利的集合,不存在这些基本权利的社会不能称之为正义",① 它代表着对社会正义的最低限度的解释:不论一个社会的繁荣水平如何,只要它无法在合适的门槛水平上保证全体公民的这些基本权利,就不能称之为一个正义社会。

中心能力清单可以避免森的理论的不一致性。从阿玛蒂亚·森对于斯密的"中立观察者"模型的赞赏和使用看,阿玛蒂亚·森显然很关心扩大讨论范围的必要,以避免价值观的局部狭隘性。这种局部狭隘性会忽略一些相关的观点,因为它们在特定的文化中是陌生的。然而,很难相信如下假设是现实的——对话参与者没有狭隘性,或者参与对话者可以容易地被更合理的观点所说服。与其对于人的心理和道德水准做出脱离现实的先验假设(从森对罗尔斯的批判看,阿玛蒂亚·森似乎更不愿意接受对人的行为的牵强假设),不如接受略带专家治国色彩的能力清单作为基准参照系,

---

① Nussbaum, Martha, "Capabilities as Foundamental Entitlemens: Sen and Social Justice", *Feminist Economics*, Vol. 9, No. 2 & 3, 2003, p. 36.

它可以把极端的观点和明显的不合理议题提前排除在民主对话之外。人们也不必担心一旦有了一个确定性的能力清单，能力方法就成为了一个关于美好生活的统合性学说，从而违背了后期罗尔斯和阿玛蒂亚·森共享的价值多元化前提，因为可以把能力清单限定在政治自由主义（Political Liberalism）的范围内，正如纳斯鲍姆所为。

二、制度聚焦与现实聚焦的互补性

1. 制度的两种定义

阿玛蒂亚·森在考察社会中现实存在的非正义时以人的行为为出发点，因为他相信"可修正的非正义的出现与行为的恶劣而非制度的弱点联系得更紧密"。① 于是，在阿玛蒂亚·森的正义理论中，制度的地位是工具性和次要的，"制度主义"成为了被批判的对象。但是，阿玛蒂亚·森似乎走得过远了，迈向了与制度唯一论相反的另一个极端，因为行为的恶劣至少不应该是造成明显非正义的唯一重要原因。

个体行为是对社会现实和过程进行分析的逻辑起点，它是人类社会发展的最基本的元素，个体行为交互作用所产生的影响塑造了制度的形式，决定了制度变迁的方向。但是，制度并不是只能被动地对个体行为做出反应，其往往可以在一定条件下改变和约束个体行为的目标、方式、路径和范围。制度与行为之间存在着互为条件、互为因果、相互影响的密切联系。从根本上说，正是制度和行为之间的共生演化，决定着社会正义的可能。

借用博弈论的语言，至少可以从两个方面规定制度与行为的关系，制度的这两种含义都指向制度与行为的共生演化：一是作为博弈规则的制度，这是指制度约束着参与现实社会活动时人的行为；二是作为博弈均衡的制度，这是指人在参与现实社会活动时的行为模式和策略选择塑造了制度。第一种含义主要表达了制度对行为的制约，而第二种含义则表现了行为对制度的影响。阿玛蒂亚·森的现实的人的行为是非正义的主要原因的观点只对于制度的第二种含义——作为分散的个体行为交互作用而聚合产生的结果——是合理的，但是这却等同于忽视了制度对行为的反作用，从而遮蔽了非正义的一半原因。

---

① Sen, Amartya, *The Idea of Justice*, London: Penguin Books, 2009.

2. 制度对正义的影响

制度的作用范围涉及文化、经济和政治等各个层面，它不仅约束外显的个人行为，还会影响内在的个人心智。森所忽略的制度对正义的影响至少包括以下两点：

第一，非正义很多时候并不是因为个人的行为，而是因为这些行为所发生于其中的制度。

邓小平曾经说过："制度好可以使坏人无法任意横行，制度不好可以使好人无法充分做好事，甚至会走向反面。"① 人类目前为止还没有创造过任何能够避免非正义的社会形态，只是在不同时代和不同社会中非正义有着不同的表现形式。为了维护社会正义，必须根据每个社会的特定发展阶段的具体情境，进行相应的制度调整。

实际上，很多现实存在的急需解决的非正义问题都可以从制度上查找深层原因。比如说对于中国目前不同阶层、不同人群收入差距过大这一明显的非正义状况，温家宝同志在2011年"两会"前夕指出，"造成收入分配不公的原因很多，主要是制度的因素"。从制度角度看，市场的行政性垄断、税负结构不合理和三公支出过高等，这些造成收入差距大的原因显然不能仅用个体行为来解释，因为恰恰是制度为聚敛财富的行为开了绿灯。

第二，制度是个人心智运转的基础。当人们思考他们应该珍惜和做什么的时候，他们必须依赖于意义的集体框架，该意义赋予他们的行为和选择以重要性；他们必须依赖于属于文化范围的制度，以便做出这些选择。即使正式的制度改变了，原制度仍然会通过遗留下来的文化惯性和心理习惯来影响行为。

不正义的制度会造成无能为力感，带来使人异化的风险。即使人们不赞同一个非正义的制度，单独的个人也无力对此做些什么。他们不得不对制度的内在逻辑屈服，他们不支持但却无法逃脱于外。制度性的非正义因而会导致人们对于非正义有了一种冷漠感，对于非正义变得视而不见。我们作为一个旁观者也许可以谴责这种冷漠的行为是阿伦特（Hannah Arendt）所谓的"平庸的罪恶"（Evil of Banality），但是如果我们是作为一个世俗的人，而非一个卫道者身处那种环境之下时，则无法想象可以逃脱这种制度造成的行为异化。

---

① 邓小平：《邓小平文选》（第二卷），人民出版社1999年版，第333页。

比如说，行政权力过于强大和集中是造成收入分配不公的一个重要原因，这似乎已经成为了一个共识。但是，由于政治体制改革的滞后，似乎没有通畅、有效的渠道可以表达这种不满，更遑论由于弱势者的呼声使之发生改变。于是，人们似乎默认了这种制度现状并且顺从地被其所异化，开始不再试图改变这种不合理的制度，而是要设法通过加入这种不合理的制度为自己牟私利。于是，种种个体行为上的怪相频现：公务员考试热有之，官场上逢迎拍马之风盛之，乃至有人竟然说出了当官就是为了靠权力赚大钱这样的"实话"。

可见，只要认识到制度也在约束着人的行为，那么阿玛蒂亚·森把行为视为非正义的更为重要因素的看法就是不全面的。从复杂性的角度看，很难区分人的行为的失败和制度的失败，因为行为和制度是共生演化的。罗尔斯的关注完美的制度的理论因而不是多余的。

三、能力方法在公共政策领域的局限和启示

1. 理论逻辑的不完善性和现实条件的约束

任何一个学派的主张都代表了一种对于公共政策的诉求，如罗尔斯的平等主义、诺齐克的最小国家以及功利主义者的社会效用总和或财富最大化。同样，阿玛蒂亚·森希望以"能力方法"促进公共政策实践向减少明显的非正义转向。但是，在《正义的观念》中，能力方法和以其为基础的福利经济学新研究纲领在公共政策领域存在一些尚未解决的困难和模糊之处。

阿玛蒂亚·森的能力方法具有很大的道德吸引力。[①] 但是，在实践的公共政策领域将面临难题：为什么和如何以有限的社会资源促进个人能力（自由）的发展？即社会是否应该为了辅助能力贫困者而牺牲一定程度的经济增长和效率，这种辅助性投入的界限是什么。这显然也是当前中国转型期面临的基本问题。

回答此问题时的可争议处不外乎理论逻辑和现实逻辑两个方面：一是

[①] 能力方法抓住了直觉吸引力——人们应该按照有效自由被平等对待，这具有原始的合理性。这种想法之所以有吸引力，是因为它把人视为有自己的目标（并不只限于利己的），自己做出选择的有能动性（Agency）的个体，而不是单纯地在资源投入和个人满足之间进行转换的容器。

第六章 基于能力方法的福利经济学的政治哲学含义

能力方法在理论上的逻辑一致性和构建完善度,这是保证从理论演绎出的政策结论逻辑合理和价值合理的基础;二是当用能力方法来指导实际时,需要克服的约束条件的数量和强度,如果所受约束过多过强,就意味着实践的成本过高,精心构建的理论也只具有智力上的意义。

先来讨论能力方法在应用于公共政策领域时理论逻辑的不完善性。

基于对先验完美正义的反对,阿玛蒂亚·森拒绝提供一个关于正义的原则。进而,为了避免人们习惯性的误解,森在《正义的观念》中明确提出其反对"能力平等"(Quality of Capability)原则,具体理由有四个:第一,能力仅强调自由的实质机会层面,而不涉及过程层面;第二,在分配问题上有其他合理的诉求,如按劳分配;第三,能力概念存在不同的定义方式,如按照福利或能动性;第四,平等并不是正义理论要考虑的唯一价值,并且它更不是能力观念可发挥作用的唯一领域。

阿玛蒂亚·森否决了能力平等作为公共政策中的单维度理念(Singal-mind),①但这仅是因为他要警惕出现一个新的先验原则,阿玛蒂亚·森仍然肯定能力在正义观和加强正义的事业中至关重要的角色。那么,既然能力平等不被森作为一项原则所赞同,又该如何确定社会辅助能力贫困的义务和界限呢?阿玛蒂亚·森在《正义的观念》中没有正面回答,而是将关于正义原则的问题交由公民的公开讨论(Public Discussion)来解决。

阿玛蒂亚·森虽然意识到了公开讨论难以达成正义原则上的一致,却认为没有达成共识的必要性②——他认定只需要可以(经由公开讨论)依据局部序区别出明显的非正义就已经足够了。

但是,明显的非正义和绝对的正义毕竟都只是极端的情况,人们在公共政策领域通常所面对的是在二者之间的大量事态。于是,问题出现了,人们如何在除了明显的非正义的情况之外运用能力方法,并将之转化为公共政策的诉求。此时,能否经由公开讨论产生普遍化的标准对于证明在公共政策领域运用能力方法的合法性就变得非常重要了,人们必须协商决定"社会是否有辅助能力较弱者的义务","这种义务应该尽到何种程度":虽

---

① Sen, Amartya, *The Idea of Justice*, London: Penguin Books, 2009, p. 298.
② 公开讨论在森的语境下更类似一个服务于能力方法,进行信息的搜集、整理与汇总的工具。由于能力方法的信息要求极高——从功能到能力的转化不仅需要关于实际选择的信息,还需要反事实选择的信息(这是不可观察的),能力方法极为依赖于公开讨论。公开讨论的必要性在于在社会选择和发掘社会正义的过程中,能更好地促进更多信息的使用。

然提高投入可增加获得能力和满意的机会，但不能保证他们的成就，机会是否能实现更佳福利状态取决于它们被如何使用。能力（自由）部分建立在依赖个人努力（如勤奋学习）的基础之上，因此缺乏能力并不一定就意味着可以对他人提出要求。

遗憾的是，正如阿玛蒂亚·森所认识到的，公开讨论达成一致同意困难重重。在个人事务上，个人可以理性地处理能力（自由）间的抉择，如是享受更多美食，还是维持一个更健美的身材。然而当讨论公共事务时，个人内在理性选择的问题就变成了个体间利益的协调问题。个体间所享有的不同维度间的能力（自由）[①]可能存在冲突，或者因果性的负相关关系。比如，"政治自由（主要是民主），如果不加限制，就会限制经济自由"，[②]贫困者可能会要求过度的再分配。阿玛蒂亚·森忽略了这种可能，盲目乐观地认为"不同类型的自由可以相互增强"。[③] 如果每个人珍视的是不同的能力（自由），而这些不同维度间的能力（自由）之间又彼此冲突的话，那么某个人在实现一项具体自由时，就可能会给其他人造成负的外部性，且负外部性可能是相互的。就是说，如果希望通过公开讨论过程得到关于能力类别和权重的方案，那么，在进行公开讨论时，需要解决的不仅是"理论—认知成分"，即发现真理的问题（假设所有人的利益相互和谐，寻求实现共同利益的最佳方案），也包括了"利益—评价成分"（解决实际存在的个人间利益冲突）问题。[④] 此时，除非对参与公开讨论的个人道德感和行为模式做出牵强的假设（这正是森对罗尔斯的一项批评），否则不可能理智地指望能就扶助能力贫困者的社会义务和投入水平的方案达成一致。

于是，阿玛蒂亚·森的能力方法在公共政策领域的理论逻辑上陷入了

[①] 阿玛蒂亚·森的（以能力定义的）"实质自由"概念完全不同于任何一个自由主义学派的自由概念，其是消极自由与积极自由的结合。但问题是，这种结合存在某种内部的紧张。在森的框架里，积极自由代表能力（自由）的机会和结果层面，而消极自由代表能力（自由）的过程和选择层面。但是，森只考虑了以积极自由扶助和补充消极自由的收益，回避了两种自由之间的冲突。

[②] [美] 米尔顿·弗里德曼：《资本主义与自由》2002年版序言，张瑞玉译，商务印书馆2004年版，第4页。

[③] [印] 阿玛蒂亚·森：《以自由看待发展》，任赜、于真译，中国人民大学出版社2002年版，第4页。

[④] [美] 詹姆斯·M. 布坎南：《宪法秩序的经济学与伦理学》，朱泱、毕红海、李广乾译，商务印书馆2008年版，第74页。

第六章 基于能力方法的福利经济学的政治哲学含义

两难:由于能力方法本身不能证明社会辅助能力贫困者的义务,即不存在所谓明显的非正义,就必须有一个明确的正义原则作为判据,而这种一致性原则难以通过公开讨论达成。如果放弃了公开讨论,则等于回到了罗尔斯完美正义理论(或者是 Nussbaum 的人类中心能力)。

除了理论逻辑上的困难,还要面对现实的逻辑,即考量实践能力方法时所面对的现实条件的约束。

由于人际间巨大的生理、心理和智力差异,一个大规模发展项目只有在拥有充分的资金的情况下才有可能大范围地减轻能力贫困,这可能导致比必要限度更高的成本,且伴随着不一定合理的再分配。这种大规模的发展项目可能造成的不利影响如下:

第一,如果成本由政府支出,则可能会超越国家财政的承受力,造成赤字和通货膨胀,破坏宏观经济稳定;第二,过高财政需求伴随而来的过高的税收负担和再分配比率会降低高能力者的生产性激励,生产性激励的下降会导致经济增长速度的放慢,可能会使得消除能力贫困的政策失去经济基础;第三,大规模的发展项目可能不仅对于高能力者来说有负激励,对低能力者也可能产生负激励,使得其更多地依靠政府扶助而不是自身努力,丧失了能动性;第四,个人的生活态度和人生道路的选择对能力的高低会产生巨大的影响,大规模发展项目可能会使得个人放松对自己人生选择和人生态度的关注。

于是,能力方法在公共政策领域的实践逻辑上也陷入了两难:消灭非正义要求关注能力贫困,但对于辅助能力贫困的投入不当却可能对高能力者和低能力者的能力发展都不利。

综上所述,虽然森反对有可能成为一个新的先验正义原则的能力平等,但并没有继而解决能力方法的实现手段问题,这就使得能力方法在公共政策领域的理论逻辑和现实逻辑都留有模糊和悖论。但是,如果把目标从全面能力集缩小到"基本能力"① 层面,能力方法在公共政策领域就仍然是理论合理和可操作的。森在《正义的观念》中对他所创造的这一既有概念的完全忽略令人感到疑惑和扼腕。

---

① 在阿玛蒂亚·森的工作中,"基本能力"是"能力"的一个子集。它们是指拥有基本的必需的条件去生存和免予贫困的自由。基本能力的用处不是排列生活水准,而是决定评估贫困和剥夺的基准点。

2. 在基本能力上寻求共识

在阿玛蒂亚·森的研究中,"基本能力"这个术语旨在处理对某些能力的最低可接受水平(低于此水平,人们可被视为受到了"剥夺")的确认。"在某类社会分析的语境中,例如,在处理发展中国家的极端贫困问题时,我们只需要用较少的功能性获得和相应的基本能力(比如,得到良好的营养和住所的能力,摆脱可避免的疾病与夭折的能力等)就可以取得相当大的进展。在其他语境下,包括经济发展的更为一般的问题,这个清单可能很长而且更不相同。"①

当只要求基本能力的平等而不是所有能力领域的完全平等时,阿玛蒂亚·森的正义观点可以发挥最大的功用:基本能力的贫困符合明显非正义的标准;不需要完全序使得社会选择理论可以扬长避短。更重要的是,以基本能力为公共政策的中心能够在很大程度上解决能力方法在理论逻辑和现实逻辑中存在的问题。

在理论逻辑领域,基本能力涉及的是人类共通的底线伦理要求,极易在人际间形成对其的"重叠共识";基本能力关注个人的基本生存和发展权利,承认社会对于辅助基本能力贫困者抱有义务更符合正常的伦理直觉;并且,基本能力的提高促进了劳动者素质的发展,对于长期的经济增长和效率改善大有助益。这些都有利于通过公开讨论达成与基本能力相关的合理共识,确立社会辅助基本能力贫困者的义务和投入水平。

在现实逻辑领域,基本能力的平等可以视为一种"扶持导致"(Support–Led)的过程。扶持导致的过程不依赖于高速经济增长,而通过精心策划的医疗保健、教育等社会扶持计划项目及其他有关的社会安排起作用。扶持导致的过程对于发展中国家在成本上是低廉的,"有关的社会服务(诸如保健和教育)是劳动密集型程度较高的,因此在贫穷——低工资——经济中是相对便宜的"。② 相对价格和成本是决定一个国家能负担什么的重要参数。一个贫穷的经济可能只拥有较少的钱用于医疗保健和教育,但与富国相比,它也只需要较少的钱就能提供富国要花多得多的钱才能提

---

① [印] 阿玛蒂亚·森:《能力与福祉》,转引自 [印] 阿玛蒂亚·森、[美] 玛莎·纳斯鲍姆:《生活质量》,龚群、聂敏里、王文东、肖美、唐震烜译,社会科学文献出版社 2008 年版,第 37 页。
② [印] 阿玛蒂亚·森:《以自由看待发展》,任赜、于真译,中国人民大学出版社 2002 年版,第 38 页。

供的服务。

总之，从理论和现实的逻辑看，辅助能力贫困应该以提升基本能力为中心，而聚焦于基本能力的观念要求在扩展能力的过程中政府手段和市场手段的配合。单纯的政府手段破坏效率，长期持续将会使得能力扩展成为无源之水，无本之木；单纯的市场手段将会内生地造成贫富分化，进一步拉大人际间的能力差距。政府应该把工作重心放在扩展基本能力上，从而使得个人在市场中都具有参与分工和竞争的基本条件；政府只要在控制增长成果的共享方面发挥重要的作用，就可以把扩展非基本能力的任务交由经济的增长过程来拉动，市场过程一方面可以使个人的能力得到锻炼和实践，另一方面可以为基本能力的扩展创造税收基础。

3. 实质自由理论的内在紧张

在将阿玛蒂亚·森的能力方法运用于公共政策领域时面临着理论逻辑和现实逻辑的限制。只有明确政府的能力辅助的范围，即将目标缩小为对于基本能力平等的追求，能力方法在公共政策中的合法性和合理性才能得到证明，从而彰显基于能力方法的福利经济学的公共政策含义：政府应该把工作重心放在扩展基本能力上，把扩展非基本能力的任务交由经济的增长过程来拉动。

从辅助能力贫困到辅助基本能力贫困，这实际上是一种理论退让，这在思想的广延性上非常类似于罗尔斯在《正义论》和《政治自由主义》之间完成的退让（罗尔斯放弃了他曾经尝试的为其正义理论提供一种康德式的哲学基础的努力，把对正义的共识极为严格地限制在政治领域）。阿玛蒂亚·森在《正义的观念》中还尚未认识到要在其新的范式中明确提出这种退让的必要性。

之所以在将能力方法运用与公共政策时会遭遇到上述尴尬，根本原因是阿玛蒂亚·森的实质自由理论存在内在的紧张。实质自由理论的追求整合了伦理学中的义务论和结果论，实现消极自由与积极自由的协调共容。然而，消极自由和积极自由毕竟是两种彼此冲突的自由观，其各自要求的守夜人政府和父爱主义政府是不兼容的。于是，按照混合的自由观，社会该如何行动没有了现成的答案，成为了必须重新思考的问题。

阿玛蒂亚·森拒绝了外生的先验公理，将对这一问题的回答交给了对话协商，期望通过人们在社会中的理性互动内生地产生答案。然后正如之前已经分析过的和森自己也间接承认的，对话是有很大的局限性的，不可能期望获得对于非极端事态的普适性答案。也就是说，由于存在真理的分歧（对话有时在一定程度上，但很多时候在很多关键问题上，无法解决），更由于存在真实的利益冲突（对话的作用极为有限），阿玛蒂亚·森以对话决定自由的诉求怎样反映为社会性行为，进而协调消极自由与积极自由的努力是难以成功的。于是，必须降低自己的期望值，向人类所共有的底线伦理寻求共识，这实际上正是纳斯鲍姆的工作——基于"重叠共识"的人类中心能力。

所以，如果阿玛蒂亚·森仍然不放弃统合义务论和结果论的目标，试图坚持一种兼容性的自由观。那么，他在对于如何实现自由的公共政策的诉求上，就必须大大限制具体自由项的范围，退守到基本保障层面（如基本能力和中心能力）。因为只有在这一接近底线伦理的层面才有可能达成共识，或者用阿玛蒂亚·森的话说，形成不同价值观的"交集"。①

四、能力方法与正义理论研究的未来走向

正义是一个重大的观念，不论在智识史上还是公共政策实践中，它都曾经并且仍将继续打动人们。不同于很多学者专注于对罗尔斯正义理论的批评，而忽略了自身理论的完善，森完成了包括学科基本主题、分析工具和评估尺度在内的整体性范式转换。森重拾了智识史上的现实比较传统取代了流行的先验制度主义；发展了社会选择理论以代替契约论分析构架；以能力尺度超越了基本物品尺度。然而，正如之前已经分析过的，《正义的观念》中留给人们的问题要远多于它所解决的，也许这正是一部经典著作的价值所在。

与罗尔斯和哈贝马斯的争论一样，罗尔斯和阿玛蒂亚·森的差异也只是一种自由主义阵营的家族内部争论。罗尔斯主要关注的是理念的"正当性问题"，即应当用什么标准来判断现行制度或者提议的理想制度是公平和合法的，答案在于原初状态下立约参与者的一致同意。森主要关心的是现实的"可行性问题"，即如何直面社会的现实，以人的真实状况和行为作为分析对象，讨论通过改善人的状况促进正义的具体方案的可行性。这反映了阿玛蒂亚·森长久以来与罗尔斯相反的对于方法论和政策实践的态度：

---

① 这使得阿玛蒂亚·森对于人类发展指数的担心变得没有道理，人类发展指数反映的正是3种基本功能的加总，属于底线伦理的范畴。

第六章 基于能力方法的福利经济学的政治哲学含义

整体性的判断远没有对社会状况的细节性评估那么令人感兴趣。

从不同的关注焦点出发,阿玛蒂亚·森的新研究纲领对于罗尔斯的正义理论的两项最重要的替换在于:"评估社会现实,谈论实际发生了什么,而非仅仅是对于制度和社会安排的评价;以比较的视角讨论如何增加正义,而非试图辨明最优的正义的制度。"①

在阿玛蒂亚·森看来,基于先验制度主义的正义研究驶向的是错误的方向,因为:①我们无法就完美正义社会的性质及其制度体现达成一致的协议。但是我们很可能,就什么是应该消除的非正义的达成合理的共识。②即使我们成功识别了每个人都同意的完美正义社会及其制度体现,那也没有意义。没有任何一个有基本理性的人会预期在可见的未来能出现完美正义社会,可行的政策并不能依赖于这种愿景。因此为什么要浪费时间在这一很可能无解,且肯定无意义的问题上呢。③制度只有工具性的价值,正义研究真正应该聚焦的是人的状况和人的行为,对制度的分析只有在制度服务于个人行为的决定时才有意义。这些意见构成了森对罗尔斯的批判。

可以说,阿玛蒂亚·森的工作确实打破了自《正义论》以来契约主义在正义研究中的话语霸权,指明了先验制度主义在方法论上的一些缺陷,指出了被罗尔斯的正义理论所长期遮蔽的正义研究的不同路径。但是,森似乎夸大了他与罗尔斯的理论差异,从而有意无意地忽视了彼此之间理论互补的可能。正如在对"森的批判"的批判中所说明的:比较方法不可能不存在任何的先验色彩,先验方法可以为比较提供基准参照系;由于共生演化,很难区分人的行为的失败和制度的失败,因此关心完美制度是有意义的。对于正义问题的认识需要有不同的视角,不能在打开一扇新的窗户的同时,却关上了本已开着的另一扇窗。

能力方法和作为公平的正义是互补的,并且存在潜在的重叠可能。未来,作为公平的正义和能力方法各自所代表的正义理论,需要朝相反的方向发展:能力方法要求更多的理论的精细化和证明,而作为公平的正义应该展现如何处理非理想环境下的问题。正如森主张通过对话来解决正义在公共政策领域的实践问题一样,正义的研究传统和路径之间的融合和互补也需要更多开放性的学术对话。与罗尔斯的《正义论》一样,阿玛蒂亚·森的《正义的观念》也不可能是正义研究的终点,关于正义的争论正方兴未艾。

---

① Sen, Amartya, *The Idea of Justice*, London: Penguin Books, 2009, p. 410.

第七章 基于能力方法的福利经济学的量化努力

第一节 能力方法与人类发展

一、能力方法是人类发展概念的哲学基础

任何关于人类社会研究如果无法转化为可以客观实证检验的命题，就称不上是社会科学，而只能停留在哲学思辨的层面。阿玛蒂亚·森在这方面的突出贡献就是帮助联合国开发计划署编制了人类发展指数，从而实现了对人类作为自由的发展程度的客观衡量的突破性进展。用2010年《人类发展报告》中的话说，"阿玛蒂亚·森的能力方法继承了众多德高望重的有影响的思想家的观点，提供了人类发展的哲学基础"。[1]

在阿玛蒂亚·森的研究经历中，不同的短语被用来去表达基本的思想——"行使功能的能力"：森（1999）把其称为"以自由作为发展"和"实质自由"；能力被认为测度的是"福利自由"；有时，"有效自由"或"实际自由"（Real Freedoms）被用来强调对于重要事物的真实可能性而不是空洞许诺和纸面的自由。1990年的第一份《人类发展报告》把"行使功能的能力"表述为"扩展个人选择（Choices）"。

在首份《人类发展报告》中，扩展个人选择或者说人类发展的概念和

---

[1] UNDP, HDR2010, p. 12.

Amartya Sen 所开拓的"能力方法"的关系体现在人类发展的两个方面：人类能力的形成——改善健康、知识和技巧；个人使用他们获得的能力——为了休闲、生产性目的或文化的、社会的和政治的问题。如果人类发展的行为无法平衡好这两个方面，可能会导致人类衰退的结果。

在 2010 年的《人类发展报告》的定义中，人类发展实际上由 3 个部分组成：福利——扩展人类的真实自由，以促使人们过上美好生活；赋权（Empowerment）和能动性——使个人和群体可以采取行动，以推动有价值的成果；正义（Justice）——扩大平等，长期维持所取得的成果，并尊重人权和其他社会目标。显然，《人类发展报告》的理论基础也在不断完善，2010 年底，HDR 的 20 周年纪念版的发布标志着人类发展指数的方法有了实质性的改变，而其中的变化实际上体现的正是阿玛蒂亚·森的理论工作的进展。

在 2011 年的最近一份《人类发展报告》中，人类发展被简化地定义为："通过人们自由和能力的扩展，使他们过上其珍视和有理由珍视的生活"。在这个定义中，"自由"、"能力"和"有理由珍视"都是基于能力方法的福利经济学新范式的核心概念。

二、能力方法对人类发展指数的影响

1. 人类发展指数与能力方法

Robeyns（2008）总结，基于森的能力方法有两个方式测量人类发展水平：一是直接测量个人的功能水平；二是分析能力投入，包括物品和各种转换因素。前者易于量化，但对于森的框架来说不全面；后者更加全面合理，但不易量化。人类发展指数采用的是第一种方式，其方法主要由指标、阈值和算法等部分组成。

人类发展指数首次出现于 1990 年的第一份《人类发展报告》。此后，UNDP 几乎每年编写一册 HDR，至 2010 年已经出版了 20 册人类发展年度报告，成为了说明 HDI 理论基础和核心价值体系的最佳载体。1990 年的 HDR 中已经正确地认识到发展不仅仅是收入和财富的增加，强调一个国家的真正财富是它的人民，发展的目的是扩大人类在各种领域里的选择。在 HDR1990 的定义中，人类发展是一个不断扩大人们选择的过程，最关键的选择包括拥有健康长寿的生命、受教育和享受高生活水准。另外选择包括政治自由、有保障的人权及自尊——亚当·斯密所谓的在公共场合与别人相处不至于感到羞愧。首份报告通过阐述人类的最关键的3项选择，从而使其对人类发展的争论做出了与众不同的贡献。从能力方法的角度解读，HDI的方法是基于对于3项功能的概括性度量。

基于上述框架，UNDP在3个维度（对应最关键的3项选择）上构建了测量人类发展的指数。HDI掀起了关于自由发展测量方法的争论，很快它又平息了争论，而且统一了人类发展的研究主题。但是，HDR1990只是一个开端，"人类发展的概念被故意地设计为开放式的，并且为足够强健和有活力为新世纪提供一个发展范式"。① 在HDI诞生20周年之际，HDR2010提炼和升华了HDR1990中对于人类发展的定义，提出了一个人类发展概念的凝练版本："人类发展是扩展人们过上长寿、健康和有创造力生活的自由；促进他们有理由珍视的其他目标；以及积极参与构建一个平等和可持续发展的星球。人们作为个体或在群体中，既是人类发展的受益者，也是推动者。"② 由于更加明确的强调赋权、能动性和正义（Justice）等概念在人类发展框架内的重要性，阿玛蒂亚·森的学术理念的影响在这一新版的人类发展定义中更加明显。

人类发展是一个扩展个人选择的过程。原则上，选择随着时间是无限的和可变的。但是对于任何水平的发展来说，有3个维度是基础性的：人们享有长寿和健康，获得知识，可以为了高标准的生活使用资源。如果这些基本的选择不可得，许多其他的机会同样无法实现。当然人类发展并不只是如此。这3个主要维度也代表了人类发展指数的原始构成。

同时，3个主要的维度并不能代表人类发展的全部含义。对于人类发展的概念来说，和"作为自由的发展"理念一样，很清楚，收入只是个人希望拥有的选项之一，尽管是一个重要的选项。但它不是人们生活的全部。因此，发展必须超越收入和财富的增加。

2. 以人为目的的发展

发展的目标是人本身，这源于人类发展指数的缔造者哈克的思想经历及其与阿玛蒂亚·森的亲密关系（UNDP，2010）。

人类发展指数之父哈克曾被认为是巴基斯坦20世纪60年代经济奇迹时期的政府专家和《五年规划》的编写者，当时巴基斯坦的经济增长已经连

---

①②UNDP，HDR2010，p. 22.

续10年超过6%。然而，就是在这一时期，哈克开始对巴基斯坦的经济发展模式有所反思——耀眼的经济增长数据完全误导了人们，巴基斯坦存在广泛的地区间、城乡间和阶层间的发展不平衡，普通民众的状况与数字中的完全不同。从此，哈克踏上了探索人类发展的学术道路。阿玛蒂亚·森是哈克在探索道路上最重要的学术伙伴。森和哈克因人类发展指数展开了激烈的争论，森最终还是帮助哈克去设计HDI，虽然他最初非常反对这样做。阿玛蒂亚·森并不真正想要HDI，他不想要一个数字，因为一个数字的特征使它或多或少地会简化任何事物。

哈克承认阿玛蒂亚·森是对的，HDI是粗糙的，和GDP一样粗糙，但是却是一个更好的替代性指标。哈克明白，为了交流，就必须具有和HDI一样的简化性。重要的不同在于，"GDP聚焦于人们所拥有的商品及其价值，而HDI则聚焦于人们的实际生活。HDI的重要特征是以人为中心（People-Centered），而GDP则以商品为中心（Commodity-Centered）"。HDI不是要提供一个对于自由的完整度量，而是要唤起人们对放弃GDP崇拜的重视，HDI所引起的争议已经达到了这一效果。

三、人类发展报告主题的演变

1. 人类发展报告的诞生、目的和意义

人类发展路径的含义和内容集中体现在《人类发展报告》之中。

第一份《人类发展报告》是在巴基斯坦经济学家哈克的提议与指导下完成的。哈克强调发展的真正目的是为了扩大人类在各种领域里的选择权，包括经济、政治和文化领域。1990年的人类发展报告中已经正确地认识到"发展不仅仅是收入和财富的增加"，强调一个国家的真正财富是它的人民，发展的目的是为了创造一个能使人民享受长期、健康和创造性生活的环境。

自1990年以来，UNDP几乎每年编写一册HDR，至2009年已经出版了19册人类发展年度报告，陆续讨论了人类发展的各个方面，始终强调探讨人类发展问题应以人们的需求、愿望和能力为中心，不断阐释着人类发展本身就是扩大人们选择过程这样一种理念。每个年度的人类发展报告都有不同主题（见表7-1），并提出新的概念，但是核心概念一直是作为发展目标的人及参与发展过程的能力。这些报告将经济增长看成是一种手段，一种有利于实现人类各种目标的非常重要的手段,但其本身并不是目标。这些报告的主题分别涉及经济、环境和国家政策等,对国家和国际范围应采取的行动提出了许多强有力的政策建议。

HDR 的主要目的在于监测人类生活水平发展的进程,以及人们获得所向往的生活的能力。HDR 所关注的这种能力是使人们生活得更好、更富裕、更自由,并拥有更多的机会的能力。

尽管由于数据的局限,HDR 所能关注的人类发展能力的范围受到一定程度的限制,但那些对生活质量起重要作用的部分都囊括其中,包括预防疾病、减少死亡率、提高教育、有舒适的生活、获得自尊,或来自他人和社会的尊重等。

从根本上来说,HDR 的一系列报告中关于人类发展的讨论突破了传统的单一经济视角,而且 HDR 对人类发展的衡量在一定程度上考虑了可持续性,向人类的可持续发展迈出了重要步伐。这一系列报告的最大贡献就是突出了人类发展的重要性,并揭示了它的科学性及对国际政策制定的重要作用,而且每一年的报告都是针对人类发展的某些问题进行探究,包括选择人们参与度(1993)、性别(1995)、贫困(1997)、人权(2000)和新技术(2001)等热点问题,从而使得每个议题都能够得到较为深入的讨论。

2. 历年人类发展报告的主题

1990 年第一个 HDR 首先明确了人类发展的概念,并提出了测量指标 HDI。该报告分析了过去 30 年里的人类发展记录,研究了 14 个国家在促进经济增长和人类发展方面的经验,同时指出了发展的真正目的是扩大人类在各种领域里的选择权,包括经济、政治和文化领域。寻求收入增加是人们所做的多种选择中的一个,但不是仅有的一个。强调一个国家的真正财富是它的人民,发展的目的是为了创造一个能使人民享受长期、健康和创造性生活的环境,并将这些反映在人类发展指数上。

1993 年的 HDR 将人民的参与权作为它的中心主题,特别强调了 3 种参与形式:在人类发展计划中人民的亲和度、竞争性市场、权力的非中心化及社区的组织化。大范围的参与权所带来的变化是深远的,体现在发展的每一个方面——市场需要改革以使每个人都有机会获利;政府的权力应当分散以使更多的人能参与到决策中来;社区组织应当发挥更大的影响。

1994 年的 HDR 进一步扩展了人类发展这个概念,主要聚焦在人们的安全及其所有分支上。它涵盖了保证普及基础教育、基本医疗设施、安全饮用水和卫生设施、最低营养标准,以及自我经营的机会等方面。

1995年的HDR将主题定在妇女地位的提高上,并提出了一个全球战略。报告认为,历史将用一个主要的标准来评判下一个千年取得的成就,比如,是不是有一个不断增加的人与国家之间的机会的平等。强调为了防止人类发展中的危险,必须减少性别之间的不平等。报告的中心信息十分清楚,即人类的发展必须要性别平等。报告还应用了一套性别发展指数(GDI)来测量人的基本能力的差异。

1996年的HDR揭示了增长与人类发展之间的复杂关系,并试图在经济增长与人类发展之间建立长期的联系。它强调人类发展应当被认为是终极目标,增长只是手段而已。有3个参数被提了出来,即机会的平等性、机会的可持续性,以及人民权力的增强。这三者被认为是任何层面上的发展都必不可少的。

1997年的HDR将注意力放在贫困问题上,贫困不仅指低收入,也指医疗与教育的缺乏、知识权与通信权的被剥夺、不能履行人权和政治权力,以及缺乏尊严、自信和自尊。报告引入了人类贫困指数(HPI),它认为人类的贫困远不止收入低下,还包括没有机会来选择过一种能够忍受的生活,没有人权。虽然在数据及概念上存在缺陷,人类贫困指数对测量贫困来说是一种有益的补充。消费被看做是人类发展的一种方式,它的意义在于使人民有能力活得更长、活得更好,如果没有消费所提供的开放的各种机会,人将会被遗留在贫困中。

1998年的HDR从人类发展的视角考察了消费问题。报告在1997年HPI-1的基础上,进一步使用了HPI-2的概念,以反映在消费问题上的不平等,并建议设立一个行动日程表,把保证所有公民的最低消费需求作为所有国家的一个明确政策目标。

基础教育、医疗保健、住房及就业对于人的自由来说,和政治权利及人权一样至关重要。制定出一份能反映人类发展和人权之间复杂关系的研究报告已经被提上了议事日程。

1999年的HDR特别强调在当今全球化的世界上人类的相互依存性不断增强。主要内容包括5个方面:全球化时代人的发展;新技术与全球知识竞争;看不见的中心——保健与全球经济;各国对利用全球化促进人类发展的反应;重新建立人道和公正的全球管理模式。

第七章 基于能力方法的福利经济学的量化努力

2000年的HDR把人权作为发展的前提条件。人权与人类发展存在一些共同的理念和目标：如保卫所有人的自由、福利和自尊。人类的发展对于实现人权极为重要。同样，人权对于人类的全面发展也至关重要。2000年的报告指出：需要在全球范围内改变态度，积极支持用人权替代惩罚性措施。报告指出了在政策制定的过程中，对于实现人类发展而言极为重要的那些因素。它包括追求支持经济增长的政策、调整预算、保护环境资源、消除歧视及从法律上保护人权等。

2001年HDR主要关注新技术对人类发展的影响。报告认为新技术对于减少世界范围的贫困、对增加医药、农业、信息和通信及能源方面的公共研究资金极为重要。报告引入了技术成就指数（TAI），并指出该指数将用于评估技术的创造及扩散，而非用来测量在全球技术发展中某个国家所取得的成就。报告分析了世界范围的技术不均衡扩散对人类发展的负面影响。

2002年HDR的主要内容包括：人类发展的现状和进展；克服民主发展的民主治理；实现安全武装力量的民主化，预防冲突，建立和平。

2003年的HDR就"千年发展目标"这个主题，论述了改善人民健康与教育的公共政策、确保环境可持续性公共政策等问题。千年发展目标是189个联合国成员国首脑在2000年9月联合国千年峰会上达成的。千年峰会展示了世界各国在改善全球贫困人口生活上的信念。UNDP通过考察过去10年中发展的成功和失败，对这场全球行动的现状进行了分析，并且提出了2015年前把这些目标变为现实所需的具体政策措施和资金投入。第一次提供了完整的数据，以说明各个国家在实现千年发展目标方面的进展。

2004年HDR将多样化世界中的文化问题纳入人类发展思想与实践的范畴，包括文化自由与人类发展、建设多元文化民主国家、全球化和文化选择等论题。

2005年HDR讨论的是到2015年的10年倒计时之初世界面临的挑战。通过着重强调国际合作的3个支柱——发展援助、国际贸易与安全，阐明了一些亟待解决的问题和取得成功的几个关键因素：根除贫困，消灭分裂国家间和人民间团结的深刻的不均衡现象。在《千年宣言》签署后5年尚待解决的最根本问题就是各国政府是否有决心与过去决裂，并按照他们对所有穷人做出的承诺而行动，才能最终实现千年发展目标。

2006 年的 HDR 记录了人类"水权"遭到系统性侵犯的状况，水危机的根源是在于贫穷、不均衡及不平等的权力关系，水资源管理上的失误，也使水资源的缺乏更加恶化。《报告》指出了水危机的深刻根源，并提出了改变这种状况的议事日程。

2007/2008 年的 HDR 是合并出版的。该报告提出：目前针对气候变化采取的对策，其影响将持续一个世纪或者更久。在可预见的未来，温室气体排放引起的气候变化是无法逆转的。2008 年排放到大气层中的温室气体会一直停留到 2018 年甚至更久，因此现在的选择不仅会影响我们自己的生活，更将影响子孙后代的生活。与其他方面的政策相比，我们面临气候变化的挑战会更大。

2009 年的 HDR 关注流动性问题。该报告把流动性上升到自由的高度，指出当今世界上机会的分配是极不平等的。这个不平等是人员流动的一个主要驱动力，因而这也意味着流动对于提高人类发展水平具有巨大的潜力。人员流动不是单纯的选择权的表现，因为人们经常在严格的限制条件下迁移，然而人们从流动中所获得的收益的分配却往往是很不平等的。人类发展的观点认为发展的目的是促进人们过上他们所选择的生活的自由，这一观点承认人员流动是构成这种自由的重要组成部分。人员流动包含流动者的权衡取舍和非流动者的权衡取舍问题，了解和分析这些权衡取舍是制定有效政策的关键。

对于《人类发展报告》历年主题的总结如表 7-1 所示。

表 7-1 历年《人类发展报告》的主题

年 份	主 题
1990	人类发展的概念和衡量（Defining and Measuring Human Development）
1991	资助人类发展（Financing Human Development）
1992	全球范围的人类发展（Global Dimensions of Human Development）
1993	民众参与（People's Participation）
1994	人类安全新的方面（New Dimensions of Human Security）
1995	性别与人类发展（Gender and Human Development）
1996	经济增长与人类发展（Economic Growth and Human Development）

续表

年份	主题
1997	通过人类发展消除贫困（Human Development to Eradicate Poverty）
1998	消费促进人类发展（Changing Today's Consumption Patterns for Tomorrow's Human Development）
1999	富于人性的全球化（Globalization with a Human Face）
2000	人权与人类发展（Human Development and Human Rights）
2001	让新技术为人类发展服务（Make New Technologies Work for Human Development）
2002	在破碎的世界中深化民主（Deepening Democracy in a Fragmented World）
2003	千年发展目标：消除人类贫困的全球公约（Millennium Development Goals: A Compact among Nations to End Human Poverty）
2004	当今多样化世界中的文化自由（Cultural Liberty in Today's Diverse World）
2005	处于十字路口的国际合作：不均衡世界中的援助、贸易与安全（International Cooperation at a Crossroads: Aid, Trade and Security in an Unequal World）
2006	透视贫水：权力、贫穷与全球水危机（Beyond Scarcity: Power, Poverty and the Global Water Crisis）
2007/2008	应对气候变化：分化世界中的人类团结（Fighting Climate Change: Human Solidarity in Divided World）
2009	自由和流动：人员流动如何能促进人类发展（Overconming Barriers: Human Mobility and Development）
2010	国家的真正财富：人类发展进程（The Real Wealth of Nations: Pathways to Human Development）
2011	可持续性与平等：共享美好未来（Sustainability and Equity: A Better Future for all）

第二节　人类发展指数计算方法的演进

一、人类发展指数算法演变的3条路径

自HDI诞生以来，HDI的3个基本维度——健康、知识和体面的生活水平——始终保持着一致性，在2001~2009年的近10年时间里更是进入方法上的全面稳定期。但是，人类发展指数总体上看是在不断修改和完善的，HDR2010中的变化更是革命性的。具体来说，HDI的演变历程包括3条路径：指标的选取；阈值的选择；加总和无量纲化方法。

1. 指标和阈值的变化

最基本的变化就是指标的选取。除了预期寿命指标作为健康长寿维度的代表性指标一直保持稳定外，知识和体面的生活水平的代表性指标经常发生微调。2010年新版的HDI中的变化则更为彻底，以平均受教育年限和预期受教育年限取代成人识字率和综合毛入学率作为知识的代表；以人均GNI代替了人均GDP作为体面的生活水平的代表；不变的是收入指标（不论是GNI还是GDP）保留了1990年HDI诞生之初就具备的（以2为底的）对数形式。[①]

HDR2010中指标的改变有其方法论依据：平均受教育年限所使用的国家在增多，使用的频率也在增加，且能够明显地比较国与国之间的差别；而预期受教育年限与从年限上重构知识维度是相吻合的。采用人均国民总收入（GNI）取代人均国内生产总值（GDP）来评估生活水平是因为，在全球化的今天，一国的居民收入与国内产值之间的差值经常很大。部分居民收入流向国外，一些居民接收国外汇款，某些国家接受大量援助。

另一个比较明显的变化就是最大值和最小值的阈值选择问题。1990~1993年的最大值和最小值是从数据集中产生的，但是这种方法可能会产生

---

① 之所以要采用对数形式，是为了表示收入对人类发展来说至关重要，但是收入越高对人类发展或者说个人过上体面生活的能力的边际贡献越小。

令人挫败的结果，因为一个国家可能改进了预期寿命或者教育成就，但是其 HDI 值却表现为下降了，因为排名在其前面和后面的国家做得更好。于是，UNDP 从 1994 年起采取外在预先设定最大值和最小值的方法，设定最大值和最小值固定不变，避免了仅仅是由于其他国家变化的好坏对本国造成的影响。

2010 年新版本的 HDI 的最大值和最小值的选择采取了折中的方式：最大值是 1980～2010 年序列中从各国实际观察到的指标的最大值；最小值是那些能被视为最低生活标准的合适的数值或自然的零值。

这一折中方式的方法论依据是：在合成 HDI 时采用几何平均算法的前提下，这种对阈值的处理既避免了阈值设定时的主观性（可以反映人类发展的最高真实成就），也不影响不同单位和不同时期之间的比较。在哲学上，这反映了森在 2009 年的著作《正义观》中所提倡的立足于现实状态，反对假想的最优状态的正义观。

2. 合成和无量纲化方法的变化

具体计算方法也有明显的变化，包括合成和无量纲化方法两个方面。

虽然 1994 年以前的 HDI 是通过"剥夺指数"来计算的，但只需要简单的数学推导就可知，1994 年前后的 HDI 合成方法在实质上是相同的。也就是说，在 1990～2009 年的 HDR 中，HDI 核心算法未曾改变过：先遵循最大值和最小值取得标准值，再按照等权重算术相加，其合成公式是

$$\text{HDI} = \frac{1}{3}M_1 + \frac{1}{3}M_2 + \frac{1}{3}M_3 \tag{7-1}$$

其中，M_1 为代表健康维度的指数，M_2 为代表知识维度的指数，M_3 为代表体面生活维度的指数。各分项指数的无量纲化计算方法在 1994 年前为

$$M_i = \frac{X_{ij} - \text{Min}X_{ij}}{\text{Max}X_{ij} - \text{Min}X_{ij}} \tag{7-2}$$

其中，X_{ij} 是单位 j 关于第 i 个维度的实际值，$\text{Min}X_{ij}$ 是数据集中的最小值，$\text{Max}X_{ij}$ 是数据集中的最大值。由于最大值和最小值的选择原则的改进，1994-2009 年无量纲化方法变为

$$M_i = \frac{X_{ij} - \text{Min}F_i}{\text{Max}F_i - \text{Min}F_i} \tag{7-3}$$

其中，$\text{Min}F_i$ 是变量 i 的固定的最小设定值，$\text{Max}F_i$ 是变量 i 的固定的最大设定值。

由于阈值的确定同时采用了从数据集内选取和预先外在设定两种方式，2010年新版本HDI的无量纲化计算方法是式（7-2）和式（7-3）的结合，即

$$M_i = \frac{X_{ij} - MinF_i}{MaxX_{ij} - MinF_i} \tag{7-4}$$

新的无量纲化方法的技术含义如图7-1所示。

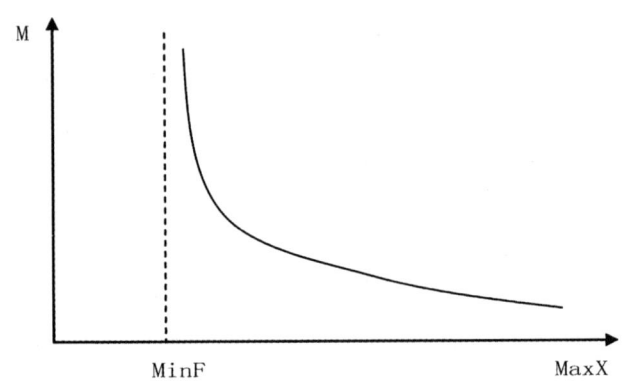

图7-1　最大值变化时指数变化的曲线

设MaxX代表最大值自变量，MinF是假定不变的最小值，M代表原指标值X无量纲化后的指标值。满足MinF≤X≤MaxX。曲线呈递减形式，最大值变大时，曲线值变小；反之亦然。

不仅是无量纲化方法发生了变化，在2010年的HDR中，HDI的合成方法发生了颠覆性的变化，成为了3个维度指数的几何平均数，即

$$HDI = M_1^{1/3} \cdot M_2^{1/3} \cdot M_3^{1/3} \tag{7-5}$$

在合成方法上的改进的方法论依据是：在任何维度上的表现不佳都直接反映在人类发展指数上，此外维度之间不再存在完全相互替代的可能性。这种方式从各个角度反映了一个受测单位在3个维度上的表现，成为比较发展成就的基础。与计算简单平均值的做法相比，这种方式充分考虑到了3个维度间固有的差异，承认比较这3个不同性质维度存在困难，且不能忽视所有维度上发生的任何变化。如果说算数平均数公式类似于边沁社会福利函数，只考虑总额问题；那么几何平均数公式则类似于纳什社会福利函数，对各个相关维度之间的平衡发展投入了更多关注。

由式（7-2）、式（7-3）和式（7-4）可知，对 HDI 每一个维度而言，首先针对每项指标设定最小值及最大值，然后遵循公式来计算3个维度的分项指数。故分项指数 M 的值都在 0~1，其中 0 代表最小，1 代表最大。数值越大，代表越好的人类发展水平。

而由式（7-1）和式（7-5）可知，不论是加法还是乘法的 HDI 合成算法，由于分项指数 M 的值都在 0~1，作为最终结果的 HDI 的值必然也会在 0~1。UNDP 在 2010 年将 HDI 值分为 4 类：0.76~1 为极高人类发展水平，0.51~0.75 为高人类发展水平，介于 0.26~0.50 为中等人类发展水平，0.25 及以下为低人类发展水平。中国 2011 年的 HDI 值为 0.687，属于中等人类发展水平国家。在有统计的 178 个国家中，中国排名第 101 位。

详细的 HDI 指标、阈值和算法的演变历程如表 7-2 所示。

表 7-2　HDI 方法论的演进历程

年份	指标和阈值			算法
	健康	知识	体面生活	
1990	预期寿命(年)：最大值(78.4)和最小值(41.8)取自数据集	成人识字率(%)：最大值=100% 最小值取自数据集	人均GDP的对数：最大值=3.68(购买力平价的4786美元)；最小值取自数据集 按购买力平价计算，以美元表示，下同	无量纲化公式：$M_i = \dfrac{X_{ij} - MinX_{ij}}{MaxX_{ij} - MinX_{ij}}$ 合成公式：$HDI = \dfrac{1}{3}\sum\limits_{i=1}^{3} M_i$
1991	预期寿命(年)：最大值(78.6)和最小值(42.0)取自数据集	成人识字率(%)和平均受教育年限权重分别为 2/3 和 1/3 受教育年限的最大值和最小值取值数据集	Atkinson 公式调整的人均 GDP。公式的最小值设为人均 4829 美元；最大值和最小值取自观察调整的人均 GDP	
1992~1993	同 1991 年	同 1991 年	同 1991 年	

续表

年份	指标和阈值			算法
	健康	知识	体面生活	
1994	预期寿命(年)：最大值=85，最小值=25	同1991年 成人识字率：最大值=100%，最小值=0 教育年限：最大值=15，最小值=0	同1991年。公式的最小值设为人均5120美元：最大值=40000美元，最小值=200美元	
1995	同1994年	成人识字率(%)和综合毛入学率的权重分别为2/3和1/3 综合毛入学率：最大值=100%，最小值=0	同1991年。公式的最小值设为人均5120美元：最大值=40000美元，最小值=100美元	
1996	同1994年	同1995年	同1991年。公式的最小值设为人均5711美元：最大值=40000美元，最小值=100美元	无量纲化公式：$M_i = \dfrac{X_{ij} - MinF_i}{MaxF_i - MinF_i}$ 合成公式：$HDI = \dfrac{1}{3}\sum_{i=1}^{3} M_i$
1997	同1994年	同1995年	同1991年。公式的最小值设为人均5835美元：最大值=40000美元，最小值=100美元	
1998	同1994年	同1995年	同1991年。公式的最小值设为人均5990美元：最大值=40000美元，最小值=100美元	
1999	同1994年	同1995年	人均GDP的对数：最大值=40000美元，最小值=100美元	
2000	同1994年	同1995年。成人识字率取自15岁以上人群	同1999年	
2001~2009	同1994年	同1995年	同1999年	

第七章 基于能力方法的福利经济学的量化努力

续表

年 份	指标和阈值			算 法
	健 康	知 识	体面生活	
2010	预期寿命(年)：最大值(83.2)取自数据集，最小值=20	平均受教育年限(年)：最大值(13.2)取自数据集，最小值=0 预期受教育年限(年)：最大值(20.6)取自数据集，最小值=0 综合知识指数：最大值(0.951)取自数据集，最小值=0	人均GNI的对数：最大值(108211)取自数据集，最小值=163	无量纲化公式： $M_i = \dfrac{X_{ij} - MinF_i}{MaxX_{ij} - MinF_i}$ 合成公式： $HDI = \sqrt[3]{M_1 \cdot M_2 \cdot M_3}$

二、混合人类发展指数

在 HDR2010 中，在描述长时间跨度下不同地区和不同 HDI 组别的人类发展水平变化时，UNDP 在新旧版本的 HDI 之间采取了折中的做法，构建了所谓的"混合 HDI"（Hybrid HDI）。其定义是：采用 HDR2010 中的全新函数形式，即新算法，同时所用指标与 HDR2009 完全相同（包括预期寿命、成人识字率、综合毛入学率和人均 GDP）。这就保证了指标和阈值的稳定性。

基于和 UNDP 同样的考虑，在第八章进行经验分析时，本书也将使用"混合 HDI"，以之同基于 HDR2009 算法的 HDI 进行比较研究，其原因有以下 4 个：①HDI 的算法从其诞生起一直很稳定，HDR2010 中的变化是革命性的，必须在控制其他因素不变的前提下才可以凸显这一革命性变化的影响；②尽量保持方法的透明性和简便易行；③能够进行跨时间比较；④易于进行数据收集，以方便进行跨省级单位间的比较。后 3 点也是 HDI 的宗旨和 HDR 的目的所在，即对政策起到引导作用，改善人类发展环境。同时，本书也将使用"非收入 HDI"和严格遵循 HDR2009 中方法的"旧版 HDI"。

"混合 HDI"（以下简写为 HDI_h）、"非收入 HDI"（以下简写为 HDI_{ni}）和"旧版 HDI"（以下简写为 HDI_o）的结构如图 7-2 所示。

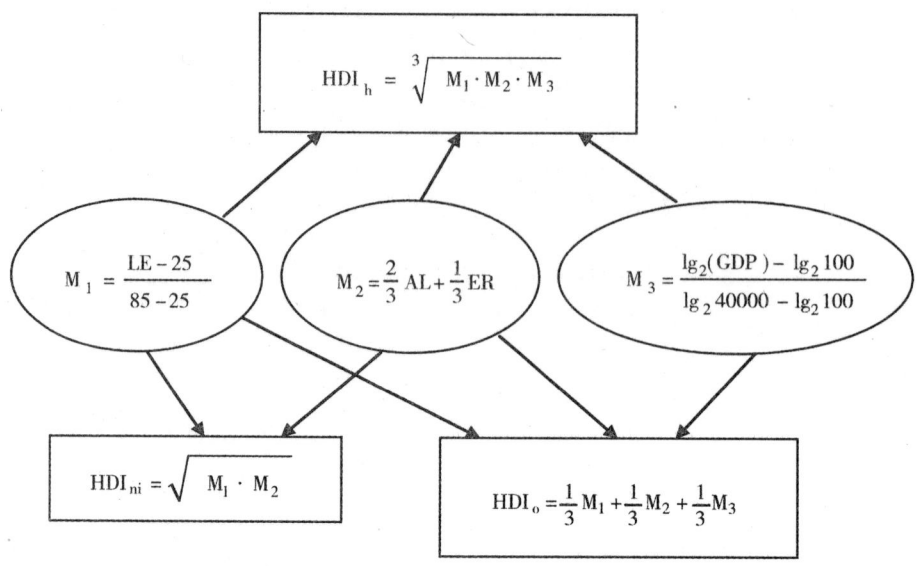

图 7-2 HDI 的不同版本及其关系

第八章　中国的人类发展与生态文明

自改革开放以来，中国的人类发展取得了很大的进步，但是，各省级单位之间的区域差距仍然十分明显。本章将着重分析中国人类发展的地区差距，从而对中国人类发展的基本现状有一个初步的认识。

第一节　中国的人类发展的地区差距

一、数据处理的技术说明

本章在数据处理上有以下几点需要说明：

（1）除非特别说明，本书所用数据均来自历年《人类发展报告》和各年《中国人类发展报告》。到目前为止最多可获得1982年、1990年、1995年、1997年、1999年、2003年、2005年和2008年共8年的中国省级单位人类发展指标数据。

（2）1991年之后，UNDP并不是采用取对数的方法来调节人均GDP（PPP美元），而是使用Atkinson收入效用公式对高于标准极限水平（即世界收入平均水平）的人均GDP数值进行折算。直到1999年UNDP编制1997年人类发展指数时，认为Atkinson折扣法缺陷过多，才正式确定采用取对数的方法来调整人均GDP（PPP美元）。在中国人类发展指数的编制中，由于1982年、1990年、1995年和1997年的中国人类发展指数是采用Atkinson收入效用公式来处理人均GDP（PPP美元），为了保持一致，我们采用现行的收入取对数法，重新计算了这4年的GDP分项指数，以便与其他年份保持一致。

（3）改革开放后中国省级单位的构成发生了变化，1988 年海南省成立，1997 年重庆直辖市成立。为了保证口径的统一，将 1988 年后的海南省的数据并入广东省，1997 年后的重庆市的数据并入四川省。故而历年的研究样本始终是 29 个单位。

（4）本章将全部的省级单位分为高人类发展水平地区和低人类发展水平地区两组。我们的标准是 2008 年各省级单位的 HDI_h 平均值，即高于平均值的地区（1~14）为高水平组，包括上海、北京、天津、浙江、广东（包含海南）、江苏、辽宁、山东、吉林、福建、河北、黑龙江、内蒙古、山西；其余（15~29）为低水平组，包括河南、湖北、湖南、陕西、广西、新疆、宁夏、四川（包含重庆）、江西、安徽、青海、云南、甘肃、贵州、西藏。之前历年均沿用 2008 年的分类，由此可追溯形成目前地区间发展趋势的历史路径。

二、中国各省人类发展情况的比较

1. 中国人类发展情况的进步

根据第三章中的图，可以计算中国各个省级单位 1982~2008 年的 3 类人类发展相关指数。计算的直观结果如图 8-1~图 8-3 所示。

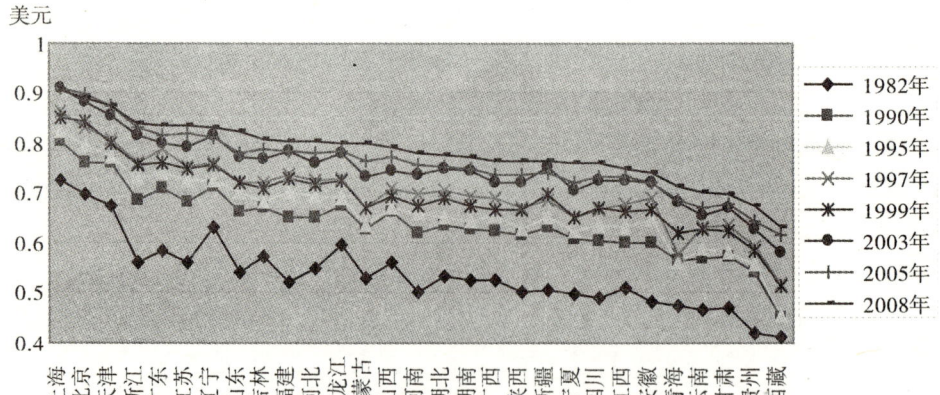

图 8-1　各省级单位不同年份的 HDI_h

第八章 中国的人类发展与生态文明

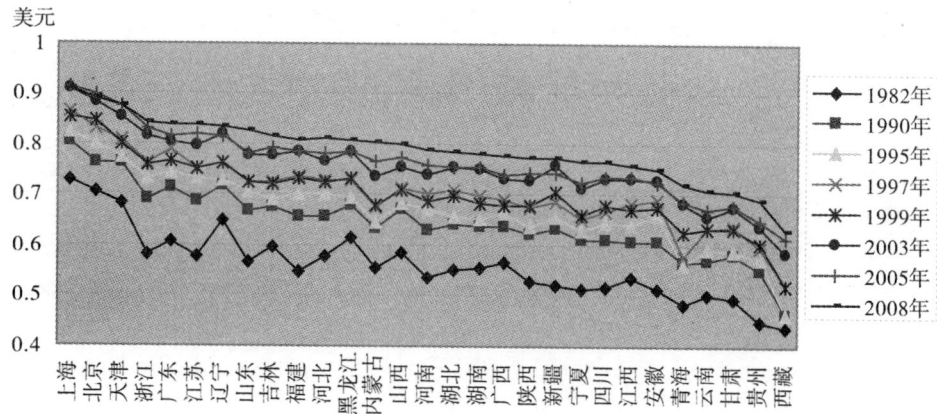

图 8-2 各省级单位不同年份的 HDI_o

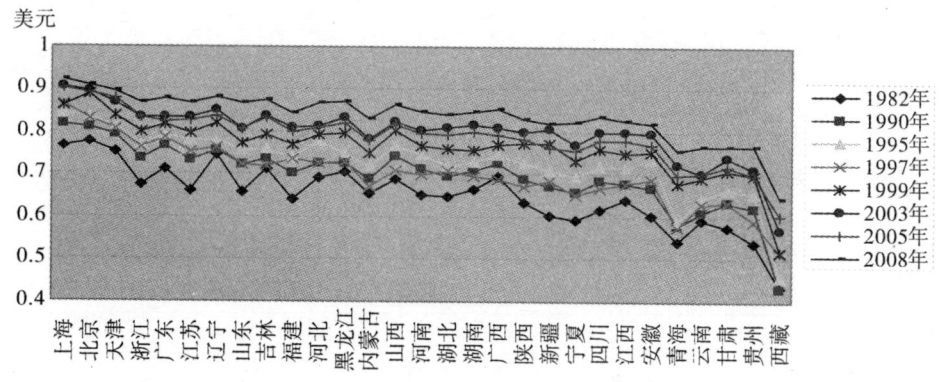

图 8-3 各省级单位不同年份的 HDI_{ni}

由图 8-1～图 8-3 可知，在 1982～2008 年，中国全部的省级单位，其人类发展的 3 类指数都是呈现出一种递增的状态，体现了改革开放对于中国人类发展水平的促进作用。但是，相对排位的变动程度却较低，1982 年在人类发展指数方面落后的地区，到 2008 年仍然处于相对落后的状态。并且，不同地区的 3 类指数大体上是同步的，即 3 类指数之一处于较高水平的地区，另外两类指数通常也较高。

表 8-1 通过具体数字更具体地支持了以上直观结论。

表 8-1　中国各省级单位的人类发展水平在 1982~2008 年的变化

省 份	HDI$_h$			HDI$_o$			HDI$_{ni}$		
	1982年	2008年	2008~1982年	1982年	2008年	2008~1982年	1982年	2008年	2008~1982年
上海	0.7253	0.9076	0.1824	0.7279	0.9083	0.1805	0.7665	0.9223	0.1557
北京	0.6962	0.8897	0.1935	0.7039	0.8913	0.1874	0.7750	0.9082	0.1332
天津	0.6742	0.8736	0.1994	0.6824	0.8757	0.1933	0.7539	0.8946	0.1407
浙江	0.5595	0.8392	0.2797	0.5797	0.8407	0.2610	0.6730	0.8666	0.1936
广东	0.5839	0.8352	0.2513	0.6074	0.8394	0.2320	0.7129	0.8772	0.1642
江苏	0.5599	0.8351	0.2753	0.5778	0.8373	0.2595	0.6626	0.8664	0.2038
辽宁	0.6306	0.8304	0.1998	0.6473	0.8357	0.1883	0.7446	0.8815	0.1368
山东	0.5409	0.8242	0.2834	0.5642	0.8273	0.2631	0.6564	0.8664	0.2099
吉林	0.5722	0.8081	0.2359	0.5980	0.8153	0.2173	0.7121	0.8752	0.1631
福建	0.5208	0.8044	0.2837	0.5454	0.8073	0.2619	0.6421	0.8439	0.2018
河北	0.5494	0.8028	0.2534	0.5782	0.8100	0.2318	0.6901	0.8679	0.1778
黑龙江	0.5977	0.7998	0.2021	0.6137	0.8080	0.1943	0.7067	0.8700	0.1632
内蒙古	0.5308	0.7993	0.2685	0.5531	0.8033	0.2502	0.6532	0.8296	0.1763
山西	0.5614	0.7918	0.2304	0.5836	0.8007	0.2171	0.6883	0.8633	0.1750
河南	0.5016	0.7797	0.2781	0.5368	0.7873	0.2505	0.6496	0.8481	0.1986
湖北	0.5320	0.7767	0.2447	0.5518	0.7840	0.2322	0.6475	0.8419	0.1944
湖南	0.5273	0.7713	0.2440	0.5537	0.7810	0.2273	0.6644	0.8467	0.1822
广西	0.5248	0.7649	0.2400	0.5644	0.7767	0.2123	0.6947	0.8537	0.1590
陕西	0.5028	0.7643	0.2616	0.5288	0.7723	0.2436	0.6349	0.8308	0.1959
新疆	0.5056	0.7637	0.2581	0.5213	0.7737	0.2524	0.6049	0.8208	0.2159
宁夏	0.4964	0.7594	0.2630	0.5148	0.7667	0.2518	0.5942	0.8246	0.2304
四川	0.4920	0.7589	0.2668	0.5165	0.7676	0.2511	0.6180	0.8362	0.2182
江西	0.5088	0.7488	0.2401	0.5348	0.7603	0.2255	0.6403	0.8283	0.1880
安徽	0.4825	0.7419	0.2594	0.5132	0.7497	0.2365	0.6027	0.8195	0.2168
青海	0.4733	0.7155	0.2422	0.4833	0.7203	0.2371	0.5416	0.7571	0.2155
云南	0.4686	0.7006	0.2321	0.5032	0.7103	0.2071	0.5932	0.7668	0.1736
甘肃	0.4713	0.6978	0.2265	0.4942	0.7053	0.2111	0.5747	0.7661	0.1914
贵州	0.4215	0.6760	0.2545	0.4474	0.6897	0.2423	0.5376	0.7664	0.2288
西藏	0.4121	0.6299	0.2179	0.4368	0.6300	0.1932	0.4341	0.6449	0.2108
均值	0.5387	0.7824	0.2437	0.5608	0.7888	0.2280	0.6507	0.8374	0.1867

由表8-1可见，3类指数的2008年数值减去1982年数值都为正值，说明了人类发展的积极变化，但是"非收入HDI"在1982~2008年的增长基本上都小于包含GDP的另外两类指数的增长，表明了改革开放以来中国的经济增长要快于教育和医疗卫生的改善。大多数省份的人类发展排名变化不大。HDI_h排名上升较多的是福建（7位）、浙江（6位）和福建（6位）；下降较多的是黑龙江（7位）、山西（6位）和江西（5位）。HDI_o排名上升较多的是福建（6位）、浙江（5位）和江苏（5位）；下降较多的是黑龙江（7位）、山西（6位）和广西（6位）。HDI_{ni}排名上升较多的是江苏（3位）、山东（3位）和四川（3位）；下降较多的是内蒙古（5位）、广西（5位）和湖南（3位）。可见，排名上升的省市基本上是东部沿海地区，而排名下降的省市则集中于东北部和中西部地区。

2. 指数类型对计算结果的影响

从技术的角度看，各省级单位的人类发展水平在1982~2008年的变化一部分是真实的人类发展程度提高的结果，另一部分则源于指数类型的差异。指数类型的不同对于经验分析的影响如表8-2所示。

表8-2　2008年中国各省级单位的人类发展水平的不同方法测度

省　份	HDI_h2008	HDI_o2008	HDI_{ni}2008	HDI_h2008—HDI_o2008	HDI_h2008—HDI_{ni}2008
上海	0.9076	0.9083	0.9223	-0.0007	-0.0147
北京	0.8897	0.8913	0.9082	-0.0016	-0.0184
天津	0.8736	0.8757	0.8946	-0.0021	-0.0210
浙江	0.8392	0.8407	0.8666	-0.0015	-0.0274
广东	0.8352	0.8394	0.8772	-0.0042	-0.0419
江苏	0.8351	0.8373	0.8664	-0.0022	-0.0312
辽宁	0.8304	0.8357	0.8815	-0.0053	-0.0511
山东	0.8242	0.8273	0.8664	-0.0031	-0.0421
吉林	0.8081	0.8153	0.8752	-0.0072	-0.0671
福建	0.8044	0.8073	0.8439	-0.0029	-0.0394
河北	0.8028	0.8100	0.8679	-0.0072	-0.0650
黑龙江	0.7998	0.8080	0.8700	-0.0082	-0.0702
内蒙古	0.7993	0.8033	0.8296	-0.0041	-0.0303

续表

省 份	HDI_h2008	HDI_o2008	HDI_{ni}2008	HDI_h2008—HDI_o2008	HDI_h2008—HDI_{ni}2008
山西	0.7918	0.8007	0.8633	-0.0089	-0.0715
河南	0.7797	0.7873	0.8481	-0.0076	-0.0684
湖北	0.7767	0.7840	0.8419	-0.0073	-0.0652
湖南	0.7713	0.7810	0.8467	-0.0097	-0.0754
广西	0.7649	0.7767	0.8537	-0.0118	-0.0888
陕西	0.7643	0.7723	0.8308	-0.0080	-0.0664
新疆	0.7637	0.7737	0.8208	-0.0100	-0.0572
宁夏	0.7594	0.7667	0.8246	-0.0073	-0.0652
四川	0.7589	0.7676	0.8362	-0.0087	-0.0774
江西	0.7488	0.7603	0.8283	-0.0115	-0.0795
安徽	0.7419	0.7497	0.8195	-0.0078	-0.0776
青海	0.7155	0.7203	0.7571	-0.0048	-0.0416
云南	0.7006	0.7103	0.7668	-0.0097	-0.0661
甘肃	0.6978	0.7053	0.7661	-0.0075	-0.0683
贵州	0.6760	0.6897	0.7664	-0.0136	-0.0904
西藏	0.6299	0.6300	0.6449	-0.0001	-0.0150
均值	0.7824	0.7888	0.8374	-0.0064	-0.0550
方差	0.0039	0.0037	0.0031	0.0002	0.0008

由表 8-2 可见，对于全部的省级单位，HDI_h 同 HDI_o 的差值及 HDI_h 同 HDI_{ni} 的差值都为负值，而 HDI_h 的平均值也低于另外两类人类发展指数的平均值，同时，HDI_h 的方差却大于另外两类人类发展指数的方差。这说明各省级单位普遍存在人类发展的 3 个维度的进步不平等，因为相对于算术平均数的合成算法，几何平均数的合成算法对维度间的不平衡具有惩罚效应；各省级单位的体面生活指数的绝对水平普遍低于健康指数和知识指数的绝对水平。

3. 人类发展指数的 3 个维度的情况

进一步讲，如果将组成 HDI 的 3 个维度拆分来看，就可以用更具描述性的常规统计方法得到表 8-3，通过其可以分析出人类发展指数 3 个维度间发展不平衡的具体情况。

表8-3 中国较高和较低人类发展水平地区分项指数对比表

年份	各分项指数的均值和方差								
	健康指数（M₁）			知识指数（M₂）			体面生活指数（M₃）		
	高于平均地区	低于平均地区	全国	高于平均地区	低于平均地区	全国	高于平均地区	低于平均地区	全国
	均值	均值	方差①	均值	均值	方差	均值	均值	方差
1982	0.747	0.674	0.0032（15.5%）	0.662	0.543	0.0103（49.7%）	0.426	0.323	0.0072（34.8%）
1990	0.756	0.680	0.0036（18.6%）	0.737	0.625	0.0093（48.2%）	0.601	0.490	0.0064（33.2%）
1995	0.770	0.693	0.0035（16.7%）	0.785	0.676	0.0093（44.5%）	0.622	0.491	0.0081（38.8%）
1997	0.755	0.682	0.0037（17.1%）	0.774	0.693	0.0070（32.9%）	0.742	0.588	0.0105（50.0%）
1999	0.795	0.721	0.0027（13.8%）	0.820	0.732	0.0080（41.0%）	0.647	0.513	0.0087（45.2%）
2003	0.825	0.760	0.0026（13.7%）	0.851	0.770	0.0068（35.8%）	0.735	0.592	0.0095（50.5%）
2005	0.810	0.732	0.0030（17.4%）	0.857	0.767	0.0058（33.5%）	0.783	0.642	0.0085（49.1%）
2008	0.810	0.732	0.0030（20.3%）	0.943	0.883	0.0044（29.7%）	0.754	0.620	0.0074（50%）
增长②	0.063	0.058	4.8%	0.281	0.340	-20%	0.328	0.297	15.2%

表8-3说明，现有的地区差距是由两方面因素造成的，一是地区间传统上已经形成的历史差距，2008年人类发展水平高的地区1982年在各个维度上也处于相对较高发展水平；二是发展速度上的差异，除了知识指数外，其余分项指数在高水平地区的增长幅度都要高于低水平地区。

---

①括号内为在同一受试样本群中，对应分项指数的方差在三项指数总方差中的比例。
②这里衡量的是2008年相对于1982年的增长。

从全国整体的指数方差看，健康指数的方差原本所占比例就不高（只占 15.5%），且仅略有小幅变化，在与 1982 年相应指数比较时增幅为 4.8%；知识指数的方差虽然原本比例很高（1982 年时接近 50%），但却在大幅度下降，在与 1982 年相应指数比较时下降了 20%；体面生活（人均 GDP）指数方差在大幅度增加，在与 1982 年相应指数比较时增幅为 15.2%，已经达到 50%。这说明，经济水平已经代替了知识水平，成为了决定地区人类发展水平的最重要因素。在两类地区中，各分项指数的相对变化趋势相同，健康指数增长最少，知识指数居中，体面生活（人均 GDP）指数增长最多。显然，经济增长是地区发展中的主旋律，而健康和知识维度并没有与之同步增长。从高水平地区与低水平地区的比较来看，前者在健康和知识维度的增长上几乎没有体现出任何优势。

第二节 生态人类发展指数的理论构建与经验分析

一、生态与人类发展相结合的理论基础

1. 人类发展报告中对生态与人类发展关系的理解

在 2010 年底发布的人类发展报告，即 HDR2010 中，人类发展实际上由三个部分组成：福利、赋权和正义。在 HDR2010 中的一个突破性的理论成果是，UNDP 第一次明确指出，上述 3 部分人类发展受到自然环境的局限，即必须在共享地球有限资源的前提下扩大这些自由。在 HDR2010 中，这一新的理念被概括为图 8-4。

生产和消费模式日益凸显的不可持续性对于维持人类发展进步构成了主要威胁。当前的生产模式严重依赖于矿物燃料。现在大家知道这是不可持续的——因为资源是有限的，其影响也是不安全的。历史促进人们相信人类发展会持续进步，但当前生产模式所导致的生态危机却能够阻碍这一切的发生。于是乎，生态文明建设需要什么，而这又如何支持和加快人类发展？如何评价得失？关于生态文明建设的政策良方如何能够充分考虑到

第八章 中国的人类发展与生态文明

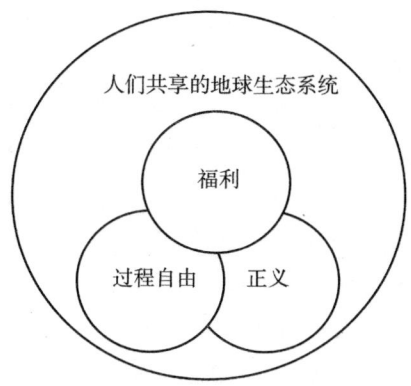

图8-4 HDR2010中所理解的生态和人类发展关系

对于发展和分配的影响？这些基本问题都需要认真地予以回答。

因此，按照HDR2010中所表达的理念，生态文明是影响人类发展的一个重要维度，将生态文明嵌入HDI是加强HDI解释力和说服力的迫切需要。

2. 中国的生态文明建设与人类发展

中国在有限生态资源的限制下继续促进人类发展的能力正在受到挑战。改革开放30多年来，中国在经济快速增长的同时也付出了一些严峻的代价，包括环境和自然资源的破坏。加快促进生态文明建设的重大意义，在于其对人类发展有直接影响。由法国总统尼古拉·萨科奇牵头，诺贝尔经济学奖获得者约瑟夫·斯蒂格利茨和阿玛蒂亚·森等具体领导的国际专家小组，在2009年的一份报告中对生态和人类发展之间的关系做出了共识性的描述：首先，它们会直接（通过空气和水的污染、有害物质，以及噪音）和间接（通过气候变化、碳循环和水循环中的转换、生物多样性的减少，以及影响生态系统健康的自然灾害）影响人们的健康。其次，人们从环境服务中受益，如获得清洁的水和享受休闲娱乐区，他们在这方面的权利（包括获得环境信息的权利）已日益得到认可。再次，人们很重视环境是否宜人，这些评价影响到他们的实际选择（比如在哪里居住）。最后，环境条件可能导致气候改变和自然灾害，例如干旱和洪灾，受灾者的财产和生命都可能蒙受损失（斯蒂格利茨等，2011）。

在中国的某些地区，大气、水和固体废弃物等环境污染已经危及人民的生命健康和生产环境。环境恶化加深了中国现有的资源和环境约束的压力。中国人口众多，许多关键资源的人均占有量低于世界平均水平，土地和水资源尤其匮乏。在中国，低技术水平导致资源低利用率和人口众多带来的快速增长的需求相互作用，造成经济增长的不可持续性。近代产业革命及发达国家现代化的进程，是以大量消耗能源和环境污染为代价的。但是，面对当前的国际能源形势和全球气候变化的挑战，中国作为后起的发展中大国必须探索出一条不同于发达国家发展历史的、崭新的发展道路，既要保证人民的生活得到持续的改善、国家实力不断提高，又要相对减少对能源、资源的依赖和对环境的污染。

从长期和根本上看，人类发展和生态文明是一致的。建设生态文明可以提高能源资源利用效率，减少温室气体排放，减缓气候变化的不利影响，进而提升人类的发展水平。此外，通过加大环境基础设施建设、加强与新能源的开发利用和能源效率提高相关的投资水平，还能够带来新的经济增长点以拉动经济增长，创造新的就业机会，优化经济增长方式，解决由于矿物燃料消耗带来的环境污染和生态环境破坏问题，促进"资源节约型"和"环境友好型社会"的建立。这些都有利于中国人类发展水平的提升。但是从短期和特定发展阶段、特定情形下来看，要建设生态文明，需要投入各种社会经济资源，这会带来经济成本，并降低经济产出和社会福利水平。与此同时，还要求深刻改变社会经济发展模式和消费模式，并深刻影响到民众的日常生活。

二、构建生态人类发展指数的技术路径

1. 构建衡量生态文明的指标体系

既然已经说明了生态文明影响人类发展的机理，那么接下来的问题是，如何把生态文明的理念转化为可直观分析的指标体系。党的十七大对于"生态文明建设"的要求是："基本形成节约能源资源和保护生态环境的产业结构、增长方式和消费模式。循环经济形成较大规模，可再生能源比重显著上升。主要污染物排放得到有效控制，生态环境质量明显改善。生态文明观念在全社会牢固树立。"其中，前3项为客观尺度，可以通过赋予代表性指标直接度量；第4项则属于主观要求，只能凭借函数形式的特殊设定间接度量。

从数据可获得性和代表性的角度，选择"单位GDP能耗"、"工业固体废物综合利用率"、"工业废水达标率"分别作为经济发展方式指标、循环

经济规模指标和生态环境质量指标。采用 Atkinson（1980）不平等测度法来解决生态文明 3 个直接指标的合成问题，同时嵌入对间接的生态文明观念指标的刻画，有

$$\text{ECI} = \left(\frac{1}{3}\text{EC}_1^{1-\alpha} + \frac{1}{3}\text{EC}_2^{1-\alpha} + \frac{1}{3}\text{EC}_3^{1-\alpha}\right)^{\frac{1}{1-\alpha}} \quad (8-1)$$

在式（8-1）中，ECI 代表生态文明指数；EC_1 代表经济发展方式指标（单位 GDP 能耗）；① EC_2 代表循环经济规模指标（工业固体废物综合利用率）；EC_3 代表生态环境质量指标（工业废水达标率）；α 代表对生态文明观念的深入程度的刻画。

对式（8-1）的解释如下：赋予生态文明的 3 个客观直接维度同等的重要性，即各 1/3 的权重。由于 α 值的特殊性质，可以通过设其为不同的数值来代表生态文明的第 4 个维度——需要间接度量的主观性的"生态文明观念"的深入程度。α 值越高，则生态文明越被重视，在 Atkinson 公式中代表对任何可物化的生态文明维度的发展不平衡无法容忍。α 在 0 到无穷大之间变化，反映对维度间发展不平衡的厌恶程度。如果 $\alpha = 0$，则没有不平等成本，式（8-1）就是一个简单的算术平均值，意味着对不平衡的完全不敏感，相当于边沁社会福利函数的形式。随着 α 的增加，不平衡敏感度开始增强。于是在另一个极端，α 无穷大，相当于罗尔斯主义的社会福利函数的形式。在 3 个成分有相同的值，即生态文明的 3 个维度发展不存在不平等的情况下，不论 α 取任何值，ECI 结果就是算数平均数。在本书中，遵循 UNDP 的假设，也设定人们对生态文明各维度间不平衡的厌恶程度，$\alpha = 2$，仍属于对于不平衡厌恶较低的情况。

2. 将生态维度与人类发展指数相结合

按照图 3-2 所示 HDR2010 中所表达的理念，我们构建的 EHDI 如式（8-2）所示

$$\text{EHDI} = \text{ECI} \cdot \text{HDI}_h \quad (8-2)$$

设 EHDI 为 ECI 和 HDI_h（混合 HDI）相乘的形式，表示生态文明对人类发展的折中强度的约束（一种相对惩罚机制）；如果设当 ECI 为小于 1 的

---

① 由于单位 GDP 能耗是负指标，因此，为了将其转化为正指标，以便与 GDP 指标相结合，单位 GDP 能耗指数 EC_1 的计算公式为：$\text{EC}_1 = 1 - \dfrac{X_{ij} - \text{MinF}_I}{\text{MaxF}_I - \text{MinF}_i}$。

任何值时，EHDI 都等于 0，则表示生态文明对人类发展的硬约束（一种绝对惩罚机制）；设 EHDI 为 ECI 和 HDI_h 相加则是软约束，表示生态文明建设水平和人类发展之间可以相互替代（不同的加法形式只是表示以不同的比率互相替代）。

EHDI 的形成过程如图 8-5 所示。

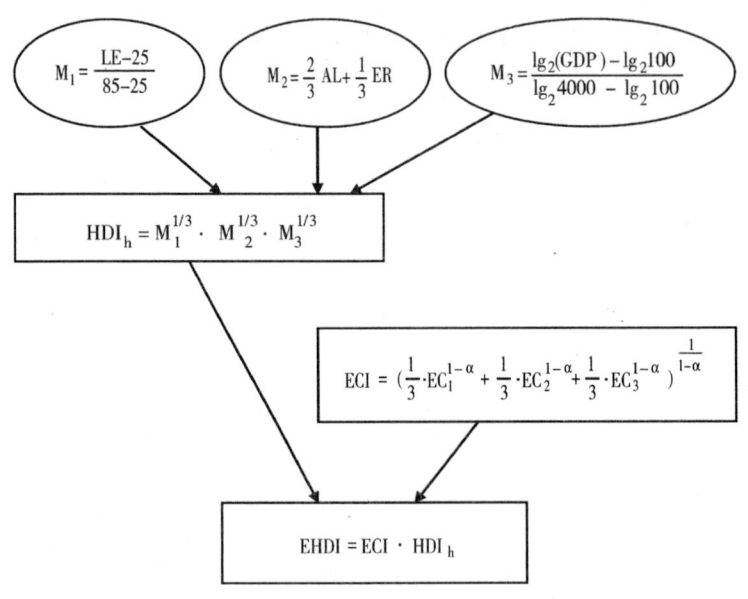

图 8-5　EHDI 形成过程

三、中国生态人类发展指数的实证分析

1. 生态指标的阈值设定

按照 HDI_h 的方法上的要求，在计算中国各省级单位的 EHDI 时，需通过设定阈值上的最大值和最小值，以实现原始数据的标准化。我们在阈值上对 HDI 体系中的既有指标沿用 UNDP 的设定，而在 ECI 的 3 项客观维度中，"工业固体废物综合利用率"和"工业废水达标率"比在 0~100%，存在自然的最大值和最小值。因此，需要依靠外在标准核定上下阈值的只有"单位 GDP 能耗"。

上下阈值的设定应该以实际数据集合为基础,同时考虑在未来可预见的时期内预留的空间。为了可以进行前后数据的比较,阈值一旦设定后就应该保持稳定。

首先是国际上的比较(见图8-6)。

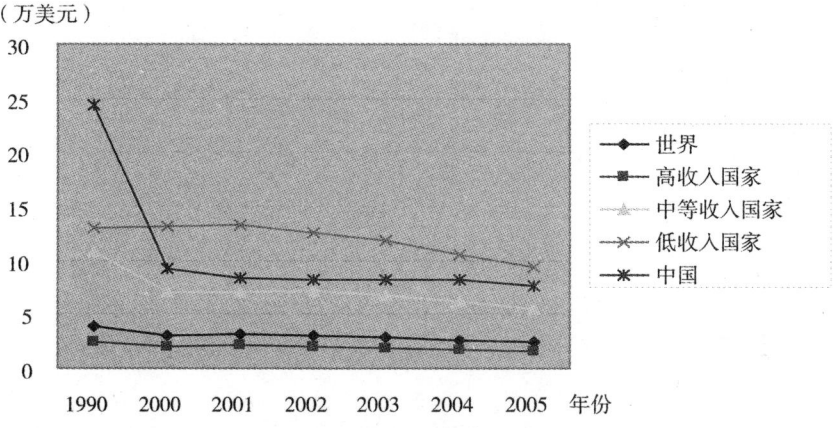

图8-6 世界整体的单位GDP能耗(吨标准油/万美元)

数据来源:《国际统计年鉴2009》,北京,中国统计出版社,2009。由于《国际统计年鉴》(历年)中提供的单位GDP能耗的单位是"吨标准油/万美元",而《中国统计年鉴》(历年)中提供的单位GDP能耗的单位是"吨标准煤/万元",为了口径的统一,我们按照历年的"人民币和美元的汇率"(年平均值)和"油煤能耗比"将所有的国内省级单位数据都折合为的按照"吨标准油/万美元"计算。下同。

由图8-6可知,从时间上看,世界整体、不同收入组的国家和中国的单位GDP能耗都在逐年下降,并呈现出收敛的趋势;而从国家间比较来看,高收入国家、中等收入国家和低收入国家的单位GDP能耗随着收入的下降而提高;从图8-6同样可以发现,中国的单位GDP能耗在20世纪90年代初远高于低收入国家的平均水平,此后则处于低收入国家和中等收入国家之间。

其次,中国是个大国,地区间发展极不平衡。因此,上下阈值的选择不能只考虑国际间的比较,必须兼顾地区间差距的事实(见图8-7)。

从图8-7可以看出,在1990~2008年,中国的各省市的单位GDP能耗水平差异不论在时间上还是在空间上都非常大,既有部分地区近年来已

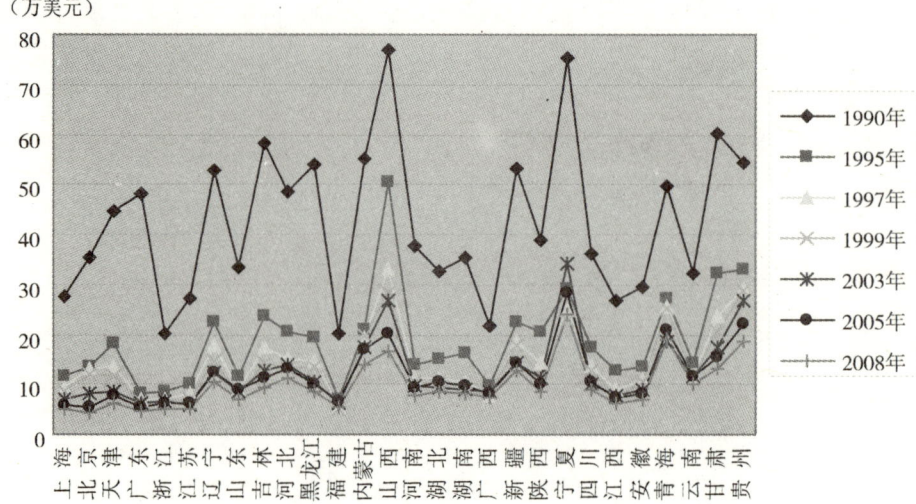

图 8-7 中国各省市的单位 GDP 能耗（吨标准油/万美元）

经接近于高收入国家均值，也有另一部分地区仍然远落后于低收入国家的均值。在世界主要工业化国家中，单位 GDP 能耗最低的是英国和意大利，都为 1.05 吨标准油/万美元（2005 年），因此，可以将单位 GDP 能耗系数的下阈值设定为 1 吨标准油/万美元。另外，从中国自身的实际情况出发，将上阈值设定为 80 吨标准油/万美元。

EHDI 关于阈值的设定如表 8-4 所示。

表 8-4 EHDI 的阈值设定

指标		下阈值	上阈值
M_1	出生时的预期寿命	25 岁	85 岁
M_2	成人识字率	0%	100%
	综合毛入学率	0%	100%
M_3	人均 GDP	100 美元	40000 美元
ECI	工业固体废物综合利用率	1 吨标准油/万美元	80 吨标准油/万美元
	工业废水达标率	0%	100%
	单位 GDP 能耗	0%	100%

2. 中国各省的生态人类发展情况

按照表8-4和图7-2计算中国各省间HDI_h、ECI和EHDI的变化轨迹如图8-8图8-10所示。

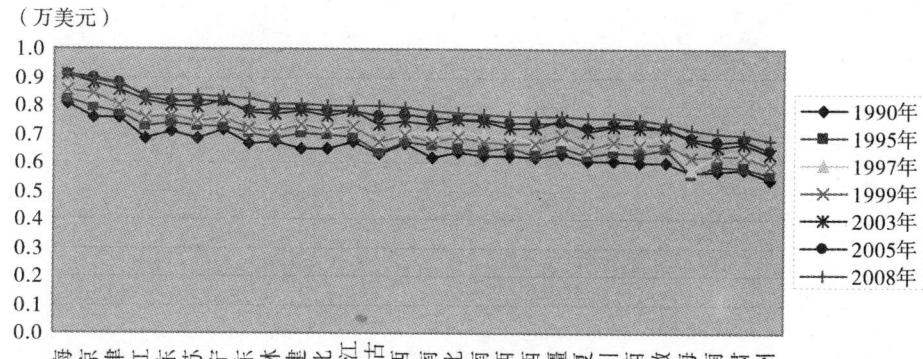

图8-8 各省级单位不同年份的 HDI_h

数据来源：《中国统计年鉴（历年）》、《中国环境统计年鉴（历年）》、《中国能源统计年鉴（历年）》。

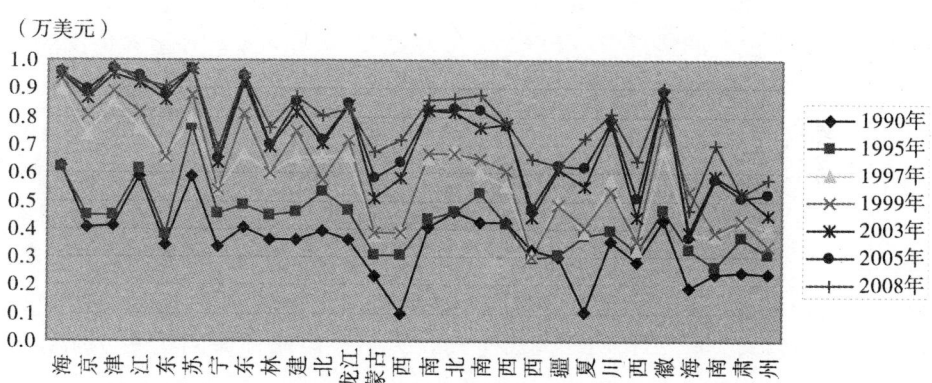

图8-9 各省级单位不同年份的ECI

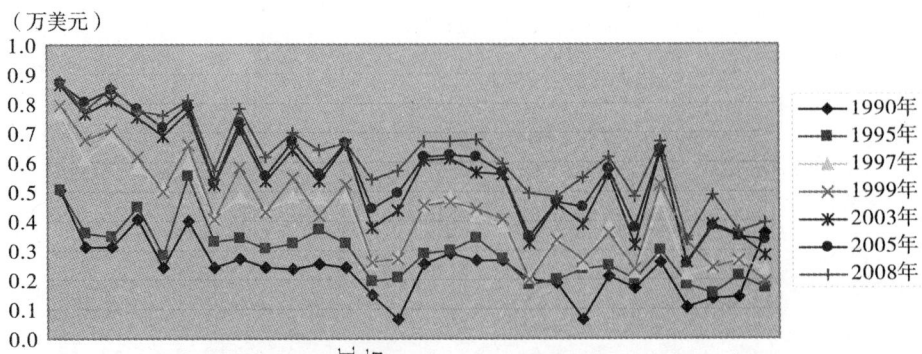

图 8-10 各省级单位不同年份的 EHDI

从图 8-8~图 8-10 可知，HDI_h 的时间趋势是平稳的，没有大的排名变化；大体上说，HDI_h 指数水平较高的地区在 ECI 上表现趋势基本一致，但是波动性较大；受此影响，EHDI 也表现出同 HDI_h 大方向一致，但从具体省市看，则存在波动较大的情况。

详细的分析如表 8-5 所示。从生态维度引致的排名差的变化上看，在 2008 年（R4-R2），在所有的省市中，当引入生态文明考量后，人类发展水平下降最多位次的是辽宁（11 位）和内蒙古（8 位），上升最多位次的是安徽（14 位）和湖南（8 位）。在 1990 年（R3-R1），位次下降最大的山西（18 位）和辽宁（13 位），上升最多的是贵州（24 位）和安徽（13 位）。

从时间引致的排名差变化上看，在 1990 年到 2008 年间，HDI_h 的排名差，即"R3-R4"波动较小，下降最多位次的是新疆（5 位）、黑龙江（4 位）和山西（4 位），上升最多位次的是河南（4 位）和山东（3 位）。而 EHDI 的排名差，即"R1-R2"却波动较大，这说明地区间生态文明建设上的不同发展速度，下降最多位次的是贵州（22 位）和广西（7 位），上升最多位次的是福建（10 位）、广东（9 位）和山西（9 位）。

表8-5　中国各省级单位人类发展水平

省　份	EHDI（α=2）				HDI$_h$				生态维度引致的变化		时间引致的变化	
	标准值		排名 R1	排名 R2	标准值		排名 R3	排名 R4	R3-R1	R4-R2	R1-R2	R3-R4
	1990年	2008年	1990年	2008年	1990年	2008年	1990年	2008年				
上海	0.5053	0.8739	1	1	0.8052	0.9076	1	1	0	0	0	0
北京	0.3098	0.7743	6	6	0.7603	0.8897	2	2	-4	-4	0	0
天津	0.3112	0.8519	5	2	0.7589	0.8736	3	3	-2	1	3	0
浙江	0.4047	0.7776	2	5	0.6844	0.8392	6	4	4	-1	-3	2
广东	0.2424	0.7564	16	7	0.7082	0.8352	5	5	-11	-2	9	0
江苏	0.4012	0.8099	3	3	0.6821	0.8351	7	6	4	3	0	1
辽宁	0.2400	0.5719	17	18	0.7132	0.8304	4	7	-13	-11	-1	-3
山东	0.2705	0.7817	8	4	0.6640	0.8242	11	8	3	4	4	3
吉林	0.2439	0.6169	14	15	0.6704	0.8081	9	9	-5	-6	-1	0
福建	0.2338	0.7010	18	8	0.6512	0.8044	12	10	-6	2	10	2
河北	0.2553	0.6429	12	14	0.6498	0.8028	13	11	1	-3	-2	2
黑龙江	0.2439	0.6644	15	13	0.6745	0.7998	8	12	-7	-1	2	-4
内蒙古	0.1481	0.5406	23	21	0.6285	0.7993	16	13	-7	-8	2	3
山西	0.0644	0.5689	28	19	0.6642	0.7918	10	14	-18	-5	9	-4
河南	0.2514	0.6698	13	12	0.6189	0.7797	19	15	6	3	1	4
湖北	0.2908	0.6705	7	11	0.6357	0.7767	14	16	7	5	-4	-2
湖南	0.2667	0.6752	9	9	0.6267	0.7713	17	17	8	8	0	0
广西	0.2644	0.5953	10	17	0.6239	0.7649	18	18	8	1	-7	0
陕西	0.2000	0.4970	20	22	0.6164	0.7643	20	19	0	-3	-2	1
新疆	0.1906	0.4794	21	25	0.6319	0.7637	15	20	-6	-5	-4	-5
宁夏	0.0650	0.5490	27	20	0.6063	0.7594	21	21	-6	1	7	0
四川	0.2129	0.6149	19	16	0.6036	0.7589	22	22	3	6	3	0
江西	0.1701	0.4818	22	24	0.6008	0.7488	23	23	1	-1	-2	0
安徽	0.2562	0.6706	11	10	0.5990	0.7419	24	24	13	14	1	0
青海	0.1075	0.3356	26	28	0.5640	0.7155	27	25	1	-3	-2	2
云南	0.1366	0.4891	25	23	0.5672	0.7006	26	26	1	3	2	0

续表

省份	EHDI ($\alpha=2$) 标准值 1990年	EHDI ($\alpha=2$) 标准值 2008年	排名 R1 1990年	排名 R2 2008年	HDI_h 标准值 1990年	HDI_h 标准值 2008年	排名 R3 1990年	排名 R4 2008年	生态维度引致的变化 R3-R1	生态维度引致的变化 R4-R2	时间引致的变化 R1-R2	时间引致的变化 R3-R4
甘肃	0.1406	0.3657	24	27	0.5734	0.6978	25	27	1	0	-3	-2
贵州	0.3594	0.3913	4	26	0.5404	0.6760	28	28	24	2	-22	0
均值	0.2424	0.6220			0.6473	0.7879						

也就是说，由表8-5可知，无论是否考虑生态维度，排名下降的基本上都是东北和西部地区各省，即经济相对比较落后的地区。造成这种变化的原因是：经济欠发达地区往往在绿色经济、环境保护上与发达地区相比也有差距，且经济不发达的西部地区自然生态系统原本就比较脆弱。①因此，在中国，生态文明程度往往和经济发展程度呈现正相关关系。以2008年为例，该年的 ECI 和 GDP 的 Spearman 和 Pearson 相关系数分别为0.635和0.643。

3. 对地区间人类发展差距的聚类分析

对事物进行分类，是人们认识事物的出发点，也是人们认识周围世界的一个重要方法。接下来通过对各省份分别按照 HDI_h 和 EHDI 进行分类，进一步认识生态文明建设对中国人类发展的影响。

UNDP 将 HDI 值分为4类：0.76~1 为极高人类发展水平，0.51~0.75 为高人类发展水平，介于0.26~0.50 为中等人类发展水平，0.25 及以下为低人类发展水平。虽然 UNDP 的分类在实践中已经被基本认可，但这种分类仍是主观的。

与主观性分类不同，聚类分析能客观地反映样本间的本质差别与联系，尤其是内在结构关系，类内的同质性和类间的异质性也方便了结果的解释。因此基于对 HDI_h 和 EHDI 的计算结果，可以采用聚类方法客观分析和评价人类发展的地区差异。

---

① 在中国，贫困人口的分布与生态脆弱地区有着很大的相关性。国家环境保护部2005年统计显示，全国95%的绝对贫困人口生活在生态环境极度脆弱的老少边穷地区。

第八章　中国的人类发展与生态文明

在聚类分析中，R2 和半偏 R2（SR2）是常用的确定类个数的统计指标。R2 统计量用于衡量不同类别之间的异质程度，R2 越大，代表各类之间的差异性就越大，而各类内部的同质性也就越高。聚类开始时，各个样本各自为一类，这时 R2 = 1，当所有样本最后合成一类时，R2 = 0。半偏 R2 统计量是上一步 R2 值与本步 R2 值之差，半偏 R2 值越大，说明上一次聚类的效果越好。本研究也将这两种统计量作为确定组别个数的依据。使用 SAS 软件可得 2008 年 HDI_h 和 EHDI 的分类数关键统计量，结果如表 8 - 6 所示。

表 8 - 6　确定合成指标分类数的关键统计量

合并组别数	合成指标聚类			
	HDI_h - 2008		EHDI - 2008	
	SR2	R2	SR2	R2
5	0.0091	0.962	0.0235	0.955
4	0.0364	0.926	0.0317	0.923
3	0.1216	0.804	0.0791	0.844
2	0.1704	0.634	0.3047	0.540

从表 8 - 6 可以看出，4 个综合指数的关键统计量的变化趋势是一致的。直到合并为 4 类，SR2 和 R2 的变化一直比较平稳，而当从 4 类进一步合并为 3 类时，SR2 激增，R2 激减。因此，分为 4 类是比较合理的。当分为 4 类时，R2 统计量的值均在 92% 以上，这说明组内离差平方和只占总平方和的不到 8%，组内同质性和组间异质性都得到了较好的满足。换言之，按照四类进行聚类的结果较好地体现出中国地区间人类发展水平的差距。

在方法上采用常用的欧式距离来度量样本之间的相似程度，使用离差平方和法（即 Ward 方法）进行聚类。聚类的结果如表 8 - 7 所示。

从聚类结果分析，中国人类发展的地域差异非常明显。从 HDI_h 来看，上海、北京等极少数省市非常突出，甘肃、贵州等省区在末座，但大多数省区集中于第二等级或第三等级。从 EHDI 来看，浙江、广东和江苏等省市凭借生态文明建设的成绩进入了第一集体，河南等省也因生态文明考虑的引入而升级；辽宁、陕西等不少省区则因生态文明建设的相对滞后而落入更低的级别，甘肃、贵州等落后省区在生态文明层面也无优势。

表 8-7 对 HDI_h 和 EHDI 分类的结果

分类级别	HDI_{h-2008}	EHDI-2008
第一级别人类发展水平地区	上海，北京，天津	上海，北京，天津，浙江，广东，江苏，山东
第二级别人类发展水平地区	浙江，广东，江苏，辽宁，山东，吉林，福建，河北，黑龙江，内蒙古，山西	福建，河北，黑龙江，河南，湖北，湖南，安徽
第三级别人类发展水平地区	河南，湖北，湖南，广西，陕西，新疆，宁夏，四川，江西，安徽	辽宁，吉林，内蒙古，山西，广西，宁夏，四川
第四级别人类发展水平地区	青海，云南，甘肃，贵州	陕西，新疆，江西，青海，云南，甘肃，贵州
考虑生态维度后人类发展水平分类的主要变化	(1) 浙江，广东，江苏，山东从第二级升入第一级 (2) 河南，湖北，湖南，安徽从第三级升入第二级 (3) 辽宁，吉林，内蒙古，山西从第二级降入第三级 (4) 陕西，新疆，江西从第三级降入第四级	

4. 经验分析的政策含义

中国的地区人类发展水平差距的形成既有历史遗留的发展基础相对薄弱的存量影响，也有改革开放后发展速度差异造成的增量影响。从整体上看，经济增长是地区发展中的主旋律，而预期寿命和教育维度并没有与之同步增长。地区间人类发展水平的差距主要是由于经济发展差距造成的。经济欠发达地区在生态文明建设上也相对薄弱。

根据分析得出的结论，我们认为，要全面提高不同类型地区的人类发展水平，就必须针对不同地区的实际，采取针对性的措施。

(1) 提高人类发展水平较高地区在经济发展与健康、教育、生态发展方面的同步性。要实现这种转变，关键是要求放弃"GDP 至上"的传统绩效评价体制，使用与人类发展更加紧密相关的各级政府绩效评价标准。政府的绩效应该从管理效率、经济发展、社会稳定、教育科技、生活质量和生态环境等领域进行综合评价，并且评价的根本宗旨在于供给公共服务，为全方位的实现每个人的自由全面发展提供辅助。也就是说，必须通过机制设计，使得较为发达地区的地方政府能够在健康、教育和生态环境建设等方面投入更多的精力和财力，从而实现由"经济建设型政府"向"公共服务型政府"的转变。

（2）全方位地提升人类发展水平较低地区在各个维度的发展。一方面，要进一步贯彻西部大开发，振兴东北老工业基地等区域发展战略，在政策、资金和技术等方面对较为不发达地区予以倾斜。通过这种方式，缩小地区间经济水平的差距，使其有足够的财力发展健康、教育和环保等。另一方面，必须加大中央财政的区域间转移支付。在中国，教育、卫生和环保等公共产品都由地方政府提供，财政压力在地方财政一边，中央政府应该通过财政转移提高落后地区自身竞争力。但现有的政府间财政转移体系设计欠合理，难以支持关键性社会服务所需要的资金，使得各地财政的不均衡状况不断加剧，进而在相对贫困的地区，政府所提供的公共服务较少，服务质量较低，而且把较大比例的成本转嫁给当地人口，所以就需要改变转移支付制度，加大转移支付力度，以减轻地方政府的财政压力。

第九章 结论和展望

第一节 基本结论

正统的新古典福利经济学的哲学基础是功利主义。但是，在中国的改革开放进入非帕累托改善阶段之后，基于功利主义的福利经济学由于信息基础和哲学视野的局限性，已经不再适应公共政策领域的需要。本书的工作是围绕基于能力方法的福利经济学的研究纲领展开的，分析了该研究纲领所涉及的若干主要层面和最新进展，试图能够对中国未来改革开放中的政策实践有所助益。

本书的基本结论分为理论层面、经验层面和公共政策原理层面（而非具体的公共政策建议）3个部分。

一、理论层面的结论

由庇古的旧福利经济学，中经罗宾斯的批评后产生了新福利经济学的两个分支——补偿标准和社会福利函数，再到阿罗不可能定理的出现，功利主义福利经济学经历了一个从诞生初期的兴盛，到转向后的中兴，最后终于陷入似乎难以摆脱的困境的过程。要摆脱阿罗不可能定理的"不可能"限制，就必须扩展福利经济学的信息基础，序数且人际不可比的效用形式远远不足以进行社会福利领域的判断。

在价值追求方面，基于对功利主义福利经济学弱点的批判，能力方法的研究在一定程度上恢复了经济学的斯密传统。阿玛蒂亚·森的能力方法和作为自由的发展的理念把人作为发展的焦点，纠正了功利主义经济学对于手段和目的的倒置。

从思想发展的线索看，阿玛蒂亚·森的工作集中于福利经济学领域，其思想轨迹的逻辑发展顺序是：首先是对于阿罗不可能定理的剖析，得出导致悖论的原因是福利经济学只单纯地使用序数人际不可比效用信息；其次是批判了功利主义福利经济学的信息基础的苛刻限制，认为其没有考虑更丰富的信息内容，不仅忽视了基数人际可比效用信息，更没有考虑非效用信息，如权利、免予剥削和免予虐待等；再次是提出了对于功利主义福利经济学的替代范式，即能力方法和作为自由的发展的理念，将其用于研究贫困、不平等、饥荒和生活水准等多个领域；最后是将能力方法的经济学理论上的工作与科学哲学和政治哲学的成果相结合，巩固了能力方法的方法论基础，构建了基于能力方法的福利经济学研究纲领。伴随着能力方法不断完善的过程，联合国开发计划部署以阿玛蒂亚·森的工作为理论基础，实现了能力方法从理论分析向量化分析的升华，将能力方法和自由概念量化，编制了人类发展指数。

二、经验层面的结论

相对于功利主义经济学只注意 GDP 一个维度，人类发展指数提供了更多的关于人类发展的信息。HDI 的编制者也意识到了维度有限性的弱点，并开始为弥补这一问题而努力。HDI 并不是对先前的多维度评价指标的简单重复，因为其拥有丰富而稳固的理论框架——阿玛蒂亚·森的以自由作为发展的理论。对于森的的理论来说，HDI 本身就是一个通往可操作性的努力，而情境适应性和多维度综合性恰恰是阿玛蒂亚·森的框架的特征。

基于 HDI，本书的经验分析工作主要是：针对人类发展指数遗漏了治理和环境维度、权重设计不合理等批评，本书利用 31 个省区的面板数据（本书将它们合并为 29 个单位），使用 HDI 的新的计算方法，比较了算法的前后变化对于经验分析结果的影响；嵌入生态文明的因素，拓展了人类发展指数的信息基础；分析各省拓展的人类发展指数的计算结果并按照聚类分析进行分组。经验分析的结论如下：

（1）通过对中国省级面板数据的经验分析可以发现，人类发展指数的算法改进很好地达到了预期的效果，忽略人类发展的任何一个维度都将受到惩罚。对于全部的省级单位,"基于几何平均数的人类发展指数"同"基于算数平均数的人类发展指数",而"基于几何平均数的人类发展指数"的各省平均值也低于"基于算数平均数的人类发展指数"的各省平均值。同时,"基于几何平均数的人类发展指数"的方差却大于"基于算数平均数的人类发展指数"的方差。这说明各省级单位普遍存在人类发展的3个维度的进步不平等,因为相对于算术平均数的合成算法,几何平均数的合成算法对维度间的不平衡具有惩罚效应;各省级单位的体面生活指数的绝对水平普遍低于健康指数和知识指数的绝对水平。

(2)对于3个维度的分解性分析表明,计划经济时代为人们在健康和知识方面保留了良好的基础,但改革开放后GDP的增长速度则成为了决定地区人类发展水平的最重要因素。

(3)20世纪90年代以来,不论是否考虑生态维度,人类发展指数排名下降的基本上都是东北和西部地区各省,即经济相对比较落后的地区。造成这种变化的原因是:经济欠发达地区往往在绿色经济、环境保护上与发达地区相比也有差距,且经济不发达的西部地区自然生态系统原本就比较脆弱。因此,在中国,生态文明程度往往和经济发展程度呈现正相关关系。

三、公共政策原理层面的结论

在中国当前的形势下,一切的政策方针的根本原则,就是在保持经济增长的同时维护社会的和谐稳定。如果经济学作为政策分析的工具要为这个原则服务,理论就必须能够兼顾效率追求和公平追求。

在民主意识日益强烈的现代社会,依靠传统魅力或领袖魅力专断性地赋予社会一个绝对化的价值选择的做法已经无法被接受(如果可行,效率和公平的争论就不会存在),而阿罗不可能定理又证明了不存在一个集体选择的规则,可以实现将个人偏好集结为社会偏好(否则效率与公平之争就可以通过民主集中制的政治过程解决)。解决这种两难的方案是传统的福利经济学所无法胜任的,因为这种问题涉及它所排斥的伦理、价值观和政治哲学等非经验因素。反过来看,基于能力方法的福利经济学在政策领域的主张和角色显得异常重要:在制定政策时,关注社会正义(效率和公平都可能是正义的)的价值标准。因为,"所有的公共政策都依赖于社会中的个人和群体的行为，这些行为受到人们对社会伦理要求的理解的影响"，① 为了使得公共政策符合普遍的道德观并且有好的执行效果，要理解普通民众的价值观。

那么，当不同个体间对于社会正义的价值标准存在不同意见时该怎么办呢，岂不是又会遇到阿罗不可能定理的困扰？

"效率优先，兼顾公平"和"更加注重社会公平"实际上都是包含价值判断的政策目标。中国改革的既往成功在于在转轨初期全社会对于政策目标的强社会共识。中国的改革如果想继续顺利深入，化解效率和公平的矛盾，关键要建立对于政策目标的新型社会价值共识。

事实上几乎没有任何变革会有利于所有人。但是偏离社会大众的变革，将不能得到广泛的支持。因此，改革的成果被广泛享用是非常重要的。东亚国家之所以相对于拉美国家获得了更大的经济成功，部分是因为它们建立了一个享有广泛共识的具有包容性的增长策略。要实现把包容性的增长策略作为公共政策的价值目标，宽容、妥协和相互理解是必不可少的，其中最困难的是评价人们自己的各种欲望，并且确定何种欲望是正当的。协调各种私人偏好，获得问题解决方案的过程就是一个协商讨论的过程。讨论必须被施以一些规则：①讨论不能存在和容许对一种偏好的不顾一切地维护，即任何价值观都必须是可讨论乃至可修正与抛弃的；②讨论不允许为了个人的某种偏好而进行游说和诱导；③讨论不允许将价值观本身仅仅当成一种竞相兜售的商品看待，以致对其加以粉饰甚至是文过饰非。否则，如果讨论变成一种争吵，一种强化个人地位和利益的竞争，那么效率与公平的价值选择问题就永远不可能有解决，经济学将被继续成为工具和手段之学，甚至可能沦为替利益集团辩护的工具。

成熟的政治生活的标志是，它珍惜并理解协商讨论的重要性，不仅在政策制定前，也在政策制定后。讨论的意图并不是要破坏上一个政策，而是为下一个决策铺设台阶。在一个不断变化的社会里，社会所面临的问题是复杂的，公开讨论的机会越多，获得具有共识的决策的机会就越多。通过协商讨论产生的决策将会更好地融合更多公民偏好的信息，缓解效率和公平的冲突。当前，人大在立法、选举和监督上的独立性的日益彰显；加

---

① [印] 阿玛蒂亚·森：《以自由看待发展》，任赜、于真译，中国人民大学出版社 2002 年版，第271 页。

强政协的参政议政功能；推广政策变革时的听证制度；关注民间智囊集团和学者的智库作用；甚至因特网上的信息传播、在线交流和论坛讨论等，都是通过开放式讨论获得新型共识的有益尝试。未来，中国经济改革的前景和效率与公平间矛盾的解决并不取决于市场经济本身，而是决定于中国人的政治品格的完善和政治生活的成熟。

对话的重要性使得"基于讨论的治理"在福利经济学的新研究纲领中占据了轴心的地位。政治对话的目标不是追求唯一的普适性解决方案，因为价值的多元性既是一个客观事实，也是自由的体现方式之一。合理的希望是能够在底线伦理附近说服基本的多数，即对话和争论可以产生重叠共识（Putnam，2008）。①

第二节 研究空间展望

本书的研究还存在很多的不足和未来进一步拓展的可能性。

第一，阿玛蒂亚·森的工作缺少一个规范性的伦理维度，即没有为人们提供一个普适性的伦理标准。虽然这与森的思考方式和理论追求一致，但是这也导致基于能力方法的福利经济学在价值判断领域和实践可行性领域都存在着约束。所以，能力方法的亲近现实性和灵活多元性既是一个优点，也可能是个缺陷，它使得该方法在实践领域的可应用性降低。能力方法是否可以和罗尔斯的原初状态下无知之幕的方法相结合，或者接受Nussbaum 的提出清晰的能力清单的建议，本书都只是进行了初步讨论。未来，对于这些问题的讨论还需要进一步深入，这涉及不同的研究路径之间的互补或互替关系。

第二，"改革家需要的最大教训要到亚当·斯密的书里面去找，是他强

---

①专家治国可能是大众投票的一个备选替代方案。专家可能不会接受正式投票，但是如果他们的政策建议要能被接受，他们必须接受尊重"商谈伦理"（Discourse Ethics）的有充分信息的对话，并且努力去理解和明白全部受影响者的关注所在。但是我们不该期望结果会达成普遍一致的同意，不论是在专家之间还是再投票者之间，需要的只是专家的大多数，或者投票者的大多数（参见 Putnam, Hilary, *Capabilities and Two Ethical Theories*, Journal of Human Development, Vol. 9, No. 3, November 2008, p. 387.）。

调任何资本主义制度都必须安排一个安全的法律、道德和财产权框架。大多数福利经济学完全没有领会这一点"。① 阿玛蒂亚·森显然也属于这一指责的范围之内。在《正义的观念》中，他强调了人的行为，而低估了制度的重要性。未来，在产权理论，或者说新制度经济学的框架内构建一个以人的发展为旨归的福利经济学理论，也许是一个非常有探索意义的研究方向。

第三，由于数据可得性的限制，无法得到人类发展指数的中国各省区面板数据，这使得本书的分析的说服力和可使用的方法都受到了极大的限制。未来，在条件允许的情况下，也许可以进一步挖掘数据，采用一些折算和估计的方法获得更全面的面板数据。

第四，本书只考虑了中国省际间的人类发展水平的比较，如果能够对治理和环境因素嵌入的 HDI 进行国别间比较，那么无疑是在经验分析上的一个很大拓展。在权重设计上，可以考虑采用数据包络分析、主成分分析和层次分析等方法。未来的研究可以考虑用修正后的方法来重新分析中国 HDI 的各项指标在国际中的排名（与发展中国家和转轨国家进行比较），并和原指标互为对比，来分析和验证新的方法是否优于原方法。

第五，虽然 HDR2010 提出了相应的方法，但是由于数据的限制，本书没有对 HDI 的收入成分的分配等维度的不平等问题进行分析和修正。实际上，不光是收入维度，无论是在国家之间，还是在一个国家内部，预期寿命和教育成就指数，都有显著的人与人之间不平等的因素。从个人水平的角度看教育和寿命的不平等程度是非常显著的。因此，最好的修正必须超出 HDI 的原有指标框架来考虑每个维度的不平等因素，包括受教育的机会和医疗保健的机会，并且可以尝试进行计算。对于预期寿命的计算，可以考虑性别差异以及种族间的差异，也应该考虑城乡居民的不同。对于教育变量，成人识字率仅仅是一个国家的整体的比例数字，这是反映教育方面的一个非常粗糙的信息，没有考虑人口间的分布。

第六，HDI 是最重要和主流的测度能力和自由发展水平的方法，但除此之外，也存在其他的测度方法。不同的能力和自由发展水平测度方法之间的比较在理论上是一个有趣的主题，在经验分析中未来可以考虑使用其他方法描述中国省区间或国际间的人类发展状况。

---

① [英] 罗杰·E. 巴克豪斯：《西方经济学史：从古希腊到 21 世纪初的经济大历史》，莫竹苓、袁野译，海南出版社 2007 年版，第 309 页。

参考文献

[奥] 路德维希·冯·米塞斯：《人类行为的经济学分析》（上），聂薇、裴艳丽译，广东经济出版社 2010 年版。

[奥] 路德维希·冯·米瑟斯：《社会主义——经济与社会学的分析》，王建民、冯克利、崔树义译，中国社会科学出版社 2008 年版。

[奥] 路德维希·冯·米塞斯：《货币、方法与市场过程》，戴忠玉、刘亚平译，新星出版社 2007 年版。

[德] 维克多·范伯格：《经济学中的规则和选择》，史世伟、钟诚译，山西人民出版社 2011 年版。

[德] 霍恩：《通往智慧之路：对话 10 位诺贝尔经济学奖得主》，陈小白译，华夏出版社 2012 年版。

邓小平：《邓小平文选》（第二卷），人民出版社 1999 年版。

[古希腊] 亚里士多德：《尼各马可伦理学》，廖申白译，商务印书馆 2003 年版。

[法] 邦雅曼·贡斯当：《古代人的自由与现代人的自由》，阎克文、刘满贵译，商务印书馆 1999 年版。

韩庆祥、亢安毅：《马克思开辟的道路——人的全面发展研究》，人民出版社 2005 年版。

罗卫东：《情感，秩序，美德：亚当·斯密的伦理学世界》，中国人民大学出版社 2006 年版。

李晶：《在污染的迷雾中发展？——污染敏感的人类发展指数及其实证分析》，《经济科学》，2007 年第 4 期。

李善同、林家彬、马骏：《发展观的演进与发展的测度》，《管理世界》，1997 年第 4 期。

[美] 肯尼斯·约瑟夫·阿罗：《社会选择：个性与多准则》，钱晓敏、孟岳

良译,首都经济贸易大学出版社2000年版。

[美] 詹姆斯·M. 布坎南:《经济学家应该做什么》,罗根基、雷家骕译,西南财经大学出版社1988年版。

[美] 詹姆斯·M. 布坎南:《财产是自由的保证》,载[美]查尔斯·K. 罗利《财产权与民主的限度》,严忠志、朱泱泱译,商务印书馆2007年版。

[美] 詹姆斯·M. 布坎南:《宪法秩序的经济学与伦理学》,朱泱、毕红海、李广乾,商务印书馆2008年版。

[美] 詹姆斯·M. 布坎南、戈登·塔洛克:《同意的计算——立宪民主的逻辑基础》,陈光金译,中国社会科学出版社2000年版。

[美] 詹姆斯·布坎南、理查德·马斯格雷夫:《公共财政与公共选择》,类承曜译,中国财政经济出版社2000年版。

[美] 米尔顿·弗里德曼:《资本主义与自由》,张瑞玉译,商务印书馆2004年版。

[美] 米尔顿·弗里德曼:《实证经济学方法论》,载[美]丹尼尔·豪斯曼《经济学的哲学》,丁建峰译,上海人民出版社2007年版。

[美] 米尔顿·弗里德曼:《经济学家与经济政策》,载《西方经济学经典选读》,王学武、左柏云、李俊、李晓明、宁军明译,海天出版社2002年版。

[美] 理查德·豪伊:《边际效用学派的兴起》,晏智杰译,中国社会科学出版社1999年版。

[美] 丹尼尔·豪斯曼、迈克尔·麦克弗森:《经济分析、道德哲学与公共政策》,上海译文出版社2008年版。

[美] 史蒂芬·霍金、列纳德·蒙洛迪诺:《大设计》,吴忠超译,湖南科学技术出版社2011年版。

[美] 托马斯·库恩:《必要的张力》,纪树立等译,福建人民出版社1981年版。

[美] 约翰·罗尔斯:《正义论》,何怀宏、何包钢、廖申白译,中国社会科学出版社1988年版。

[美] 约翰·罗尔斯:《政治自由主义》,万俊人译,译林出版社2000年版。

[美] 约翰·罗尔斯:《正义论(修订版)》,何怀宏、何包钢、廖申白译,中国社会科学出版社2009年版。

[美] 约翰·罗尔斯：《作为公平的正义：正义新论》，姚大志译，中国社会科学出版社 2011 年版。

[美] 约翰·罗尔斯：《万民法——公共理性观念新论》，张晓辉、李仁良、邵红丽等译，吉林人民出版社 2011 年版。

[美] 哈里·兰德雷斯、大卫·C. 柯南德尔：《经济思想史》，周文译，人民邮电出版社 2011 年版。

[美] 丹尼斯·C. 缪勒：《公共选择理论》，杨春学、李绍荣、罗仲伟、龙超译，中国社会科学出版社 1999 年版。

[美] 弗兰克·H. 奈特：《风险、不确定性与利润》，安佳译，商务印书馆 2002 年版。

[美] 弗兰克·H. 奈特：《经济学与人类行为》，载 [美] 丹尼尔·豪斯曼《经济学的哲学》，丁建峰译，上海人民出版社 2007 年版。

[美] 道格拉斯·诺思：《理解经济变迁过程》，中国人民大学出版社 2007 年版。

[美] 罗伯特·诺齐克：《无政府、国家和乌托邦》，姚大志译，中国社会科学出版社 2008 年版。

[美] 萨基凯·福库达·帕尔：《人类发展分析路径：检阅、反思和前瞻》，《马克思主义与现实》，2002 年第 6 期。

[美] 希拉里·普特南：《事实与价值二分法的崩溃》，应奇译，东方出版社 2006 年版。

[美] 希拉里·普特南：《理性、历史与真理》，童世骏、李光程译，上海译文出版社 2005 年版。

[美] 希拉里·普特南：《无本体论的伦理学》，孙小龙译，上海译文出版社 2008 年版。

[美] 希拉里·普特南：《客观性和科学—伦理学的区分》，载 [印] 阿玛蒂亚·森、[美] 玛莎·努斯鲍姆《生活质量》，龚群、聂敏里、王文东、肖美、唐震煊译，社会科学文献出版社 2008 年版。

[美] 希拉里·普特南：《重建哲学》，杨玉武译，上海译文出版社 2008 年版。

[美] 约瑟夫·斯蒂格利茨：《斯蒂格利茨经济学文集：六卷（上）》，纪沫、仝冰、海荣译，中国金融出版社 2007 年版。

[美] 约瑟夫·斯蒂格利茨、[印] 阿马蒂亚·森、[法] 让·保罗·菲图

西：《对我们生活的误测：为什么 GDP 增长不等于社会进步》，阮江平、王海昉译，新华出版社 2011 年版。

［美］保罗·A. 萨缪尔森：《经济分析基础（增补版）》，何耀、傅征、刘生龙、陈宏卫、王兴林译，东北财经大学出版社 2006 年版。

［美］罗伯特·M. 索洛：《经济学中的科学和意识形态》，载［美］丹尼尔·豪斯曼：《经济学的哲学》，丁建峰译，上海人民出版社 2007 年版。

［美］哈尔·瓦里安：《微观经济学（高级教程）》，经济科学出版社 1999 年版。

［美］约瑟夫·熊彼特：《经济分析史》（第三卷），朱泱、易梦虹、李宏、陈国庆、杨敬年、陈锡龄译，商务印书馆 1994 年版。

OECD：《世界经济中的中国——国内政策的挑战》，清华大学出版社 2004 年版。

庞元正：《国外发展理论的演进与发展观的演变》，《领导科学》，2004 年第 6 期。

潘家华：《人文发展的概念构架与经验数据》，《中国社会科学》，2002 年第 6 期。

世界银行：《2006 年世界发展报告：公平与发展》，中国科学院——清华大学国情研究中心译，清华大学出版社 2006 年版。

宋洪远、马永良：《使用人类发展指数对中国城乡差距的一种估计》，《经济研究》，2004 年第 11 期。

田辉、孙剑平、朱英明：《HSDI：植入环境敏感性因素的人类可持续发展指数》，《中国软科学》，2007 年第 10 期。

田辉、孙剑平：《人类发展视角下的中国 31 省区公共政策效率评价》，《软科学》，2008 年第 1 期。

覃成林、罗庆：《中国区域人类发展差异研究》，《经济经纬》，2004 年第 6 期。

韦森：《经济学的性质与哲学视角审视下的经济学》，《经济学（季刊）》，2007 年第 7 卷第 3 期。

汪丁丁：《演化社会理论引言》，《社会科学战线》，2008 年第 3 期。

汪丁丁：《经济学思想史讲义》，上海人民出版社 2008 年版。

汪丁丁：《社会过程及其评价》，《新政治经济学评论》第 13 辑，浙江大学出版社 2009 年版。

汪毅霖、蒋北：《植入生态文明指标的省际间人类发展比较研究——基于主成分分析和自由发展的视角》，《山西财经大学学报》，2009年第10期。

徐家林：《人文发展指数：构成、争论与超越》，《人文杂志》，2006年第5期。

姚洋：《自由可以这样来追求：阿玛蒂亚·森新著〈作为自由的发展〉评介》，《经济学（季刊）》，2001年第1卷第1期。

姚洋：《能力指向的平等》，北京大学中国经济研究中心讨论稿，No. C2007010，2007年。

叶航、汪丁丁、贾拥民：《科学与实证——一个基于"神经元科学"的综述》，《经济研究》，2007年第1期。

燕继荣：《政治学十五讲》，北京大学出版社2004年版。

杨永恒、胡鞍钢、张宁：《基于主成分分析法的人类发展指数替代技术》，《经济研究》，2005年第7期。

杨永恒、胡鞍钢、张宁：《中国人类发展的地区差距和不协调——历史视角下的"一个中国，四个世界"》，《经济学（季刊）》，2006年第5卷第3期。

［英］约翰·阿克顿：《自由史论》，胡传胜、陈刚、李滨、胡发贵等译，译林出版社2001年版。

［英］边沁：《政府片论》，沈叔平等译，商务印书馆1995年版。

［英］边沁：《道德与立法原理导论》，时殷弘译，商务印书馆2000年版。

［英］以赛亚·柏林：《论自由》，胡传胜译，译林出版社2003年版。

［英］A. C. 庇古：《福利经济学》（上卷），朱泱、张胜纪、吴良健译，商务印书馆2006年版。

［英］罗杰·E. 巴克豪斯：《西方经济学史：从古希腊到21世纪初的经济大历史》，莫竹苓、袁野译，海南出版社2007年版。

［英］马克·布劳格：《经济学方法论》，黎明星、陈一民、季勇译，商务印书馆1992年版。

［印］让·德雷兹、阿马蒂亚·森：《饥饿与公共行为》，苏雷译，社会科学文献出版社2006年版。

［英］约翰·格雷：《自由主义的两张面孔》，顾爱彬、李瑞华译，江苏人民出版社2002年版。

［英］约翰·格雷：《自由主义》，曹海军、刘训练译，吉林人民出版社

2005年版。

［英］霍布斯：《利维坦》，黎思复、黎延弼译，商务印书馆1985年版。

［英］H. L. A. 哈特：《在功利与权利之间》，曹海军、王萍译，载曹海军：《在权利与功利之间》，江苏人民出版社2006年版。

［英］弗里德里希·冯·哈耶克：《自由秩序原理》，邓正来译，三联书店1997年版。

［英］莱昂内尔·罗宾斯：《经济科学的性质和意义》，朱泱译，商务印书馆2000年版。

［英］约翰·内维尔·凯恩斯：《政治经济学的范围与方法》，党国英、刘惠译，华夏出版社2001年版。

［英］约翰·雷：《斯密传》，胡企林、陈应年译，商务印书馆1993年版。

［英］洛克：《政府论（下篇）——论政府的真正起源、范围和目的》，叶启芳、瞿菊农译，商务印书馆1964年版。

［英］约翰·穆勒：《论自由》，许宝骙译，商务印书馆1959年版。

［英］约翰·穆勒：《政治经济学原理——及其在社会哲学上的若干应用》（下卷），胡企林、朱泱译，商务印书馆1991年版。

［英］约翰·穆勒：《功利主义》，徐大建译，上海世纪出版集团2008年版。

［英］马歇尔：《经济学原理（上卷）》，朱志泰译，商务印书馆1965年版。

［英］亚当·斯密：《国民财富的性质和原因的研究》（下卷），郭大力、王亚南译，商务印书馆1974年版。

［英］亚当·斯密：《道德情操论》，蒋自强、钦北愚、朱钟棣、沈凯璋译，商务印书馆1997年版。

［英］休谟：《人性论》，关文运译，商务印书馆1980年版。

［英］西季威克：《伦理学方法》，廖申白译，中国社会科学出版社1993年版。

［英］休谟：《人性论》，关文运译，商务印书馆1980年版。

［意］尼古拉·阿克塞拉：《经济政策原理：价值与技术》，郭庆旺、刘茜译，中国人民大学出版社2001年版。

［意］阿列桑德洛·荣卡格利亚：《西方经济思想史》，罗汉等译，上海社会科学出版社2009年版。

［印］阿马蒂亚·森：《伦理学与经济学》，王宇、王文玉译，商务印书馆2000年版。

［印］阿马蒂亚·森：《贫困与饥荒》，王宇、王文玉译，商务印书馆 2001 年版。

［印］阿马蒂亚·森：《以自由看待发展》，任赜、于真译，中国人民大学出版社 2002 年版。

［印］阿马蒂亚·森：《简论人类发展的分析路径》，《马克思主义与现实》，2002 年第 6 期。

［印］阿马蒂亚·森：《集体选择与社会福利》，胡的的、胡毓达，上海科学技术出版社 2004 年版。

［印］阿马蒂亚·森：《论经济不平等/不平等之再考察》，王利文、于占杰译，社会科学文献出版社 2006 年版。

［印］阿马蒂亚·森：《理性与自由》，李风华译，中国人民大学出版社 2006 年版。

［印］阿马蒂亚·森：《后果评价与实践理性》，应奇、刘训练译，东方出版社 2006 年版。

［印］阿玛蒂亚·森等：《生活水准》，徐大建译，上海财经大学出版社 2007 年版。

［印］阿马蒂亚·森：《资源、价值与发展》，杨茂林、郭婕译，吉林人民出版社 2008 年版。

［印］阿玛蒂亚·森：《关于经济学的研究方法》，余江译，载吴敬琏《比较》第 37 辑，中信出版社 2008 年版。

［印］阿玛蒂亚·森：《能力与福祉》，载［印］阿玛蒂亚·森、［美］玛莎·努斯鲍姆《生活质量》，龚群、聂敏里、王文东、肖美、唐震煊译，社会科学文献出版社 2008 年版。

赵亚奎：《贝叶斯理性与当代功利主义伦理学》，/《新政治经济学评论》第 11 辑，浙江大学出版社 2009 年版。

赵志强、叶蜀君：《东中西部地区差距的人类发展指数估计》，《华东经济管理》，2005 年第 12 期。

张五常：《经济解释（卷一）：科学说需求（神州增订版）》，中信出版社 2010 年版。

朱富强：《西方主流经济学潜含的意识形态之表现及危害》，《马克思主义研究》，2008 年第 4 期。

朱成全、汪毅霖：《经济学人文传统的回归于科学哲学的文化转向——对

"F 论点"和"F 扭曲"之争的重新审视》,《经济学家》,2009 年第 9 期。

《马克思恩格斯全集》,人民出版社 1995 年版。

Anand, Paul, Graham. Hunter and Ron. Smith, "Capability and Well – Being: Evidence based on the Sen – Nussbaum Approach to Welfare Economics", *Social Indicators Research*, Vol. 74, No. 1, 2005.

Aristotle, *Nicomachean Ethics*, Oxford: Oxford University Press, 1980.

Arrow, Kenneth, *Social Choice and Individual Values*, 2nd edn. Wiley, New York, 1951/1963.

Arrow, Kenneth, "Contributions to Welfare Economics", in: Brown E. C and Solow R. M eds, *Paul Samuelson and Modern Economic Theory*, New York: McGraw – Hill, 1983.

Arrow, Kenneth, Amartya. Sen and Kotaro. Suzumura, "Kenneth Arrow on Social Choice Theory", in Kenneth J. Arrow, Amartya K. Sen and Kotaro Suzumura eds, *Handbook of Social Choice & Welfare*, Vol. 2, Amsterdam: North Holland, 2011.

Atkinson, A. B, "The Strange Disappearance of Welfare Economics", *Kyklos*, Vol. 54, No. 2 & 3, 2001.

Atkinson, A. B, "On the Measurement of Inequality", *Journal of Economics Theory*, Vol. 2, No. 2, Septemper 1970.

Basu, Kaushik, and Luis F. López – Calva, 2011, "Functionings and Capabilities", in Kenneth J. Arrow, Amartya K. Sen and Kotaro Suzumura eds, *Handbook of Social Choice & Welfare*, Vol. 2, Amsterdam: North Holland, 2011.

Bertland, Alexander, "Virtue Ethics in Business and the Capabilities Approach", *Journal of Business Ethics*, Vol. 84, No. 1, January 2009.

Buchanan, James and Victor. Vanberg, "Constitutional Implications of Radical Subjectivism", *Review of Austrian Economics*, Vol. 15, No. 2 & 3, 2002.

Carlucci, F. and S. Pisani, "A Multiattribute Measure of Human Development", *Social Indicators Research*, Vol. 36, No. 2, 1995.

Clark, David, "The Capability Approach: Its Development, Critiques and Recent Advances", Working Paper, http://www.gprg.org, 2006.

Cohen, J, *Lecture Notes on the Capability Approach*, Cambridge, MA、MIT Press, 1993.

Craig, Edward ed., *The Shorter Routledge Encyclopedia of Philosophy*, London and New York: Routledge, 2005.

Dasgupta, Partha and M. Weale, "On Measuring the Quality of Life", *World Development*, Vol. 20, No. 1, 1992.

Dasgupta, Partha, "What Do Economists Analyze and Why: Values or Facts", *Economics and Philosophy*, Vol. 21, No. 2, 2005.

Dasgupta, Partha, "Reply to Putnam and Walsh", *Economics and Philosophy*, Vol. 23, No. 3, 2007.

Putnam, Hilary and Walsh, Vivian, "A Response to Dasgupta", *Economics and Philosophy*, Vol. No. 23, 2007.

Despotis, D. K, "A Reassessment of the Human Development Index via Data Envelopment Analysis", *Journal of the Operational Research Society*, Vol. 56, No. 8, August 2005.

De Vires, W. F. M, "Meaningful Measures: Indicators on Progress, Progress on Indicators", *International Statistical Review*, Vol. 69, No. 2, August 2001.

Deneulin, Severine and Lila Shahani eds., *An Introduction to the Human Development and Capability Approach: Freedom and Agency*, London: Earthscan Publications Ltd, 2009.

Esterlin, R, "Dose Economic Growth Improve Human Lot? Some Empirical Evidence", in P. A. Davis and M. W. Reder eds, *Nation and Households in Economic Growth: Essays in Honor of Moss Abromowitz*, New York and London: Academic Press, 1974.

Friedman, Milton and L. J. Savage, "The Utility Analysis of Choices Involving Risk", *Journal of Political Economy*, Vol. 56, No. 4, August 1948.

Gasper, Des, "Subjective and Objective Well – Being in Relation to Economic Inputs: Puzzles and Responses", *Review of Social Economy*, Vol. 63, No. 2, 2005.

Gasper, Des, "What is the Capability Approach? Its Core, Rationale, Partners and Dangers", *Journal of Socio – Economics*, Vol. 36, No. 3, 2007.

Gandjour, Afschin, "Mutual Dependency between Capabilities and Functionings in Amartya Sen's Capability Approach", *Social Choice and Welfare*, Vol. 31, No. 2, August 2008.

Gilroy, Rose, "Taking a Capabilities Approach to Evaluating Supportive Environments for Older People", *Applied Research in Quality Life*, Vol. 1, No. 3 & 4, 2006.

Gram, Harvey, "Openness versus Closedness in Classical and Neoclassical Economics", *Review of Political Economy*, Vol. 15, No. 3, July 2003.

Harsanyi, John C, "Cardinal Utility in Welfare Economics and in the Theory of Risk - Taking", *Journal of Political Economy*, Vol. 61, No. 5, October, 1953.

Harsanyi, John C, "Cardinal Welfare, Individualistic Ethics, and Interpersonal Comparisons of Utility", *Journal of Political Economy*, Vol. 63, No. 4, August, 1955.

Hicks, Douglas A, "The Inequality - Adjusted Human Development Index: A Constructive Proposal", *World Development*, Vol. 25, No. 8, 1997.

Haq, Mahbub ul, *Reflection on Human Development*, New York: Oxford University Press, 1995.

Hotelling, H, "Analysis of a Complex of Statistical Variables into Principal Components", *Journal of Educational Psychology*, Vol. 24, No. 6 & 7, 1933.

Kanbur, Ravi, Anthony J. Venables and Guanghua. Wan, *Spatial Disparities in Human: Development Perspectives from Asia*, Tokyo: United Nations University Press, 2009.

Kelly, A. C, "The Human Development Index: Handle with Care", *Population and Development Review*, Vol. 17, No. 2, 1991.

Knight, Frank, Freedom and Reform: *Essays in Economics and Social Philosophy*, New York and London: Harper&Brothers, 1947.

Law, Iain and Heather Widdows, "Conceptualising Health: Insights from the Capability Approach", *Health Care Anal*, Vol. 16, No. 2, 2008.

Lai, Dejian, "Temporal Analysis of Human Development Indicators: Principal Component Approach", *Social Indicator Research*, Vol. 51, No. 3, 2000.

Lai, Dejian, "Principal Component Analysis on Human Development Indicators of China", Social Indicators Research, Vol. 61, No. 3, 2003.

Little, Lan. M. G, "The Foundation of Welfare Economics", *Oxford Economics Papers*, Vol. 1, 1949.

MacCallum, G, "Negative and Positive Freedom", in D. Miller ed., *Liberty*, Oxford: Oxford University Press, 1991.

McGillivray, M, "The Human Development Index: Yet Another Redundant Composite Development Indicator?", *World Development*, Vol. 19, No. 10, 1991.

Morse, S, "For Better or for Worse, till the Human Development Index Do Us Part?", *Ecological Economics*, Vol. 45, No. 2, 2003.

Mueller, Denni, *Public Choice III*, Cambridge: Cambridge University Press, 2003.

Murphy, Colleen and Paolo Gardoni, "The Acceptability and the Tolerability of Societal Risks: A Capabilities – Based Approach", *Science and Engineering Ethics*, Vol. 14, No. 1, 2008.

Neumayer, E, "The Human Development Index and Sustainability: A Constructive Proposal", *Ecological Economics*, Vol. 39, No. 1, 2001.

Ng, Yew – Kwang, "Welfarism: A Defence Against Sen's Attack", *Economic Journal*, Vol. 91, No. 362, Jun 1981.

Noorbakhash, F, "The Human Development Indices: Some Technical Issues and Alternative Indice", *Journal of International Development*, Vol. 10, 1998.

[163] Nussbaum, Martha, *Women and Human Development: The Capabilities Approach*, Cambridge University Press, Cambridge, 2000.

Nussbaum, Martha, "The Tragedy and Human Capabilities: A Response to Vivian Walsh", *Review of Political Economy*, Vol. 15, No. 3, July 2003.

Nussbaum, Martha, "Capabilities as Foundamental Entitlemens: Sen and Social Justice", *Feminist Economics*, Vol. 9, No. 2 & 3, 2003.

Nussbaum, Martha, "Capabilities, Entitlements, Rights: Supplementation and Critique", *Journal of Human Development and Capabilities*, Vol. 12, No. 1, 2011.

Plato, *The Republic*, Books 1 – 5 (Loeb Classical Library, No. 237), trans. Paul Shorey, Cambridge, MA: Harvard University Press, 1930.

Putnam, Hilary, "The Corroboration of Theories", in P. A. Schilpp ed, *The Phi-*

losophy of Karl Popper, LaSalle: Open Court Press, 1974.

Putnam, Hilary, *Words and Life*, Cambridge: Harvard University Press, 1995a.

Putnam, Hilary, *Pragmatism: An Open Question*, Oxford: England: Blackwell, 1995b.

Putnam, Hilary, "Capabilities and Two Ethical Theories", *Journal of Human Development*, Vol. 9, No. 3, November 2008.

Putnam, Hilary and Vivian. Walsh, "Facts, Theories, Values and Detitution in the Works of Sir Partha Dasgupta", *Review of Political Economics*, Vol. 19, No. 2, 2007.

Putnam, Hilary and Vivian Walsh, "Entanglement Throughout Economic Science: The End of a Separate Welfare Economics", *Review of Political Economy*, Vol. 21, No. 2, April 2009.

Putnam, Hilary and Vivian. Walsh, "Introduction", In Putnam, Hilary, Vivian. Walsh eds., *The End of Value - Free Economics*, New York: Routledge, 2011.

Qizilbash, M, "A Weakness of the Capability Approach with Respect to Gender Justice", *Journal of International Development*, Vol. 9, No. 2, 1997.

Qizilbash, Mozaffar, "On the Measurement of Human Development", Lecture Prepared for the UNDP Training Course, Oxford, 11 September, 2002.

Qizilbash, Mozaffar and David A. Clark, "The Capability Approach and Fuzzy Poverty Measures: An Application to the South African Context", *Social Indicators Research*, Vol. 74, No. 1, 2005.

Quine, Willard, "Two Dogmas of Empiricism", *Philosophical Review*, Vol. 60, No. 1, 1951.

Rawls, John, "Constitutional Liberty and the Concept of Justice", in C. J. Friedrich and J. W. Hapman eds, *Nomos*, New York: Atherton Press, 1963.

Ravallion, M, "Good and Bad Growth: The Human Development Reports", *World Development*, Vol. 25, No. 5, 1997.

Roemer, John, *Theories of Distributive Justice*, Cambridge, MA: Harvard University Press, 1996.

Robbins, Lionel, "Interpersonal Comparisons of Utility: A Comment", *Economic*

Journal, Vol. 48, No. 192, December 1938.

Robbins, Lionel, "Robertson on Utility and Scope", *Economica*, New Series, Vol. 20, No. 78, May 1953.

Robbins, Lionel, "Economics and Political Economy", *American Economic Review*, *Papers and Proceedings*, Vol. 71, No. 2, May 1981.

Robeyns, Ingrid, "The Capability Approach: An Interdisciplinary Introduction", Working Paper, 3rd International Conference on the Capability Approach, Pavia, 6 September 2003.

Robeyns, Ingrid, "The Capability Approach: A Theoretical Survey", *Journal of Human Development*, Vol. 6, No. 1, March 2005.

Robeyns, Ingrid, "Justice as Fairness and the Capability Approach", in Kaushik. Basu and Ravi. Kanbur eds., *Arguments for a Better World: Essays in Honor of Amartya Sen: Volume I: Ethics, Welfare, and Measurement*, Oxford: Oxford University Press, 2008.

Rosano, Aldo, Federica Mancini and Alessandro Solipaca, "Poverty in People with Disabilities: Indicators from the Capability Approach", *Social Indicators Research*, Vol. 94, No. 1, 2009.

Sagar, A. D and A. Najam, "The Human Development Index: A Critical Review", *Ecological Economics*, Vol. 25, No. 3, 1998.

Scitovsky, Tibor, "A Note on Welfare Propositions in Economics", *Review of Economics Study*, Vol. 9, No. 1, Novemner 1941.

Sen, Amartya, "The Nature and Classes of Prescriptive Judgment", *Philosophical Quarterly*, Vol. 17, No. 66, 1967.

Sen, Amartya, "The Impossibility of a Paretian Liberal", *Journal of Political Economy*, Vol. 78, No. 1, 1970.

Sen, Amartya, "Personal Utilities and Public Judgements: Or What's Wrong With Welfare Economics", *Economic Journal*, Vol. 89, No. 335, September 1979.

Sen, Amartya, "Equality of What", in Sterling M. McMurrin ed., *The Tanner Lectures on Human Value*, Salt Lake City: University of Utah Press, 1980.

Sen, Amartya, "A Reply to 'Welfarism: A Defence Against Sen's Attack'", *Economic Journal*, Vol. 91, No. 362, Jun 1981.

Sen, Amartya, "The Living Standard", *Oxford Economic Papers*, New Series, Vol. 36, November 1984.

Sen, Amartya, *Commodities and Capabilities*, Amsterdam: North – Holland, 1985a.

Sen, Amartya, "Social Choice and Justice: A Review Article", *Journal of Econmic Literatue*, Vol. 23, December, 1985b.

Sen, Amartya, "Social Choice Theory", Kenneth J. Arrow and Michael D. Intriligator eds., *Handbooks of Mathematical Economics*, Vol. 3, Amsterdam: North Holland, 1986.

Sen, Amartya, "The Standard of Living", in G. Hawthorn ed., *The Standard of Living*, Cambridge University Press, Cambridge, 1987.

Sen, Amartya, "Justice: Means versus Freedoms", *Philosophy & Public Affairs*, Vol. 19, No. 2, 1990.

Sen, Amartya, "Sri Lanka's Achievement: How and When", in T. N. Srinivasan and P. K. Bardhan eds., *Rural Poverty in South East Asia*, New York: Columbia University Press, 1998.

Sen, Amartya, "Sraffa, Wittgenstein, and Gramsci", *Journal of Economic Literature*, Vol. 41, No. 4, 2003.

Sen, Amartya, "Capabilities, Lists and Public Reason: Continuing the Conversation", *Feminist Economics*, Vol. 10, No. 3, 2004.

Sen, Amartya, "Walsh on Sen after Putnam", *Review of Political Economy*, Vol. 17, No. 1, January 2005.

Sen, Amartya, *The Idea of Justice*, London: Penguin Books, 2009.

Sen, Amartya, "Adam Smith and the Contemporary World", *Erasmus Journal for Philosophy and Economics*, Vol. 3, No. 1, 2010.

Sen, Amartya, "The Informational Basis of Social Choice", Kenneth J. Arrow, Amartya K. Sen and Kotaro. Suzumura eds., *Handbook of Social Choice & Welfare*, Vol. 2, Amsterdam: North Holland, 2011a.

Sen, Amartya, "Uses and Abuses of Adam Smith", *History of Political Economy*, Vol. 43, No. 2, 2011b.

Srinivasan, T. N, "Human Development: A New Paradigm or Reinvention of the Wheel?", *American Economic Review*, *Papers and Proceedings*, Vol. 84,

No. 2, May 1994.

Suzumura, Kotaro, 2002, "Introduction", Kenneth J. Arrow, Amartya K. Sen and Kotaro. Suzumura eds. , *Handbook of Social Choice & Welfare*, Vol. 1, Amsterdam: North Holland.

Suzumura, Kotaro, "An Interview with Paul Samuelson: Welfare Economics, 'Old' and 'New', and Social Choice Theory", *Social Choice and Welfare*, Vol. 25, No. 2, 2005.

Tridico, Pasquale, "Regional Human Development in Transition Economics: The Role of Institutions", Working Paper of Dipartimento Di Economia, 2009.

Unterhalter, Elaine, "What is Equity in Education? Reflections from the Capability Approach", *Studies in Philosophy and Education*, Vol. 28, No. 5, 2009.

UNDP, A 20th Anniversary Human Development Discussion with Amartya Sen, http://hdr.undp.org/en/media/Amartya-Sen-interview-transcript.1, 2010.

UNDP, Human Development Report, http://hdr.undp.org/en/reports/, 1990-2011.

UNDP, Human Development Report of China, http://ch.undp.org.cn/, 1997-2010.

Walsh, Vivian, Rationality, *Allocation and Reproduction*, New York: Clarendon Press, 1996.

Walsh, Vivian, "Smith after Sen", *Review of Political Economy*, Vol. 12, No. 1, January 2000.

Walsh, Vivian, "Sen after Putnam", *Review of Political Economy*, Vol. 15, No. 3, July 2003.

Walsh, Vivian, "Amartya Sen on Rationality and Freedom", *Science & Society*, Vol. 71, No. 1, January 2007.

Yongsheng Xu, "Functioning, Capability and the Standard of Living: An Axiomatic Approach", *Economic Theory*, Vol. 20, No. 2, 2002.

索 引

A

阿罗不可能定理　3，4，15，43，51，
　78，80，81，82，83，84，85，87，
　89，92，93，94，95，103，105，120，
　126，127，221，222，223，224
阿玛蒂亚·森　2，4，5，6，7，8，9，
　10，11，12，13，14，15，16，17，
　18，20，23，44，45，46，48，48，
　51，65，71，89，90，91，92，93，
　94，99，100，102，103，105，106，
　107，110，114，115，116，117，118，
　119，120，121，124，127，132，134，
　135，136，137，140，141，142，143，
　144，145，147，148，149，150，151，
　152，153，155，156，157，158，159，
　161，162，163，164，165，166，167，
　168，169，170，171，172，174，175，
　176，177，178，179，180，181，183，
　184，185，186，207，221，222，223，
　225，226，229，231，233

B

柏格森　14，71，78，126

比较方法　153，154，155，156，159，
　160，166，167，181
庇古　14，18，20，36，51，52，53，
　54，55，62，78，85，125，140，
　221，231
边际效用学说　38，39，40
边沁　3，26，27，28，29，30，32，
　36，37，38，40，43，44，51，72，
　73，78，121，150，157，194，
　209，231
补偿原理　18，19
布坎南　4，18，102，103，104，105，
　106，176，228

C

缠结　15，83，128，131，132，133，
　134，135，136，138，140，141，142，
　143，144，145，152

D

对话　12，102，106，124，125，141，
　142，144，145，152，160，169，170，
　171，172，179，180，181，225，227

F

非基本价值判断 134, 137, 138
非正义 106, 142, 149, 150, 151, 153, 154, 155, 156, 158, 161, 162, 164, 166, 170, 172, 173, 174, 175, 177, 178, 181
分配 3, 12, 13, 15, 16, 27, 33, 34, 36, 37, 44, 45, 46, 48, 53, 54, 63, 64, 65, 66, 67, 68, 69, 73, 76, 79, 85, 86, 92, 140, 153, 162, 163, 173, 174, 175, 176, 177, 190, 207, 226
封闭的中立性 158
福利成就 9, 96, 108, 116, 164, 165
福利经济学贫困化 14, 16, 21, 123, 124, 126, 127, 129, 132, 135
福利自由 9, 116, 164, 165, 183

G

公共选择理论 18, 20, 102, 103, 104, 105, 106, 229
功利主义 2, 3, 4, 6, 8, 11, 12, 16, 17, 18, 19, 20, 22, 23, 24, 26, 28, 29, 30, 31, 32, 33, 34, 36, 37, 38, 40, 41, 42, 43, 44, 45, 46, 47, 48, 49, 51, 54, 55, 57, 65, 72, 73, 77, 78, 85, 89, 91, 92, 93, 94, 95, 98, 99, 100, 110, 115, 116, 120, 121, 122, 124, 140, 150, 152, 157, 158, 162, 174, 221, 222, 232, 233

功能 5, 6, 7, 9, 10, 11, 15, 49, 50, 90, 91, 92, 93, 95, 96, 97, 98, 99, 100, 115, 116, 119, 140, 141, 157, 165, 175, 178, 180, 183, 184, 185, 225, 244

H

哈克 13, 185, 186
厚伦理概念 133, 134, 145
混合人类发展指数 197

J

积极自由 109, 110, 113, 115, 118, 119, 176, 179, 180
基本价值判断 134, 137, 138, 145, 243
基本能力 5, 10, 90, 115, 177, 178, 179, 180, 188
基本物品 10, 92, 162, 163, 164, 166, 180
基数人际可比效用 4, 125, 126, 222
杰文斯 36, 38, 39, 40, 51
旧福利经济学 18, 19, 20, 51, 52, 53, 54, 55, 57, 62, 78, 85, 126, 144, 145, 221

K

卡尔多 67, 78
开放的中立性 158, 159
奎因 127, 128, 129, 130, 244

L

罗宾斯 14, 51, 55, 56, 57, 58, 59, 60, 62, 63, 67, 70, 71, 77, 78, 83, 85, 89, 123, 124, 125, 126, 128, 135, 138, 139, 140, 142, 144, 145, 221, 232, 244

罗尔斯 10, 15, 17, 72, 73, 74, 91, 92, 104, 105, 147, 148, 149, 150, 151, 152, 153, 154, 155, 156, 157, 158, 159, 160, 161, 162, 163, 164, 165, 166, 168, 169, 171, 172, 174, 176, 177, 179, 180, 181, 209, 225, 228, 229, 245

M

马克思 3, 18, 34, 55, 91, 115, 119, 120, 150, 227, 229, 233, 234

门格尔 38, 39

米塞斯 56, 57, 227

目的论 29, 32, 33, 38, 92

穆勒 1, 3, 18, 28, 29, 30, 33, 34, 35, 36, 51, 91, 108, 110, 111, 112, 113, 120, 150, 232

N

纳斯鲍姆 100, 102, 103, 169, 172, 178, 180

能动性成就 164, 165

能动性自由 164, 165

能力方法 1, 2, 3, 4, 5, 6, 9, 10, 11, 12, 13, 14, 15, 16, 17, 18, 20, 21, 23, 49, 51, 88, 89, 90, 91, 92, 93, 95, 97, 99, 100, 103, 107, 112, 115, 120, 121, 122, 123, 128, 140, 141, 143, 144, 147, 149, 162, 163, 164, 166, 172, 174, 175, 176, 177, 178, 179, 180, 181, 183, 184, 185, 221, 222, 223, 225

能力清单 13, 16, 102, 103, 169, 171, 172, 225

诺齐克 31, 65, 92, 110, 147, 148, 150, 174, 229

P

帕累托自由不可能定理 65, 89, 93, 94, 95, 120, 245

帕累托最优 12, 14, 51, 62, 63, 64, 65, 67, 69, 77, 86, 92, 94, 95, 126, 135, 138, 139, 140

普特南 124, 125, 128, 129, 130, 132, 133, 134, 135, 137, 141, 142, 143, 144, 145, 148, 152, 229

R

人类发展报告 2, 16, 183, 184, 186, 187, 190, 199, 206

人类发展指数 2, 4, 5, 11, 13, 16, 17, 21, 90, 120, 180, 183, 184, 185, 186, 187, 192, 194, 199, 201, 204, 206, 208, 209, 210, 222, 223, 226, 227, 230, 231, 233

人类中心能力 9, 168, 169, 171,

177, 180

S

萨缪尔森　14, 42, 47, 52, 71, 77, 78, 126, 230

商品　6, 8, 9, 10, 11, 39, 46, 47, 48, 49, 53, 57, 66, 73, 79, 91, 93, 95, 98, 99, 100, 116, 137, 163, 186, 224

社会福利函数　7, 14, 15, 18, 19, 67, 70, 71, 72, 73, 74, 75, 76, 77, 78, 80, 81, 82, 85, 86, 87, 103, 104, 105, 107, 120, 126, 157, 194, 209, 221

社会选择理论　18, 19, 20, 79, 80, 81, 83, 84, 89, 102, 103, 104, 105, 106, 107, 148, 149, 153, 154, 155, 156, 166, 178, 180

生活水准　5, 6, 8, 9, 46, 47, 48, 97, 177, 184, 222, 233

生态文明　48, 199, 206, 207, 208, 209, 210, 214, 216, 217, 218, 222, 223, 231

实证原则　15, 124, 125, 126, 127, 128, 129

实质自由　4, 8, 16, 91, 92, 97, 115, 116, 118, 176, 179, 183

事实　8, 21, 32, 36, 42, 47, 49, 58, 59, 60, 61, 62, 66, 68, 86, 96, 102, 103, 123, 124, 125, 126, 127, 128, 129, 131, 132, 133, 134, 135, 136, 137, 138, 139, 141, 142, 143, 144, 145, 152, 158, 162, 175, 211, 224, 225, 229

斯密　1, 3, 18, 20, 24, 28, 33, 37, 90, 91, 110, 120, 123, 144, 145, 149, 150, 157, 158, 159, 160, 161, 171, 185, 221, 225, 227, 232

T

同情　24, 28, 37, 38, 110, 120, 149, 152, 159, 160, 166

W

瓦尔拉斯　38, 39

维特根斯坦　152

无知之幕　104, 105, 153, 154, 155, 157, 158, 159, 166, 225

X

西季威克　36, 37, 51, 232, 246

希克斯　47, 67, 78, 79, 246

习俗　26, 27, 98, 110, 141, 142, 152, 246

先验方法　151, 152, 153, 154, 155, 161, 165, 166, 167, 168, 169, 181, 246

现实　1, 46, 60, 61, 67, 78, 100, 104, 144, 149, 150, 151, 152, 153, 155, 156, 159, 160, 161, 162, 166, 167, 168, 169, 171, 172, 173, 174, 177, 178, 179, 180, 181, 189, 193, 225, 229, 233, 246

宪法函数　81, 82, 87, 246

消极自由　91, 109, 113, 115, 118,

119，176，179，180，246
新福利经济学　19，51，55，67，71，76，77，81，84，85，86，221，246
休谟　24，25，26，27，37，129，136，157，158，167，232，246
序数人际不可比效用　4，86，87，89，222，246

Y

亚里士多德　18，90，100，227，246
一致同意　7，20，63，105，150，155，160，161，176，180，247
义务论　29，32，33，92，179，180，247
原初状态　148，156，157，158，160，163，166，180，225，247

Z

制度　3，8，27，34，44，47，60，81，90，99，101，104，106，108，114，140，149，150，155，156，161，162，165，166，170，172，173，174，180，181，219，225，226，247
中立观察者　157，158，159，160，161，166，171，247
重叠共识　168，169，178，180，225，247
作为自由的发展　11，12，18，107，110，120，121，183，185，221，222，231，247

后　记

　　牛顿有一句名言："如果说我比别人看得更远，那是因为我站在了巨人的肩上。"牛顿用这句话表达了对伽利略、哥白尼、笛卡儿等先贤的敬意。同样的，虽然这部拙作是我独立署名的作品，但是对它的诞生有所贡献的"巨人"却是一个复数名词。于是，并非为了媚俗而是出于真心，我要对身边的师友亲朋们表达我的感激之情。

　　首先，要感谢的是我的博士后合作导师王国成教授。我与王老师的缘分起于我的硕士学习期间，而能在多年后投入王老师的门下学习，可谓再续前缘。在两年的时间里，王老师在学习、生活、工作等方面都给予了我无微不至的关怀，使我能够迅速适应新的环境。更重要的是，王老师及其团队的实力让我对于学术研究有了新的理解，见了世面，看到了"天"。可以说，与王老师在一起的经历是我学术生涯的一个重要提升阶段。王老师渊博的学识、豁达的人生态度、淡薄的名利观念和宽厚的为人永远是我学习的榜样。

　　其次，我要感谢我的博士导师朱成全教授。我与朱老师早在本科阶段就已经结识，其后一直保持着联系，并最终在博士学习阶段投入了朱老师的门下。朱老师具有严谨的学风、敬业的精神、坦荡的意气以及亲切和蔼的学者风范。每次课程的讲授和讨论，他敏锐的学术知觉常常带给我思想上的启迪；我的每篇论文，他都十分认真地来阅读和指导，耳提面命，不辞疲倦的交流、点拨、修改数次。朱成全老师对我的严格要求促使我对自己的学业不敢有丝毫懈怠，鞭策我对知识进行深度的挖掘和外延的拓展。朱老师将我带入了学术研究的殿堂，成为朱老师的学生是我的幸运，这是我人生中最重要的一份缘分。

　　再次，感谢北京大学的汪丁丁教授。虽然我只是一个旁听生，不敢妄称是您的学生。但是，通过多年阅读您的作品，聆听您的讲座和授课，我的学术研究道路已经对您的思想有了"路径依赖"。可以说，我目前在学术兴趣、思考习惯乃至写作风格上，都存在受您影响的痕迹。借此机会，请允许我这样一个编外学生对您广博的学识和开放的学术态度致以崇高的敬意。

此外，我要感谢我身边学术圈的同辈学友们。在学术研究这条孤寂而艰辛的道路上，陪伴我们的多数是过迷茫期、"瓶颈"期、求索期，而冲破"瓶颈"后的小小荣誉给我们能带来的喜悦却极为短暂。所以，更要感谢所有给予我帮助和精神支持的同窗和朋友，因为有你们，艰辛的学术研究之路充满了正能量；因为有你们，寂寞的学术思想在交流、碰撞和激荡中更加丰满、充实；因为有你们，我的人生旅途添加了更多珍贵的回忆和宝贵的友谊。感谢你们对我的帮助和鼓励，感谢你们让我自愧不如，感谢你们给了我奋起直追的动力。

最后，也是最重要的，我要感谢我的家人。长期以来，我的父母给了我无尽的爱和力量。我的学业在他们心中的分量也很重，他们给予我巨大的支持、宽容和疼爱，并且也支持我的学习和生活费用，否则如何能潜心学习和研究。感谢你们能够容忍我过度拉长的叛逆期，宽容我的任性和倔强。儿子又要起航了，希望我的父母永远健康和快乐。还有一个最重要的人是我不能遗漏的，那就是我的妻子罗影女士，谢谢你的爱，爱你是我的责任，是我继续前进的动力。这本书也是献给你的，希望你能对这份新婚礼物感到满意。

汪毅霖
2013 年 5 月